KB033884

지성인을 위한

리딩 컬처북 1 **사회과학**

영문 독해

리딩 컬처북 ❶
사회과학 영문독해

저 자 FL4U컨텐츠
발행인 고본화
발 행 반석북스
교재공급처 반석출판사
2023년 9월 5일 초판 1쇄 인쇄
2023년 9월 10일 초판 1쇄 발행
홈페이지 www.bansok.co.kr
이메일 bansok@bansok.co.kr
블로그 blog.naver.com/bansokbooks

07547 서울시 강서구 양천로 583. B동 1007호
    (서울시 강서구 염창동 240-21번지 우림블루나인 비즈니스센터 B동 1007호)
대표전화 02) 2093-3399 **팩 스** 02) 2093-3393
출 판 부 02) 2093-3395 **영업부** 02) 2093-3396
등록번호 제315-2008-000033호

Copyright ⓒ FL4U컨텐츠

ISBN 978-89-7172-974-8 (13740)

■본 책은 반석출판사에서 제작, 배포하고 있습니다.
■교재 관련 문의: bansok@bansok.co.kr을 이용해 주시기 바랍니다.
■이 책에 게재된 내용의 일부 또는 전체를 무단으로 복제 및 발췌하는 것을 금합니다.
■파본 및 잘못된 제품은 구입처에서 교환해 드립니다.

지성인을 위한

리딩 컬처북 1 사회과학

영문 독해

머리말

바야흐로 지구촌이라는 말도 너무 넓게 느껴지는 시대다. 그러한 느낌은 더욱 가속화될 것 같다. 따라서 국제어로서 영어의 필요성 또한 그만큼 절실해진다. 영어라는 언어는 이미 영어 문화권에 국한된 의사소통 수단의 차원을 훌쩍 뛰어넘었다. 헝가리인, 중국인, 한국인이 만난 자리에서 주고받는 언어는 당연히 영어다. 훨씬 경제적이고 효율적이기 때문이다. 이뿐인가? 인터넷에 들어가 보면 '왜 영어인가'하는 의문에 정답이 드러난다. 영어 학습에서 회화, 작문, 독해 등 골고루 실력을 쌓아야겠지만, 그 모든 근간을 이루는 것이 독해라는 데에는 이론의 여지가 없다. 그렇다면 영문 독해를 능숙하게 할 수 있는 길은 무엇일까? 인문, 사회, 자연과학 분야를 비롯해서 시사, 무역 등 실용 영문 텍스트를 올바로 선정하여 여러 차례 읽고 읽는 수 밖에는 달리 길이 없다는 것이 저자의 변함없는 믿음이다.

다독(多讀)을 거치고 나면 영문의 맥(脈)이 잡힐 것이다. 우리나라 대학생들의 반도 안 되는 영어 문법 실력을 가지고도 미국 고등학생들이 자유자재로 읽어 낼 수 있는 이유를 잠깐이라도 숙고해 본다면 독해의 지름길은 이미 찾은 셈이다. 지성인을 위한 영문독해 컬처북 시리즈에는 TOEFL, SAT, 텝스, 대학편입시험, 대학원, 국가고시 등에 고정적으로 인용되는 주옥같은 텍스트들을 인문, 사회, 자연과학 분야별로 엄선, 체계적으로 엮어 놓았다. 이 정도만 무리 없이 해독(解讀)할 수 있다면 어떤 종류, 어떤 수준의 시험이라도 자신을 갖고 치러낼 수 있을 것이다.

FL4U컨텐츠

목차

이 책의 특징 및 활용방법

제1부 사회편

　　사회학·사회사상의 흐름을 이해하기 위해서, 우선 사회학의 흐름을 주로 미국 사회학과 러시아 사회학을 비교·개관해 본다. 현대 사회학의 흐름과의 관련 하에서는 갈등 이론을 중심으로 개관하고 있는 터너의 글을 수록하였다. 또한 사회학의 대표적인 사상가들의 중심 논제를 개괄하였다. 즉 사회학의 고전 이론가인 콩트, 베버, 마르크스, 뒤르켐, 그리고 파슨스로 대표되는 주류 사회학, 기든스로 대표되는 비판 사회학, 마지막으로 제3세계를 중심으로 새로운 사회학 이론으로 형성되고 있는 종속 이론, 사회구성체 이론을 칠코트의 글을 통해 소개하고 있다.

제2부 경제편

　　흔히 근대의 학문이라고 일컬어지는 경제학은 삶의 토대를 형성하는 물질적 제관계를 다룬다는 점에서 매우 중요하다. 하지만 경제학·경제사상의 흐름을 살펴보면 서로 다른 관점에 입각, 논의가 무성함을 알 수 있다. 따라서 먼저 경제학의 서로 다른 논의들이 세계관과 어떠한 연관이 있는가를 다룬다. 이와 같은 논의들이 역사적 흐름을 어떻게 형성해 왔는가를 다룬 글을 실었다. 또한 아담 스미스를 필두로 한 고전경제학 이론, 주류·비주류경제학, 종속 이론, 마르크스주의 경제 이론 등 경제학의 역사적 전개와 이론적 쟁점을 중심으로 정리·구성하였다.

제3부 정치편

　　정치학의 다양한 분야 중에서 정치사상 분야는 정치학의 세분화된 모든 문제의식을 총체적으로 조망함으로써 형성된다. 그러므로 정치사상의 역사적 전개는 정치학의 역사적 전개라 해도 과언이 아니다. 수록되어 있는 각 글은 위의 전제에 의거하여 정치사상의 전개와 이론적 쟁점이 드러나도록 구성되어 있으며, 논의의 중심 또한 현대 정치학에 둔 것이다. 현대 정치학의 흐름과 정치사상의 비교를 다루고 있는 두 편의 글을 통해 정치학·정치사상을 이해하는 데 도움이 되도록 하였으며, 로크의 정치사상으로부터 맨리의 신다원주의에 이르기까지 정치와 권력, 국가, 정치체제에 관해 제기된 이론적 쟁점을 정치사상적 차원에서 정리·배열하였다.

이 책을 읽는 세 가지 방법

한글로 된 현대 사회 고전을 이미 접했던 독자

왼쪽 페이지 ❶의 영어 본문만 읽어본다. 한글로 읽었을 때 불분명했던 의미들이 영어로 읽었을 때 더 명확하게 잡히는 경우가 많다. 사회과학 용어들도 영어로 알게 되면 용어의 개념을 쉽게 알 수 있다. 사회과학 용어들을 영어로 한 번 익혀두면 앞으로 다른 사회 과학 서적을 읽을 때 더욱 수월하게 읽을 수 있을 것이다.

현대 사회 고전으로 영어 학습을 하고 싶은 독자

왼쪽 페이지 ❶의 영어 본문을 해석하면서 어려운 부분은 자신이 한 해석과 오른쪽 페이지 ❷의 한글 해석과 비교해 본다. 주요 단어와 구조는 별색 처리되어 있어 어휘 ❸를 참조할 수 있다. QR코드 ❹를 활용해 원어민이 녹음한 mp3 파일을 들으면서 학습하면 더욱 효과적이다.

현대 사회 고전을 한 번도 접해보지 않았던 독자

오른쪽 페이지 ❷의 한글 해석만 읽는다. 이 책의 한글 부분을 영어의 단순 해석을 뛰어넘는 하나의 작품으로 천천히 음미해 보자. 당시의 현대 사상이 현재에 어떻게 적용될 수 있는지 고전과 새로운 대화를 시도해 본다. 고전과의 대화는 삶의 지평을 넓히는 계기가 될 것이다.

ENGLISH READING

SOCIAL

SCIENCE

제1부 사회편

제 1 장

Jonathan H. Turner
The Structure of Sociological Theory

조나단 터너
사회학 이론의 구조

While both Marx and Simmel viewed conflict as a pervasive and inevitable feature of social systems, their respective intellectual purposes as well as their assumptions about the nature of society are vastly different. Marx emphasized the divisiveness of conflict, Simmel, the integrative consequences of conflict. These differences are reflected in the types of propositions they chose to develop, with Marx addressing the conditions under which violent conflict would be accelerated and Simmel asking questions about the conditions under which the intensity of conflict might vary. Furthermore, Marx was vitally concerned with the social structural causes of conflict, whereas Simmel tended to concentrate attention on the form and consequences of conflict once it was initiated, while making only vague references to "fighting instincts."

조나단 터너는 20권 이상의 저서와 100편 이상의 연구 논문을 발표한 미국의 대표적 사회학자 가운데 한 사람이다. 현대 사회학이론을 전반적으로 정리한 저서로 세계적인 명성을 얻었으며, 현재 캘리포니아 대학교 리버사이드 분교의 사회학과 교수로 재직 중이다.

마르크스와 지멜은 모두 갈등을 사회 체계에 널리 퍼져 있고 불가피한 특성이라고 보았는데, 한편으로 사회의 본질에 대한 가정과 지적 목표는 각각 매우 달랐다. 마르크스는 갈등의 분리성을 강조했던 반면, 지멜은 갈등의 통합적 결과를 강조했던 것이다. 이 차이점은 그들이 발전시키고자 한 명제의 형태에 반영되어 있는데, 즉 마르크스는 폭력적 갈등이 가속화되는 조건을 언급하고 있고, 지멜은 갈등의 강도가 다양할 수 있는 조건에 관하여 문제를 제기하고 있는 것이다. 더 나아가, 마르크스는 갈등의 사회구조적 원인에 힘껏 관심을 기울였고, 반면 지멜은 일단 갈등이 발생했을 때의 - '투쟁 본능'에 단지 모호하게 근거하지만 - 갈등의 형태와 결과에 대해 주로 관심을 두고자 하였다.

☐ pervasive a. 퍼지는, 스며드는 (=permeative)

☐ respective a. 각각의, 나름대로의(이것이 수식하는 명사는 ~s를 수반)

☐ Simmel, the integrative~ Simmel 다음에 앞에 나온 emphasized가 반복으로 인해 생략되었다. 병치의 경우 자주 일어난다.

☐ proposition n. 명제(논리발전의 근본으로 제시된 것), 원래는 제의, 제안

☐ with Marx addressing~ with는 분사구문의 부대상황(~한 채로)을 이끈다고 할 수 있으나 여기서는 '~하므로, ~함에 따라'로 보면 좋겠다.

These differences in analytical emphasis are sufficiently great to suggest that, when taken together, they offer a more complete set of theoretical statements about the causes, intensity, and consequences of conflict in social systems than when taken separately. For Marx, the sources of conflict must be sought within the distribution of resources and the conflicts of interest inherent in unequal distribution. For both Marx and Simmel, the intensity of conflict appears to reflect, the relative degree of internal solidarity of groups involved in conflict, with both thinkers specifying additional structural conditions in the more inclusive social system that might also influence the intensity of conflict between opposed parties.

Equally intriguing in comparisons of Marx and Simmel are the contradictory propositions that can be uncovered. For example, Simmel argued that the more clear-cut the goals pursued by conflicting parties, the more likely is conflict to be viewed as merely a means to an end, with the result that both parties to a conflict would be motivated to seek compromises and alternative means in an effort to avoid the high costs of intense or violent conflict. On the other hand, Marx argued just the opposite in holding that once a social class recognizes its true interests (hence, has a clear conception of its goals), then violent conflict if highly probable. The divergence of these propositions probably stems from the different assumptions of their authors, for Marx assumes that intense conflict is an inevitable and inexorable feature of social systems and their change, whereas Simmel merely assumes that conflict is simply one of many processes, varying in intensity and consequences, within a social whole.

분석상의 강조점에 있어서 이러한 차이가 너무 커서, 그 차이점들을 한데 묶었을 때는 서로 분리되어 다루어질 때보다도 사회 체계에서 갈등이 발생하는 원인과 강렬성과 결과에 관하여 훨씬 완전한 일련의 이론적 진술을 제시할 수 있으리라고 생각해 볼 지경이다. 마르크스에 있어서는 갈등의 원천은 재화의 분배와 불공평한 분배에 내재하는 이익의 갈등에서 찾아야 한다는 것이다. 그런데 마르크스나 지멜 모두 갈등의 강렬성은 갈등에 관련된 집단의 내적 유대성의 상대적 정도를 반영하고 있다고 보고 있다. 여기에다 두 사람은 모두 좀 더 포괄적인 사회 체계에서 대립적인 유파간의 갈등의 강렬성에 영향을 미칠 수 있는 구조적 조건들을 구체화시키고 있다.

또한 마찬가지로 마르크스와 지멜의 관점을 비교해 보면, 그들의 서로 상반된 명제들이 드러난다. 예컨대 지멜은 갈등 집단들이 각각 추구하는 목표들이 명확할수록, 갈등은 단순히 목표를 달성하기 위한 하나의 수단으로 보기가 쉬우며, 그 결과 관련 집단들 모두가 강렬한 혹은 폭력적 갈등의 큰 희생을 피하기 위해 타협과 다른 대안적 수단들을 강구하게 될 것이라고 주장하였다. 반면 마르크스는 지멜과는 정반대로, 한 사회 계급이 그들의 진정한 이익을 인식하기만 하면 (즉 그 계급의 목표를 분명하게 인식하면) 폭력적 갈등이 발생할 가능성이 높다고 주장한다. 이들 명제간의 차이는 아마도 서로 다른 가정에 기인하는 것 같다. 즉 마르크스는 강렬한 갈등이란 사회 체계와 그 변동의 불가피하고도 냉혹한 특성이라고 견제하고 있고, 반면에 지멜은 갈등이란 사회 전체에서 단지 그 강렬성이나 결과에 있어 다양한 하나의 과정일 뿐이라고 전제한다.

- [ ] when taken together 사이에 they are가 생략되었다. 이처럼 when 다음에 주어와 be동사가 자주 생략된다. ex) when young(어렸을 때)
- [ ] distribution n. 분배, 몫, 구분 v. distribute
- [ ] inherent a. 고유의, 타고난
- [ ] solidarity n. 결속, 단결 (= togetherness)
- [ ] specify v. 일일이 열거하다, 상세하다, 특성을 부여하다 n. specification
- [ ] intrigue v. n. 음모를 꾸미다, (여기서는 '도사리고 있다'로 보면 좋다)
- [ ] intriguing ~ 이하의 현재분사구가 앞으로 나옴으로써, 주어(the contradictory propositions ~)와 조동사(are)가 도치되었다.

- [ ] clear-cut a. 윤곽이 뚜렷한, 명백한
- [ ] be motivated to inf. ~하도록 동기화되다, 유도되다
- [ ] compromise n. v. 타협, 절충 (물) (= eclecticism)
- [ ] hold v. 지니다, 취하다 (여기서는 '견지하다'라는 뜻)
- [ ] divergence(-cy) n. 차이 (= difference), 분기, 일탈 (= deviation)
- [ ] stems from ~로부터 생기다, 유래하다 (= derive from)
- [ ] inexorable a. 냉혹한, 용서 없는, 굽힐 수 없는 (= ruthless, relentless)

In this particular instance, Simmel may have been more correct in that his proposition would seemingly fit the facts of what really happened in labor-management relations in capitalist economic systems, since compromise became typical once labor was organized to pursue specific goals. On the other hand, violent conflict appears to have occurred when labor did not have a clear conception of goals but only a sense of diffuse frustration. Naturally, this argument is open to debate and is not central to the current discussion. What is of more importance for our present purpose is the recognition that by reducing the Marxian and Simmelian propositions to their most generic form, it is possible to compare the overlaps, gaps, and contradictions among them and thereby gain some insight into possible strategies for effecting reformulation.

To some extent, modern conflict theory has attempted to combine the promising features in the schemes of both Marx and Simmel. Even when this has been done, however, contemporary theorists have tended to embrace more enthusiastically the assumptions and propositions of either one or the other of these thinkers. Such selectivity has created two dominant contemporary conflict perspectives in sociological theory, each owing its inspiration to either Marx or Simmel: (1) dialectical conflict theory, and (2) conflict functionalism. These perspectives are the ones most often seen as promising a new alternative to functional theory in sociology, and hence a more adequate solution to the Hobbesian problem of order: How and why is society possible?

　　바로 이 점에 있어서 지멜의 명제들은 자본주의 경제체제하에서의 노사 관계에서 실제로 발생하는 사실들과 맞아 떨어지는 데 있어서 지멜이 보다 '옳았다'고 할 수 있을 것인데, 왜냐하면 노동자가 일단 특정한 목표를 추구하기 위해 조직되고 난 뒤에는 협상이 전형적인 해결책으로 되었기 때문이다. 한편, 폭력적 갈등은 노동자가 명확한 목표 개념을 갖지 않고 단지 산만한 좌절감에 빠져 있을 때 발생했던 것으로 보인다. 이러한 주장은 당연히 논쟁의 여지가 있으나 현재 중점적으로 논의할 성질의 것은 아니다. 현재 우리의 목적상 보다 중요한 것은, 마르크스와 지멜의 명제들을 본래의 가장 기본적인 형태로 환원시킴으로써, 이들 사이의 중복, 간격 및 모순점들을 비교하여 이로써 재정립하는데 가능한 전략에 관한 어떤 통찰력을 얻을 수 있다고 인정하기만 하면 된다.

　　어느 정도로 현대 갈등 이론은 마르크스와 지멜의 이론적 도식에서 장점들을 통합하려고 시도해 왔다. 그러나 이러한 작업이 계속되어 왔음에도 불구하고, 현재의 갈등 이론가들은 이 두 사상가들의 가정이나 명제의 어느 한 쪽만을 열광적으로 선호하는 경향을 보여 왔다. 그러한 선택성 때문에 사회학 이론에 있어서 현대의 두 가지 지배적인 갈등적 시각이 만들어져 왔는데, 이는 각각 마르크스 또는 지멜에서 영향을 받았다. 그 하나는 변증법적 갈등 이론이며, 다른 하나는 갈등적 기능주의이다. 이 시각들은 사회학에서 기능론적 이론에 하나의 '새로운' 대안으로서 가장 기대되고 있는 것들이며, 따라서 질서에 관한 홉스적인 물음, 즉 '사회는 어떻게 그리고 왜 가능한가?'라는 문제에 대하여 보다 적절한 해답을 줄 것으로 기대되고 있다.

- [ ] labor-management relations 노사관계
- [ ] diffuse a. 흩어진, 산만한 v. 살포하다, 확산시키다
- [ ] frustration n. 낭패, 좌절
- [ ] reformulation n. 재정립, 재편성
- [ ] embrace v. 포옹하다, 기꺼이 받아들이다 (= adopt)
- [ ] owing its inspiration to 그것의 착상을 ~에서 빌려다가
- [ ] dialectical(-tic) a. 변증법적인 n. dialectic

Lewis A. Coser
Masters of Sociological Thought

루이스 코저
사회사상사

Max Weber conceived of sociology as a comprehensive science of social action. In his analytical focus on individual human actors he differed from many of his predecessors whose sociology was conceived in social-structural terms. Spencer concentrated on the evolution of the *body social* as analogous to an organism. Durkheim's central concern was with institutional arrangements that maintain the cohesion of social structures. Marx's vision of society was informed by his preoccupation with the conflicts between *social classes* within changing social structures and productive relations. In contrast, Weber's primary focus was on the subjective meanings that human actors attach to their actions in their mutual orientations within specific social-historical contexts. Behavior devoid of such meaning, Weber argued, falls outside the purview of sociology.

루이스 코저(1913~2003)는 미국 사회학자이다. 베를린에서 태어난 그는 구조기능주의와 갈등이론을 하나로 묶으려고 시도한 첫 번째 사회학자였다. 이 책은 콩트로부터 시작해서 칼 만하임에 이르는 사회학 전반의 흐름을 보여준다. 동양의 사상적 유산과 탈냉전 이후의 사상적 조류들을 사회학적 관점에서 해석하고 있으며 막스베버의 이론을 역사적 해석과 사회학 이론 사이에서 규명하고 있다.

막스 베버는 사회학을 사회적 행위에 대한 종합적인 학문으로 파악하였다. 그는 분석의 초점을 개개인간 행위자에게 두었다는 점에서 사회학이 사회구조적 용어로 표현되어 있다는 많은 이전의 학자들과는 달랐다. 스펜서는 유기체와 닮은 '사회체의 진화'에 관심을 두었다. 뒤르켕의 주된 관심은 사회구조의 '통합'을 유지시키는 제도적 장치에 있었다. 사회를 보는 마르크스의 전망은 변화해 가는 사회구조와 생산 관계 속에서 나타나는 '사회적 계급'들 간의 갈등에 그가 몰두함으로써 알려졌다. 이와 반대로 베버의 주된 관심은 인간 행위자가 특정 사회·역사적 맥락에서 상호 지향하는 가운데 자신의 행위에 부여하는 주관적 의미에 놓여져 있었다. 이러한 의미가 없는 행동은 사회학의 탐구 대상이 될 수 없다고 베버는 주장하였다.

□ body social 사회체(社會體)

□ analogous (to) a. 유사한, 닮은 (with)

□ Emile Durkheim(1858~1917) 프랑스 사회학자

□ preoccupation n. 선취, 몰두
  v. preoccupy

□ attach A to B: 여기에서 A는 that의 선행사 that subjective meanings

□ orientation n. 방침, 방위

□ behavior는 falls outside와 연결된다.

□ purview n. 범위, 시계(視界) (= limit of concern, activity or interest)

Four major types of social action are distinguished in Weber's sociology. Men may engage in purposeful or goal-oriented rational action (*zweckrational*); their rational action may be value-oriented (*wertrational*); they may act from emotional or affective motivations; or, finally, they may engage in traditional action. Purposeful rationality, in which both goal and means are rationally chosen, is exemplified by the engineer who builds a bridge by the most efficient technique of relating means to ends. Value-oriented rationality is characterized by striving for a substantive goal, which in itself may not be rational — say, the attainment of salvation — but which is nonetheless pursued with rational means — for example, ascetic self-denial in the pursuit of holiness. Affective action is anchored in the emotional state of the actor rather than in the rational weighing of means and ends, as in the case of participants in the religious services of a fundamentalist sect.

Finally, traditional action is guided by customary habits of thought, by reliance on "the eternal yesterday"; the behavior of members of an Orthodox Jewish congregation might serve as an example for such action.

This classification of types of action serves Weber in two way. It permits him to make systematic typological distinctions, as for example between types of authority, and also provides a basis for his investigation of the course of Western historical development. Raymond Aron rightly sees Weber's work as 'The paradigm of a sociology which is both historical and systematic.'

Weber was primarily concerned with modern Western society, in which, as he saw it, behavior had come to be dominated increasingly by goal-oriented rationality, whereas in earlier periods it tended to be motivated by tradition, affect, or value-oriented rationality.

베버의 사회학에서는 사회적 행위가 크게 네 가지 형태로 구분되어 있다. 인간은 의도적인 또는 목적 지향적인 합리적 행위를 할 수 있다(목적 합리적). 또 그들의 합리적 행위가 가치 지향적인 것일 수도 있다(가치 합리적). 그들은 정감적, 정서적인 동기에서 행위할 수도 있다. 마지막으로 그들은 전통적 행위를 할 수도 있다. 목적이나 수단이 모두 합리적으로 선택된 의도적 합리성은, 수단을 목적에 관련시키는 가장 효과적인 기술을 활용하여 다리를 건설하는 기술자에서 잘 볼 수 있다. 가치 지향적 합리성은 실제적 목표의 추구, 즉 그 자체는 합리적이지 않으나 — 예컨대 구원의 성취 — 그럼에도 불구하고 합리적 수단을 추구하는 행위 — 예컨대 성(聖)의 추구를 위한 금욕적 자기부정과 같은 것 — 으로 특징지어진다. 정서적 행위는 근본주의파의 종교적 헌신에 참여하는 경우와 마찬가지로 수단과 목적을 합리적으로 따져 보기보다는 행위자가 감정적 상태에 속해 있다.

마지막으로 전통적 행위는 사고의 일상적인 습관에 의해, '영원한 어제'에 대한 신념에 의해 이루어지는 것이다. 정통 유태교 집회에 참석한 사람들의 행동이 그러한 행위를 나타내 준다.

행위의 여러 형태들을 분류함으로써 베버에게 두 가지 도움이 된다. 권위 유형들의 예에서 보이듯 체계적·유형적 구분을 가능케 해 주고, 서구의 역사 발전 과정을 탐구하는 데 기반을 제공해 준다. 레몽아롱이 베버의 저작을 "역사적이면서 동시에 체계적인 사회학의 패러다임"으로 본 것은 옳은 판단이다.

베버는 주로 현대 서구 사회에 관심을 쏟았다. 그는 과거에는 전통이나 감정, 또는 가치 지향적 합리성에 의해 동기 유발된 행동이 점차로 목적 지향적 합리성에 의해 지배되어 가고 있음을 발견하였다.

- [ ] goal-oriented a. 목적 지향적인
- [ ] value-oriented a. 가치 지향적인
- [ ] act from A: A에 의해 행동하다
- [ ] purposeful rationality는 is exemplified에 연결되며, in which 이하 절은 삽입문으로 which의 선행사는 purposeful rationality이다.
- [ ] say, 즉 (= that is, i. e.)
- [ ] but which의 선행사는 앞에 나온 striving for a substantive goal에 이어진다.
- [ ] ascetic a. 금욕주의의 n. 금욕주의자 cf) asceticism 금욕주의
- [ ] anchor vt. 정착시키다, 고정시키다 (= fix firmly) n. 닻
- [ ] fundamentalist n. 정통파 기독교 신자(성경을 있는 그대로 신봉, 진화론 등을 조금도 인정하지 않는 사람)
- [ ] sect n. 분파, 종파, 교파 cf) sectism 분파주의, 종파주의
- [ ] reliance (on) n. 믿음, 의지 (= belief) v. rely on (= believe in, count on)
- [ ] Orthodox Jewish 정통 유태교
- [ ] congregation n. 집회, 모임 v. congregate
- [ ] typological a. 유형학상의 n. typology

His studies of non-Western societies were primarily designed to highlight this distinctive Western development. Karl Mannheim puts the matter well when he writes, "Max Weber's whole work is in the last analysis directed toward the question: 'Which social factors have brought about the rationalization of Western civilization?'" In modern society, Weber argued, whether in the sphere of politics or economics, in the realm of the law and even in interpersonal relationships, the efficient application of means to ends has become predominant and has replaced other springs of social action.

Earlier theorists had attempted to conceive of major historical or evolutionary tendencies of Western society in structural terms: for example, Toennies' conception involved a drift from *Gemeinschaft* (community) to *Gesellschaft* (purposive association); Maine's, a shift from status to contract; and Durkheim's, a move from mechanical to organic solidarity. Weber responded to similar concerns by proposing that the basic distinguishing marks of modern Western man were best viewed in terms of characteristic shifts in human action that are associated with characteristic shifts in the social and historical situation. Unwilling to commit himself either to a "materialistic" or an "idealistic" interpretation of history, Weber's ultimate unit of analysis remained the concrete acting person.

비서구 사회에 대한 그의 연구는 주로 이러한 특징적인 서구적 발전을 명확히 하기 위한 것이었다. 카를 만하임이 아래와 같이 언급하면서 이 점을 잘 지적하고 있다. "막스 베버의 전 저작은 궁극적으로는 다음과 같은 문제, 즉 '서구 문명의 합리화를 가져온 사회적 요인이 무엇인가?'에 향해져 있다." 현대사회에서는 정치, 경제의 영역이든 또는 법률의 영역이든, 심지어 사람들 간의 관계에 있어서조차 수단을 목적에 효과적으로 적용시키는 것이 지배적으로 되어 가고, 그것이 사회적 행위를 낳는 다른 요인들을 대치해 가고 있다고 베버는 주장하였다.

초기의 이론가들은 서구 사회의 주된 역사적, 또는 진화적 경향을 구조적인 용어로 파악하려 하였다. 예컨대 퇴니스의 개념은 '공동사회'에서 '이익사회'로의 이동을 내포하고 있다. 메인의 개념은 신분에서 계약으로, 뒤르켕의 개념은 기계적 연대에서 유기적 연대로의 이행을 내포하고 있다. 베버도 현대 서구인의 기본적으로 두드러지는 특징은 사회적, 역사적 상황의 성격 변화와 관련된 인간 행위의 성격 변화라는 측면에서 가장 잘 이해될 수 있다는 것을 제시함으로써 비슷한 관심을 나타냈다. 베버는 역사의 '유물론적' 해석이나 '관념적' 해석에 몰입하지 않은 채 그의 궁극적인 분석 단위를 구체적인 활동하는 인간으로 삼았다.

- [ ] Karl Mannheim(1893~1947) 헝가리 태생 사회학자로서 지식사회학의 선구자
- [ ] put the matter well 이 점을 잘 설명하다
- [ ] analysis directed 사이에는 which is가 생략되어 있다.
- [ ] Ferdinand Toennies(1855~1936) 독일의 사회학자
- [ ] drift A from B: A에서 B로의 전환
- [ ] Gemeinschaft 공동사회
- [ ] Gesellschaft 이익사회 (= purposive association)
- [ ] solidarity n. 결속, 단결 a. solid
- [ ] commit oneself to ~에 전념하다, ~에 대해 언질을 주다

제 3 장

Emile Durkheim
The Division of Labor in Society

에밀 뒤르켐
사회분업론

Nothing seems easier to determine, at first glance, than the role of the division of labor. Are not its effects universally recognized? Since it combines both the productive power and the ability of the workman, it is the necessary condition of development in societies, both intellectual and material development. It is the source of civilization. Besides, since we quite facilely assign an absolute value to civilization, we do not bethink ourselves to seek any other function for the division of labor.

Though it may truly have this effect, there would be in that nothing to amplify through discussion. But if it had no other, and did not serve any other purpose, there would be no reason to assign it a moral character.

프랑스의 사회학자 에밀 뒤르켐(1858~1917)은 사회학과 인류학이 형성되는 데 크게 기여했다. 콩트의 후계자인 그는 실증주의를 완성시켰으며 사회학을 독립된 하나의 과학으로 체계화시켰다. 사회는 각 부분의 합이상의 존재라고 주장하면서 사회적 사실은 각 사회 구성원의 행동을 초월하는 객관적인 실체라고 주장했다.

언뜻 보기에 노동 분업의 역할을 규정하는 일은 아주 쉬운 일처럼 보인다. 분업의 결과는 보편적으로 인정받고 있는 것이 아닌가? 분업은 생산력과 노동자의 능력을 결합하는 것이기 때문에, 그것은 사회의 지적·물질적 발전의 필요조건이다. 분업은 말하자면 문명의 원천인 것이다. 뿐만 아니라 우리는 문명에 대해서 아주 손쉽게 절대적인 가치를 부여하기 때문에 분업의 다른 기능을 찾기 위해서 심사숙고하지 않는다.

분업이 참으로 그런 결과를 갖고 있다 할지라도 그것에서 토론을 통해서 상세히 설명할 것은 없다. 그러나 만일 그밖에 다른 아무런 기능도 갖지 않는 것이라면, 그리고 그 밖의 다른 목적에도 맞지 않다면 우리가 분업에 대해서 도덕적 성격을 부여할 필요는 없을 것이다.

☐ Nothing ~er(more) than A A보다 더 ~한 것은 없다, 아주 ~하다

☐ facilely ad. 쉽게, 손쉽게 (= easily)

☐ bethink vt. 숙고하다, 잘 생각하다 (= reflect, recall)

In short, the services that it renders are very near to being foreign to the moral life, or at least have only indirect and remote relation to it. Although it may be common enough today to reply to the polemic of Rousseau with dithyrambs of opposite meaning, nevertheless there is no proof at all that civilization is a moral fact. To meet the problem, we cannot refer to concepts which are necessarily subjective; rather it would be necessary to employ a standard by which to measure the level of average morality, and to observe, thus, how it varies in proportion to the progress of civilization. Unfortunately, this standard of measurement is not forthcoming, but we do possess one for collective immorality. The average number of suicides, of crimes of all sorts, can effectively serve to mark the intensity of immorality in a given society.

If we make this experiment, it does not turn out creditably for civilization, for the number of these morbid phenomena seems to increase as the arts, sciences and industry progress. Doubtless, there would be some inadvertence in concluding from this fact that civilization is immoral, but one can at least be certain that, if it has a positive and favorable influence on the moral life, it is quite weak.

But, if we analyze this badly defined complex called civilization, we find that the elements of which it is composed are bereft of any moral character whatever.

간단히 말해서 분업이 제공하는 서비스는 도덕적 생활과는 무관한 것이거나 간접적이고, 적어도 소원한 관계밖에는 가지고 있지 못하다. 비록 오늘날 루소의 논쟁에 대하여 그 반대의 의미를 열광적으로 찬양하는 일이 일반적이기는 하나, 그렇다고 해서 문명이 도덕적 사실이라는 증거는 전혀 없다. 이와 같은 문제를 해결하기 위해서 우리는 불가피하게 주관적일 수밖에 없는 개념에 의존해서는 안된다. 그보다는 문명의 진보에 비례해서 도덕성이 어떻게 바뀌는가를 관찰하기 위해서, 일반적 도덕성의 수준을 측정하는 표준을 사용하는 것이 필수적이다. 그러나 불행히도 우리는 그와 같은 측정의 표준을 가지고 있지 못하다. 하지만 우리는 집합적 비도덕성을 측정하는 한 가지의 표준을 알고 있다. 여러 가지 종류의 범죄들 가운데에서 평균 자살 지수는 특정한 사회의 비도덕성의 정도를 효과적으로 표시해 줄 수 있다.

우리가 그와 같은 실험을 한다면 예술·과학·산업이 발달함에 따라 무시무시한 사건이 많아지기 때문에 문명이 훌륭하다고 판명되지는 않는다. 물론 위의 사실을 가지고서 문명이 비도덕적이라고 결론짓는 것은 잘못일지도 모른다. 그러나 적어도 문명이 도덕 생활에 긍정적이고 좋은 영향을 갖고 있다고 하더라도 매우 약한 것임은 분명하다.

그러나 문명이라고 불리는 이 나쁘게 규정된 복합체를 분석해 보면, 우리는 문명의 구성 요소들이 아무런 도덕적 성격도 가지고 있지 않음을 알게 된다.

- ☐ render vt. 되게 하다, 내어주다, 바치다, 내다 (제출하다) (= submit)
- ☐ polemic n. 논쟁 n. polemics 논쟁
- ☐ dithyramb n. 주신 Bacchus의 찬가, 열광적 시가
- ☐ creditably ad. 훌륭히, 썩, 잘
- ☐ morbid a. 병적인, 불건전한, 음침한
- ☐ inadvertence n. 부주의, 실수, 잘못
- ☐ be bereft of A : A를 빼앗기다, A를 결여하다(잃다)
  ex) She was bereft of hearing. 그녀는 청력을 잃었다.

It is particularly true of the economic activity which always accompanies civilization. Far from serving moral progress, it is in the great industrial centres that crimes and suicides are most numerous. In any event, it evidently does not present the external indices by which we recognize moral facts. We have replaced stage coaches by railroads, sailboats by transatlantic liners, small shops by manufacturing plants. All this changed activity is generally considered useful, but it contains nothing morally binding. The artisan and the private *entrepreneur* who resist this general current and obstinately pursue their modest enterprises do their duty quite as well as the great manufacturer who covers a country with machines and places a whole army of workers under his command. The moral conscience of nations is in this respect correct; it prefers a little justice to all the industrial perfection in the world. No doubt industrial activities have a reason for existing. They respond to needs, but these needs are not moral.

The case is even stronger with art, which is absolutely refractory to all that resembles an obligation, for it is the domain of liberty. It is a luxury and an acquirement which it is perhaps lovely to possess, but which is not obligatory; what is superfluous does not impose itself. On the other hand, morality is the least indispensable, the strictly necessary, the daily bread without which societies cannot exist. Art responds to our need of pursuing an activity without end, for the pleasure of the pursuit, whereas morality compels us to follow a determinate path to a definite end. Whatever is obligatory is at the same time constraining. Thus, although art may be animated by moral ideas or find itself involved in the evolution of phenomena which, properly speaking, are moral, it is not in itself moral. It might even be contended that in the case of individuals, as in societies, an intemperate development of the aesthetic faculties is a serious sign from a moral point of view.

이 점은 문명에 항상 수반하는 경제활동에 특히 적용된다. 즉 경제활동은 도덕적 진보를 가져오기는커녕, 범죄와 자살율이 가장 높은 중요한 공업 중심지에 있다. 어쨌든 문명은 우리가 도덕적 사실을 인정할 만한 어떠한 외형적 지표도 제시하지 않는 것이 분명하다. 우리는 역마차를 철도로, 돛단배를 대양 횡단 기선으로, 그리고 작은 가게들을 큰 공장으로 바꾸어 놓았다. 이와 같이 변화된 모든 활동들은 일반적으로 유용한 것으로 간주된다. 그러나 이것들이 도덕적인 구속성을 갖는 것은 아니다. 이 일반적 경향에 저항해서 고집스럽게 자그마한 기업을 추구하는 수공업자나 중소기업가들은 기계와 많은 노동자들을 거느리는 대제조업자들과 마찬가지로 자신의 할 일을 잘해 나가고 있다. 그러한 점에서 여러 나라의 도덕의식은 정당하다. 세계의 산업을 모두 완전하게 하기보다는 조그마한 정의를 택하고 있기 때문이다. 산업 활동이 존재하는 데는 그 이유가 있다. 그러한 활동은 필요에 응하고 있다. 그러나 그 필요들은 도덕적인 요구는 아니다.

이 경우는 예술에 더욱 강력히 나타난다. 예술은 자유의 영역에 있는 것이기 때문에 어떠한 의무에 대해서도 순종하지 않는다. 예술은 아마도 소유하고 싶은 사치이고 획득물이겠지만, 의무적인 것은 아니다. 필요 불가결한 것이 아닌 것은 강요되지는 않는다. 그러나 도덕은 어떤 사회든 존속하기 위해서는 최소한의 필요 불가결한 것이며, 완전히 필요한 것이고, 일용할 양식과 같은 것이다. 예술은 그 추구하는 행동 자체가 기쁨을 주는 것으로서 목표가 없는 활동을 추구하는 우리의 욕구에 반응하는 것이며, 그에 반해 도덕은 우리가 명확한 목표를 향하여 명확한 길을 걷도록 요구하는 것이다. 의무적인 것은 무엇이든지 동시에 강제성을 갖는다. 따라서 예술은 비록 도덕적 관념에 의해서 활기를 얻을 수 있고, 적절하게 말한다면 도덕적인 현상의 진화에 관련될 수는 있다 하더라도, 예술 자체가 도덕적인 것은 아니다. 오히려 사회에 있어서와 마찬가지로 개인의 경우에도 심미적 능력의 무절제한 발달은 도덕의 관점에서의 위험한 징조라고 할 수 있다.

- [ ] indices n. (index(L.)의 복수형) 찾아보기, 색인, 지침
- [ ] stage coach 역마차, 승합마차
- [ ] transatlantic liners 대서양 횡단 기선(배)
- [ ] artisan n. 직공, 기술공
- [ ] entrepreneur n. 기업가, 흥행주 (= enterpriser)
- [ ] obstinately ad. 끈덕지게, 완강하게, 고집세게
- [ ] refractory a. 다루기 힘든, 말 듣지 않는
- [ ] superfluous a. 남아도는, 여분의, 불필요한
- [ ] Thus ~ although ~ are moral 까지는 종속절, it ~ moral 까지는 주절·종속절 속에 다시 관계대명사절 which, ~ are moral이 있으며, which의 선행사는 the evolution of phenomena

Of all the elements of civilization, science is the only one which, under certain conditions, presents a moral character. That is, societies are tending more and more to look upon it as a duty for the individual to develop his intelligence by learning the scientific truths which have been established. At present, there are a certain number of propositions which we must all understand. We are not forced to inject ourselves into the industrial mêlée; We do not have to be artists, but every one is now forced not to be ignorant. This obligation is, indeed, so strongly intrenched that, in certain societies, it is sanctioned not only by public opinion, but also by law. It is, moreover, not difficult to understand whence comes this special status accorded to science. Science is nothing else than conscience carried to its highest point of clarity. Thus, in order for society to live under existent conditions, the field of conscience, individual as well as social, must be extended and clarified.

That is, as the environments in which they exist become more and more complex, and, consequently, more and more changeable, to endure, they must change often. On the other hand, the more obscure conscience is, the more refractory to change it is, because it does not perceive quickly enough the necessity for changing nor in what sense it must change. On the contrary, an enlightened conscience prepares itself in advance for adaptation. That is why intelligence guided by science must take a larger part in the course of collective life.

문명의 모든 요소들 가운데에서 과학은 특정 조건하에서 도덕적 성격을 띠는 유일한 요소이다. 즉 사회는 확립된 과학적 진리를 연구하고 지능을 더욱 발전시킬 것을 과학자의 의무로 더욱더 생각하는 경향이 있다. 오늘날에는 우리 모두가 이해하지 않으면 안 되는 몇 가지의 명제들이 있다. 우리는 모두가 산업 전선에 뛰어 들어가도록 강요되는 것은 아니며, 또한 모두가 예술가가 되어야 하는 것도 아니다. 그러나 우리는 모두 무지해서는 안 된다는 강요를 받고 있다. 그와 같은 의무는 매우 강력히 요구되는 것이어서 어떤 사회에서는 여론에 의해서뿐만 아니라 법에 의해서 인가되어 있다. 그리고 과학이 가지는 이 특별한 지위가 어디에 연유하는 것인지를 이해하는 것도 어려운 일이 아니다. 과학은 가장 명료한 상태에 이르는 의식에 불과한 것이다. 따라서 사회가 주어진 조건에서 생존하기 위해서는 사회의식뿐 아니라 개인적 의식도 확대되고 명확하지 않으면 안 된다.

즉 우리가 생존하는 환경이 더욱더 복잡해지고, 따라서 더욱더 변화하기 쉬운 것이라면, 생존하기 위해서 더 자주 변화되지 않으면 안된다. 한편 의식이 더 명확하지 않을수록 변화의 필요를 신속하게 감지하지 못하며 어떤 의미에서 변화해야 하는지를 지각하지 못하기 때문에, 변화에 대해서 더 둔감할 수밖에 없다. 그와 반대로 계명된 의식은 미리 적응을 위해 대비한다. 과학에 의해서 계도되는 지성이 집합적 생활에서 더욱 중요한 역할을 수행해야 하는 것이 그 때문이다.

☐ inject oneself into ~에 억지로 맞추다

☐ mélée n. 난투, 혼전, 격렬한 논쟁, 법석

☐ This obligation ~ so ~ that, ~ it is ~ 아주(so 이하)하여, ~(it 이하)하다

☐ intrench (= entrench) vt. 참호로 둘러싸다, 단단히 지키다 vi. 침범하다, 잠식하다(on, upon)

☐ sanction vt. 재가(인가)하다, 시인하다
n. 인가, 시인, 허용, 찬성

☐ whence ad. 어디로부터

☐ because it ~ not A nor B: A하지도 B 하지도 않다

☐ adaptation n. 적합, 적용
(= accommodation)

제4장

Talcott Parsons
Societies: Evolutionary and Comparative Perspectives

탤컷 파슨스
사회에 관한 진화적·비교적 방법

The foregoing exposition of the relations between a society and its environment has employed a relatively systematic classification of structural components. It is important to make this scheme explicit because it underlies a great deal of the analysis in this book.

Our initial definition of the societal community focused on the interrelatedness of two factors — namely, a *normative order* and a *collectively* organized population. For most general purposes in analyzing societies, we need not extend our classification of components beyond a single distinction within each of these factors. We will distinguish between the aspects of each factor which are primarily internal to the societal community and those which primarily connect it with environing systems.

제1부

제4장

탤컷 파슨스(1902~1979)는 미국의 사회학자이다. 제2차 세계대전 이후 미국 사회학의 지도적 이론가로 평가되고 있다. 점차 상이해지고 있는 사회 행위학 간의 상호 연관성을 회복시키는 데 주력, 구조기능 분석론을 확립하였으며, 그것을 통한 사회 체계론을 전개하였다.

사회와 그 환경간의 관계에 관한 이제까지의 설명은 상대적으로 구조적 요소들의 체계적인 분류를 사용했다. 이 도식은 본서에서의 많은 분석의 기초가 되어 있으므로 이를 더욱 명확하게 해 두는 것은 중요하다.

사회적 공동체에 관한 우리의 최초의 정의는, 2개의 요인 — 즉 '규범적 질서'와 '집합적으로' 조직된 대중 — 의 상호 연관성에 초점을 두었다. 여러 사회들을 분석하는 가장 일반적인 목적을 위해서, 구성 요소의 분류를 각 요인간의 단일한 차이 이상으로 확대할 필요는 없다. 우리는 주로 사회적 공동체에 주로 내재하는 각 요인의 측면과 주로 사회적 공동체와 환경 체계를 연결하는 각 요인의 측면을 구별하고자 한다.

☐ foregoing a. 앞의 (= preceding)
☐ scheme n. 개요, 계획
☐ explicit a. 뚜렷한, 명백한 opp. implicit
☐ underlie vt. ~의 기초가 되다

☐ interrelated a. 서로 관계있는, -ness n. 연관성
☐ population n. 인구, 주민, 여기서는 '대중'의 뜻으로 쓰였다.

33

On the normative side, we can distinguish between *norms* and *values*. Values — in the pattern sense — we regard as the primary connecting element between the social and cultural systems. Norms, however, are primarily social. They have regulatory significance for social processes and relationships but do not embody "principles" which are applicable beyond *social* organization, or often even a particular social system. In more advanced societies, the structural focus of norms is the legal system.

On the side of organized population, the *collectivity* is the category of intra-social structure and the *role* is the category of boundary-structure. The relevant boundary relation is with the personality of the individual member of the social system of reference. The boundary with the organic-physical complex is of an order that does not require distinct conceptualization in this context, although outputs from both personalities and the cultural system converge upon the organism in socialization processes, in the operation of skills, and in various other ways.

These four structural categories –values, norms, collectivities, roles– may be related to our general functional paradigm. Values take primacy in the pattern maintenance functioning of a social system. Norms are primarily integrate; they regulate the great variety of processes that contribute to the implementation of patterned value commitments. The primary functioning of the collectivity concerns actual goal attainment on behalf of the social system. Where individuals perform *societally* important functions, it is in their capacity as collectivity members. Finally, the primary function of the role in the social system is adaptive. This is particularly clear for the category of service, as the capacity to fulfill valued role-performances is the most basic generalized adaptive resource of any society, though it must be coordinated with cultural, organic, and physical resources.

　　규범 측면에서는 우리는 '규범'과 '가치'를 구별할 수가 있다. 우리는 가치 ― 유형적 의미에서의 ― 를 사회 체계와 문화 체계의 1차적인 결합 요소로 본다. 그러나 규범은 1차적으로 사회적이다. 규범들은 사회 과정, 사회관계에 대해 규정하는 의의가 있지만, '사회' 조직 또는 종종 특정한 사회 체계 조차 넘어서서 적용할 수 있는 '원칙'을 구현하고 있는 것은 아니다. 더 진보된 사회에서 규범의 구조적 초점은 법체계이다.

　　조직된 대중의 측면에서 볼 때 '집합체'는 사회 내 구조의 범주이고, '역할'은 경계 구조의 범주이다. 적절한 경계 관계는 사회 참조 체계의 개개 성원의 인성과의 사이에서 이루어진다. 인성과 문화 체계 양자로부터 얻어진 산물은 사회화 과정, 기능 작용, 그리고 그 외 여러가지 방법으로 유기체에 집중하지만, 유기적, 자연적 복합체와의 경계는 이러한 맥락에서는 명백한 개념화를 요구하지 않는다.

　　이 4개의 구조적 범주 ― 가치, 규범, 집합체, 역할 ― 는 일반적인 기능적 패러다임과 관계가 있을 수 있다. 가치는 사회체제의 양식 유지라는 기능 작용에서 매우 중요하다. 규범은 무엇보다 통합적이며, 그것은 유형화된 가치 위탁의 이행에 영향을 주는 아주 다양한 과정을 규제한다. 집합체의 1차적인 기능 작용은, 사회 체계를 위하여 현실의 목표를 달성하는 것과 관련되어 있다. 개인이 '사회적으로' 중요한 기능을 수행하는 경우는 집합체 성원으로서의 그들의 능력에 의한 것이다. 끝으로 사회 체계에 있어서 역할의 1차적 기능은 적용이다. 특히 이것은 서비스의 범주에 대해 더욱 그러하다. 왜냐하면 가치를 부여받은 역할 수행을 이룩하는 능력은 그것이 문화적·유기적·물리적 수단들과 상호 조정되어야 하지만, 그것은 어떠한 사회에 있어서도 가장 기본적이고 일반화된 적응의 수단이기 때문이다.

- [ ] regulatory a. 규정하는, 조정하는
  (= regulative)
- [ ] collectivity n. 집합성, 집합체
- [ ] converge v. (의논 따위를) 집중하다, 한 점에 모이다 opp. diverge
- [ ] operation n. 작용, 조작, 운영
- [ ] implementation n. 이행, 수행
- [ ] it is in their capacity ~ 여기서 it은 앞 문장의 The primary functioning을 가리킨다.

Any concrete structural unit of a social system is always a combination of all four components — the present classification involves *components, not types*. We often speak of a role or collectivity as if it were a concrete entity, but this is, strictly speaking, elliptical. There is no collectivity without member roles and, vice-versa, no role which is not part of a collectivity. Nor is there a role or collectivity which is not "regulated" by norms and characterized by a commitment to value patterns. For analytical purposes we can, for example, abstract the value components from a structure and describe them as *cultural* objects, but when they are employed technically as categories of social structure they *always* refer to components of social systems which *also* contain all three of the other types of components.

Nevertheless, the four categories of components are, in the nature of the case, independently variable. Knowing the value pattern of a collectivity does not, for example, make it possible to deduce its role-composition. Cases in which the contents of two or more types of components vary together so that the content of one can be deduced directly from another are special and limiting, not general, cases.

Thus, the *same* value patterns generally form structural parts of a wide variety of different units or sub-systems in a society and are frequently found at many levels in structural hierarchies. Furthermore, the *same* norms are often essential to the functioning of a variety of kinds of operative units. Thus, the legal rights of property entail common normative elements whether the holder of such rights is a family, a religious body, or a commercial firm.

한 사회 체계의 '어떠한' 구체적인 구조 단위도 언제나 4개의 구성 요소들 모두의 조합이다 ― 이 분류는 '유형이 아닌 구성 요소'로 되어 있다. 우리는 종종 역할이나 집합체를 마치 하나의 구체적 실체인 것으로 말하지만, 그러나 이것은 엄밀히 말하자면 애매하다. 구성원의 역할이 없는 집합체가 존재하지 않는 것과 마찬가지로, 역으로 집합체의 부분이 아닌 역할도 존재할 수 없다. 규범에 의해서 '규제'되지 않고, 가치 유형에의 투사에 의해서 특징지어지지 않는 역할이나 집합체도 존재하지 않는다. 분석의 목적을 위해서 우리들은 이를테면 구조에서 가치 구성 요소들을 추출하여 그것을 '문화' 대상으로서 기술할 수가 있을 것이다. 그러나 그것들이 기술적으로 사회 구조의 범주로서 사용되면, 그것들은 3개의 다른 유형의 구성 요소 전부까지도 또한 포함하고 있는 사회 체계의 구성 요소와도 '항상' 관계된다.

그러나 구성 요소의 4개의 범주는 그 성질상 독립적으로 가변적이다. 예를 들면 집합체의 가치 양식을 알았다고 해서, 그 역할 구성을 연역할 수는 없다. 2개 이상의 유형의 구성 요소가 지닌 내용이 각각 다르고, 따라서 그 내용이 직접 다른 것으로부터 연역될 수 있는 것은 일반적이 아니라 특수하고 한정된 경우에 불과하다.

이와 같이 '동일한' 가치 유형은 일반적으로 매우 다양하고 상이한 단위나 사회에서 하위 체계의 구조적인 부분들을 구성하며, 구조적 위계의 여러 단계에서 빈번히 볼 수가 있다. 더욱이 '동일한' 규범이 자주 여러 종류의 작업 단위의 기능 작용에 불가결하게 요청된다. 따라서 법적 재산권은 그 권리의 소유자가 가족이건, 종교 단체이건 또는 기업이건 간에 공통의 규범적 요소를 가져다준다.

☐ entity n. 실재(물), 실체, 본질
☐ elliptical a. 타원의, 생략된
☐ abstract vt. 추상하다, 추출하다
☐ Knowing ~ : knowing the value pattern이 주어, make가 가목적어, possible이 목적보어, to deduce가 진목적어

☐ deduce v. 연역하다, 추론하다 (= infer) (from) ~의 유례를 찾다 opp. induce
☐ Thus, the same value patterns ~는 주어 the same value patterns 뒤에 동사 form과 동사 are found가 and로 연결된 긴 문장
☐ entail v. 수반하다, ~을 필요로 하다

Of course, norms are differentiated by situation and function, but the bases of their differentiation are never the same as those of collectivities and roles. Within limits, then, it appears that *any* collectivity involved in a certain situation or performing a certain function will be regulated by a certain norm *regardless of* its other features. Finally, such independent variation is also characteristic of roles. For example, executive or managerial roles and certain types of professional roles are common to many types of collectivity, not just one.

The same basic principle of independent variation applies to the relations between the social system and its environing systems. It is the person in role, not the total concrete individual, who is the member of a collectivity, even the societal community.

For example, I am a member of certain international collectivities which are not parts of the American societal community. The plural character of the roles assumed by one personality is a major foundation of sociological theory and must be kept in mind continually. As a society evolves, role pluralism becomes more rather than less important, but it characterizes any society.

물론 규범은 상황과 기능에 의해서 분화되어 있으나, 그 분화의 근거는 집합체나 역할의 그것과 결코 동일한 것이 아니다. 그리하여 한계 안에서, 즉 어떤 상황에 놓여 있거나 그 어떤 기능을 수행하는 집합체가 어떤 일정한 규범에 다른 특징들과 '관계없이' 규제될 것으로 보인다. 끝으로, 이러한 독립적인 변동은 역할들의 특징이기도 하다. 예를 들면, 경영·관리의 역할과 일정한 유형의 전문적 역할은 단 하나의 집합체가 아닌 다수의 집합체에 공통적이다.

독립적 변화의 동일한 기본적 원칙은, 사회 체계와 그 환경 체계간의 관계에도 적용된다. 집합체의 성원, 더욱이 사회 공동체의 성원은 구체적인 개인 전체가 아닌 역할상의 인간이다.

예를 들면, 나는 미국의 사회적 공동체의 부분이 아닌 일정한 국제적 집합체의 한 성원이다. 한 인성에 부여된 역할의 다원적 성격은, 사회적 이론의 주된 기초이며 항상 염두에 두어야 하는 것이다. 사회가 진화함에 따라, 역할 다원주의는 중요성이 커지면 커졌지 줄어들지는 아니하며, 그것은 모든 사회들의 특징인 것이다.

- ☐ differentiate v. 분화하다
- ☐ it appears that ~로 보이다, ~로 생각되다. 여기서 that 절은 보어절로서 be regulated 가 동사
- ☐ regardless (of) a. 무관심한, 관계없이
- ☐ It is the person~ it은 가주어, who 이하가 진주어
- ☐ assume vt. (태도, 임무 등을) 취하다, 떠맡다
- ☐ keep in mind 기억하다, 염두에 두다
- ☐ evolve vt. 발전시키다 vt. 진화하다 n. evolution, evolvement

제5장

Ralf Dahrendorf
Class and Conflict in Industrial Society

랄프 다렌도르프
산업사회에서의 계급과 계급투쟁

Several early German sociologists have carried on a passionate debate about a problem which is not dissimilar to that of "subjectivist" and "objectivist" theories of class and has in fact explicitly been identified with this problem by Geiger. This problem, too, relates to the concept of class and was always formulated as an alternative: Are classes a "real phenomenon" (*Realphanomen*) or a "theoretical phenomenon" (*Ordnungsphanomen*)? Are they realities or constructions of science? "The term class," Geiger says (91, p.2), "occurs on the one hand as the abstract of men of one *type*, and on the other hand as the concept of a *collectivity* ... In the first case men are classified on the basis of certain characteristics or sets of characteristics ['theoretical phenomenon'-R.D.] ... The concept of class as a collectivity has a different origin ... Class in this sense is the concept of a social entity which as such involves a specific goal and intention, is the concept of a specific totality" ['real phenomenon'-R.D.].

랄프 다렌도르프(1929~2009)는 독일의 사회학자로 마르크스의 계급이론과 미국 사회학의 구조기능 분석을 비판적으로 섭취하여 투쟁의 일반이론을 구축하였다. 「산업사회에서의 계급 및 계급투쟁」에서 후기 자본주의 사회의 불평등 문제를 제시했다. 그는 구조 기능주의와 마르크스주의가 선진사회에 대해 납득할 만한 설명을 해주고 있지 못하다고 생각했다. 그 이유로 구조 기능주의가 사회 갈등의 현실에 관심을 기울이지 않았고 마르크스는 계급을 너무 좁게 정의했다고 말하고 있다.

초기의 몇몇 사회학자들도 '주관주의' 계급 이론과 '객관주의' 계급 이론이 다르지 않은 문제라는 데 관해 격렬한 논쟁을 했으며 사실상 문제는 가이거에 의해 확인되었다. 이 문제 역시 계급의 개념과 관련이 있으며 항상 어떤 대체물로서 제시되었다. 즉 계급은 '실제적인 현상'인 것인가? 계급은 '이론적인 현상'인 것인가? 계급은 실체적인가 아니며 과학의 구조인가? 가이거는 다음과 같이 말했다. 계급에는 두 가지 개념이 있다. 하나는 특정 인간을 추상화시키는 개념이고 다른 하나는 집합체로서의 개념이다. 전자는 인간을 어떤 특성이나 일련의 특성에 기초해서 분류한 것이고, 집합체로서의 계급의 개념은 다른 기원을 가지고 있다. 이런 의미에서 계급은 그와 같은 입장으로 특수한 목표와 목적을 포함하는 사회적 실체의 개념이며 특정한 전체의 개념이다. (91, p.2)

□ formulate vt. 공식화하다, 명확하게 (계통을 세워) 말하다

□ collectivity n. 집단, 집합체

□ is the concept of a specific totality 의 주어는 the concept of a social entity와 같이 class in this sense에 이어진다.

Even before Geiger, Schumpeter had introduced a similar distinction between class as a "particular social creature which acts and suffers as such and wants to be understood as such" [real phenomenon] and class in the sense of "orders of pluralities according to certain characteristics. Understood in this sense class is a creature of the scientist and owes its existence to his ordering hand" ['theoretical phenomenon'] (27, pp.149 f.). Both Geiger and Schumpeter emphatically decide in favor of an understanding of class as a "real phenomenon" and relegate the "theoretical phenomenon" to a lower level of analysis. But both have overlooked the fact that they have fallen victim, here, to a false problem much like the classsifiers of "subjectivism" and "objectivism."

The concept of class as described so far in this study has, indeed, two distinct aspects. On the one hand, we have dealt with classes as effective forces in social conflicts, even as organized groupings carrying on such conflicts. As such, classes are obviously "real phenomena," i.e., empirically identifiable "social entities" or "creatures." On the other hand, we have derived classes from positions in associations coordinated by authority and defined them by the "characteristic" of participation in or exclusion from the exercise of authority. In this sense, classes are evidently "theoretical phenomena," "creatures of the scientist," and not organized groupings. There can be no doubt that there is a difference between these two "definitions." But is it necessary to decide in favor of one or the other of these "definitions"? Are they really mutually exclusive alternatives?

가이거 이전에 그와 같은 입장으로 행동하고 고통을 받고 그와 같은 입장으로 이해되길 원하는 특별한 사회적 피조물로서의 계급과 '어떤 특성에 따른 다수의 질서라는 의미에서의 계급 간의 유사한 구별을 소개했다. 이런 의미에서 계급은 과학자의 창조물이고 그 존재가 과학자의 배열 방식에 있다는 것으로 이해된다'. (27, pp.149 f.) 가이거와 슘페터 모두 강조해서 '실제적 현상'으로서의 계급의 이해가 보다 훌륭하다고 한다. ' 이론적 현상'을 더 낮은 수준의 분석으로 분류한다. 그러나 두 사람 모두 여기서 '주관주의'와 '객관주의'의 분류자들과 아주 흡사하게 잘못된 문제의 희생물이 되었다는 사실을 간과했다.

본 저서에서 지적한 바와 같이 계급의 개념에는 실제로 두 가지 측면이 있다. 하나는 우리가 사회적 갈등을 일으키는 원동력으로서의 계급 혹은 그와 같은 사회적 갈등을 실행하고 있는 조직화된 집단으로서의 계급을 다루었다. 이 경우 계급은 명백히 '실제적 현상', 즉 경험상 알아 볼 수 있는 '사회적 실체'혹은 '피조물'이다. 다른 하나는 우리가 권위 관계로 조직화되어 있는 사회조직 내의 지위로부터 계급을 이끌어 내고, 권위의 행사에 참여 혹은 배제하는 특징에 의해 계급을 정의 내렸다. 이런 의미에서 계급은 명백히 '이론적 현상'이고 '과학자의 피조물'이지 조직화된 그룹 나누기가 아니다. 이 두 가지 계급의 개념간에 '차이'가 있다는 것은 의심의 여지가 없다. 그러나 이 '정의'들 중 어느 개념의 계급이 보다 훌륭한 것인가를 결정할 필요는 없다. 이 두 계급의 개념은 정말로 상호 양립할 수 없는 것인가?

- ☐ owes its existence ~의 주어는 앞의 a creature of the scientist
- ☐ relegate vt. 속하게 하다, 분류하다(to)
- ☐ fall victim to (= become(be made) a victim of) ~의 희생이 되다
- ☐ empirically ad. 경험적으로, 실험·관찰적으로 n. empiricism
- ☐ coordinate vt., vi. 동위로 하다, 대등하게 하다, 통합하다

These questions can be answered in the affirmative only if one is concerned not with a theory of class but merely with the formulation of a descriptive category. Whoever answers it in the affirmative thereby explicitly renounces the development of a theory of class.

As with the case alternative "subjective" or "objective" concepts, the fallacy of the problem derives from the fact that what is basically an analytical or genetic problem is projected, so to speak, from the third into the second dimension and thereby falsely creates what appears to be a logical alternative. One can contrast a caterpillar and a butterfly and state triumphantly that they are different, but then one must not be surprised to find that a "two-dimensional" treatment of this kind does not permit the question as to whether the one may have developed out of the other.

In the case of classes, no problem of genesis in this real sense is involved, but we do find an analogous situation on the level of analysis. One may of course confine oneself to describing the "real phenomenon" and the "theoretical phenomenon" of class as an "alternative of formal-logical possibilities" (Geiger, 91, p.2). But if one does so, it is no longer possible to ask whether the structural analysis of the one requires the assumption of the other. Analyses, explanations, theories are always "creatures of the scientist," and this holds for their elements, too. But can this be regarded as an objection? Is it not rather the very point and substance of all science to explain "real phenomena" in terms of "theoretical phenomena" by dissecting the living richness of the one with the tools of the other and reconstructing it on the level of theory?

만약 계급 이론이 아니라 단지 기술적 범주의 체계화에 관심이 있다면 이 질문들은 긍정적으로 답변되어질 수 있다. 그것에 의해서 누구든지 명백하게 이 질문에 대해 긍정적으로 답하는 사람은 계급 이론의 발전을 포기하는 것이다.

선택적인 '주관적' 개념 혹은 '객관적' 개념처럼, 기본적으로 분석적 혹은 발생적 문제인 것이, 말하자면 3차원에서 2차원으로 투영된다는 사실에서, 그 문제의 오류가 나오고 그것으로 인해 논리적 선택으로 보이는 것을 거짓으로 만들어낸다. 모충과 나비를 대조할 수 있고 의기양양하게 그것들이 다르다고 말하지만 한편으로는 이러한 종류의 '2차원적인' 취급은 하나가 다른 하나에서 진화하지 않았는가 하는 질문을 가능케 하지 않는다.

계급의 경우에 있어서도 실제로 발생의 문제는 관련되지 않지만 우리는 분석의 수준에서 유사한 상황을 찾는다. 우리는 물론 계급의 '실제적 현상'과 '이론적 현상'을 '형식적·논리적 가능성의 선택'으로 나타내는 데 국한할 수도 있다(가이거, 91, p.2). 그러나 만약 우리가 그렇게 하면 실제적 현상의 구조적 분석이 이론적 현상의 가정을 필요로 하는지 질문하는 것이 더 이상 가능하지 않다. 오히려 이론적 현상의 도구를 사용해 실체적 현상의 생생한 풍부함을 분석하고 이론의 수준에서 재구성함으로써 '이론적 현상'의 측면에서 '실제적 형상'을 설명하는 것이 바로 모든 과학의 요점이자 본질이 아닌가?

☐ renounce vt. 포기하다(= surrender, give up, abandon), 부인하다
  n. renunciation

☐ fallacy n. 잘못된 생각, 궤변(= sophism)
  a. fallacious

☐ genetic a. 발생적인, 유전학적인
  n. genesis cf) genetics 유전학

☐ caterpillar n. 모충, (나방 또는 나비 따위의) 유충

☐ analogous a. 유사한(to) n. analogy
  opp. homology cf) analysis 분석

☐ confine oneself to ~에 국한하다
  n. confinement

☐ dissect vt. 분석하다, 자세히 조사하다
  n. dissection (= analysis)

Schumpeter and Geiger were indeed on doubtful ground not only in constructing an artificial alternative, but also in deciding unconditionally for one of its sides. Their choice can at best be accepted and considered as a methodological principle, but even as such it is not justifiable. It may be useful to start the formulation of theories by considering real problems instead of by constructing "reality" out of the skies of theory; it may be sensible to derive the general from the particular, instead of starting with the general. However, reasonable as this procedure may be from the point of view of the psychology of scientific discovery, it is erroneous to derive from it a principle of the logic of scientific discovery. Logically, at least, a theory takes precedence over a hypothesis, a hypothesis over a descriptive statement.

Moreover, it is empirically of no consequence for the validity of a theory whether it be formulated with a view to one, ten, or a hundred "real phenomena" or, indeed, independent of *in abstracto*. What matters, rather, is whether and how a theory illuminates its proper area of reality, and whether empirical processes refute the hypothesis derived from the theory.

Many of the considerations of this chapter were concerned with the determinant and context of the concept of class. It was necessary, first of all, to clarify the most important prerequisites of a sociological theory of class. But as an isolated category the concept of class is meaningless even for purely descriptive purposes. The statement that the managers or bureaucrats of industry constitute an industrial class is more than a mere designation, an empty *quid pro quo*, only if "class" is not merely a defined term but a category embedded in a theory.

슘페터와 가이거는 인위적인 선택 구성뿐만 아니라 두 가지 이론 가운데 무작정 하나를 선택하는 것도 정말로 회의적이었다. 그들의 선택은 기껏해야 방법론적 원리에 입각하여 받아들여져 고려될 수 있다. 그러나 그러한 자격에 있어서조차 정당하지 않다. 이론이라는 테두리에서 벗어나 '실체'를 구축하는 대신 실체의 문제를 고찰함으로써 이론들을 정립하기 시작하는 것이 유용할 수 있다. 다시 말하면, 보편 이론으로 시작하는 대신 특수 현상에서 보편 이론을 끌어내는 것이 현명할 것이다. 그러나 이 과정이 과학적 발전이라는 심리학의 관점에서 보면 타당하게 보이지만, 그것으로부터 과학적 발전의 논리 원칙을 끌어내는 것은 잘못이다. 적어도 논리적으로 이론은 가설에 선행하고 가설은 기술적 진술에 선행한다.

더욱이 한 가지, 열 가지 혹은 백 가지의 정말로 이론적 현상과 관련이 없는 '실제 현상'에 대한 관찰로 이론이 정립되든 이론의 타당성에 대해 그것은 경험적으로 중요하지 않다. 오히려 중요한 것은 이론이 실제의 고유 영역을 설명할 것인지 또는 설명 방법이며, 그리고 경험적 과정이 그 이론에서 도출된 가설을 반박할 것인지이다.

본 장의 대부분의 고찰은 계급 개념의 결정 요소와 맥락에 관련해서이다. 무엇보다도 사회학적 계급 이론의 가장 중요한 필요조건을 명백히 하는 것이 필요하다. 그러나 순전히 기술적 목적이라면 계급의 개념은 고립된 범주처럼 아무런 의미가 없다. '계급'이 단순히 정의된 용어가 아니라 한 이론에 들어 있는 범주일 때만, 기업의 경영자들이나 관료들이 기업의 계급을 형성한다는 말은 단순한 의미, 무의미한 응분의 보상 그 이상이다.

☐ sky of theory 이론의 배경, 이론이란 테두리

☐ However, reasonable ~ 이하의 양보절의 주어는 다음 주절의 주어인 to derive from it a principle of ~ discovery

☐ precedence n. 선행, 상위, 우선(권) v. precede cf) precedent n. 선례, 전례

☐ of no(little) consequence 거의 대수롭지 않는

☐ in abstracto (L.) in abstraction, 즉 theoretical phenomena를 말한다.

☐ what matter 중요한 것(matter는 동사), what matter의 주격 보어는 whether & how ~와 and whether 이하 문장이다.

☐ prerequisite n. 선행(필요)조건

☐ quid pro quo n. (= something for something) 대상(물) (= compensation), 응분의 보상, 보복(= tit for tat)

☐ embed vt. (마음·기억 따위에) 깊이 새겨 두다, 묻다

Concept and theory of class are inseparably connected. For this reason, the considerations of this chapter have been more than a mere discussion or definition of the concept of class; at every stage they pointed beyond the category of class into the field of class theory. Before we embark on a systematic discussion of this theory, it seems appropriate to try and delimit its field a little.

Class theory is concerned with the systematic explanation of that particular form of structure-changing conflict which is carried on by aggregates or groups growing out of the authority structure of social organizations. The general theory of class precedes the empirical analysis of given societies in terms of class in that it states the underlying regularities of class conflict in a form that in principle allows application to all societies.

But the following formulation of the theory of class does not claim universal applicability, for such applicability is always subject to the test of empirical research; it is confined, instead, to that type of society which we have described as industrial society. Its extension to other types of society may be possible and will in fact be suggested at several points; but a thorough discussion of class theory on this most general level falls outside the limits of the present investigation.

계급의 개념과 계급이론은 분리될 수 없다. 때문에 본 장에서는 단순한 계급의 개념 논쟁이나 정의 그 이상을 고찰했다. 매 단계에서 계급의 범위를 넘어 계급 이론의 분야까지 지적하였다. 이 이론의 체계적 논의를 시작하기 전에 약간 그 분야를 심리하고 한계를 짓는 것이 타당한 것처럼 보인다.

계급 이론은 사회조직의 권위 구조에서 성장하는 집단이나 그룹에 의해 행해진 구조적 변동 투쟁의 특별한 형태에 대해 체계적으로 설명하는데 관심을 두고 있다. 일반적 계급 이론은 계급의 관점에서 특정 사회의 경험적 분석에 선행한다. 왜냐하면 그것은 원칙상 모든 사회에 적용할 수 있는 형태로 기본적인 계급 갈등의 근원적인 규칙성을 설명하기 때문이다

그러나 다음에서 말하는 계급 이론의 정립은 보편적인 설명성을 요구하지는 않는다. 그러한 설명성은 항상 경험적 연구의 시험을 받기 때문이다. 대신 그것은 우리가 산업사회로 설명했던 사회의 유형에 국한된다. 다른 사회 형태까지 그 확장이 가능할 수도 있고, 사실 여러 곳에서 제안되어질 것이다. 그러나 이 가장 포괄적인 수준에 대한 계급 이론의 철저한 논의는 현재 연구의 한계 밖에 있다.

☐ inseparably ad. 분리할 수 없게, 뗄 수 없도록

☐ delimit(= delimitate) vt. ~의 한계(경계)를 정하다 n. delimitation

☐ aggregate n. 집단, 집합체 (= aggregation) v. 모으다, 집합하다

☐ applicability n. 설명성, 적용성

☐ empirical a. 경험적인

☐ fall outside ~의 범위 밖에 있다, ~에 포함되지 않다

제 6 장

Alvin W. Gouldner
The Coming Crisis of Western Sociology

앨빈 굴드너
서구 사회학의 다가오는 위기

There have been four major periods in the international development of Western sociology, which are here largely defined in terms of the theoretical syntheses dominant in each:

Period, *Sociological Positivism*, which began about the first quarter of the nineteenth century in France and to which the key contributors were Henri Saint-Simon and Auguste Comte;

Period II, *Marxism*, which crystallized about the middle of the nineteenth century and expressed an effort to transcend the powerful tradition of German idealism and syncretize it with such traditions as French socialism and English economics;

Period III, *classical Sociology*, which developed about the turn of the century prior to World War I, and may be conceived as a period of consolidation and accommodation. It strived to accommodate the central developments of the first and second periods by bridging Positivism and Marxism, or to find a third path.

앨빈 굴드너(1920~1980)는 미국의 진보적 사회학자로서 「The Coming Crisis of Western Sociology」에서 사회학이 객관적인 사실에서 벗어나 주관적인 사회 본질에 대해 이해해야 하고 이 사실을 시간의 흐름과 어떻게 연결시켜야 할지를 연구해야 한다고 주장했다. 그는 사회학의 비판성 회복에 기여하였을 뿐만 아니라 사회과학 전체의 패러다임(paradigm) 논쟁에도 커다란 영향을 미쳤다.

서구 사회학의 세계적 발전 과정에는 네 가지 중요한 시기가 있었다. 여기서 시기 구분은 주로 각 시기에 지배적이었던 이론적 종합의 측면에서 규정된다.

제1기는 사회학적 실증주의의 시기이다. 사회학적 실증주의의 시기는 19세기 초 프랑스에서 시작되었고 중요한 공헌을 한 사회학자는 앙리 생 시몽과 오귀스트 콩트였다.

제2기는 마르크스주의의 시기이다. 마르크스주의의 시기는 19세기 중반 무렵에 결정되었고 독일 관념론의 강력한 전통을 극복하고 독일 관념론을 프랑스 사회주의 및 영국 경제학과 같은 전통과 종합하려고 노력하였다.

제3기는 고전적 사회학의 시기이다. 고전적 사회학의 시기는 제1차 세계대전 이전 20세기로의 전환기 무렵에 발전하였고, 통합과 조정의 시기로 규정할 수 있다. 고전적 사회학은 실증주의와 마르크스주의를 연결함으로써, 제1기와 제2기의 주요한 발전을 받아들이거나 또는 제3의 길을 모색하려고 하였다.

☐ syntheses n. synthesis의 pl. 조합, 통합 조립

☐ crystallize vt., vi. 결정시키다(되다), 정화시키다

☐ consolidation n. 공고히 하기, 강화, 합동, 정리

☐ accommodation n. 적응, 조화 vt. accommodate cf) come to an ~ 타협이 되다

It also sought to consolidate earlier developments, often only programmatic in nature, and to embody them in detailed, scholarly researches. It was a "classical" period because most of those scholars now regarded by academic sociologists as "classical" did their work at that time: for example, Max Weber, Emile Durkheim, Vilfredo Pareto;

Period IV, *Parsonsian Structural-Functionalism*, which crystallized during the 1930's in the United States in the evolving theory of Talcott Parsons and was given complex development by the 'seed group' of young scholars who early had studied with him at Harvard: for example, Robert K. Merton, Kingsley Davis, Wilbert Moore, Robin Williams, and others.

Reflexive Sociology and Radical Sociology

It is, in some part, because I have serious reservations about the historically limited, elite-distorted character of traditional humanism that I have stressed that a Reflexive Sociology requires a radical character. To say that a Reflexive Sociology is radical does not mean, however, that it is only a nay-saying or a "critical sociology"; it should be just as much concerned with the positive formulation of new societies, of utopias, in which men might live better, as it is concerned with a criticism of the present. To say that it is a sociology critical of the present does not mean that it merely entails elitist criticism of mass culture or the evils of television, or even of the foreign or domestic policies of government. It wants to know how these are shaped by the given power matrix and by the institutionally entrenched elites and classes.

고전적 사회학은 또한 그 이전 시기의 발전을 통합하려고 하였고(흔히 그 성격상 프로그램의 성격을 띠었다), 앞서의 내용을 세밀하고도 학문적인 조사 연구를 통해 구체화시키려고 하였다. 이 시기는 '고전적' 시기였는데 오늘날 학원 사회학자들이 고전적인 인물로 간주하는 사회학자들의 대부분이 이 시기에 활동을 하였기 때문이다. 이를테면 막스 베버, 에밀 뒤르켐, 빌프레도 파레토가 이에 해당된다.

제4기는 파슨스의 구조기능주의의 시기이다. 이 시기는 탈코트 파슨스의 이론이 선을 보이던 1930년대의 미국에서 결정되었고, 하버드 대학에서 초창기 그와 함께 연구했던 소장 학자들의 '종자그룹'(seed group) 이를테면 로버트 K. 머톤, 킹슬리 데이비스, 윌버트 무어, 로빈 윌리엄스 등에 의해 다양하게 발전하였다.

성찰적 사회학과 급진적 사회학

지금까지 내가 성찰적 사회학이 급진적 성격을 요구한다고 강조해 온 이유는, 전통적 인본주의가 지니는 역사적으로 제한된 성격과 엘리트 중심적으로 왜곡된 성격에 대해 일면 깊이 의심하는 면이 있었기 때문이다. 그러나 성찰적 사회학이 급진적이라는 말은 성찰적 사회학이 단순한 부정이나 비판적 사회학이란 말과는 다르다. 성찰적 사회학은 현재의 비판에 관심 두는 것 못지않게 인간이 보다 잘 살 수 있는 새로운 사회, 유토피아에 대한 적극적 이론 정립에도 많은 관심을 가져야 한다. 성찰적 사회학이 현재에 비판적인 자세를 취하는 사회학이란 말은, 성찰적 사회학이 단순히 엘리트주의 입장에서 대중문화나 텔레비전의 피해를 비판한다거나, 나아가 정부의 대외정책이나 대내정책을 비판한다는 것을 의미하지 않는다. 성찰적 사회학은 이러한 현상들이 기존의 권력 판도에 의해, 그리고 제도적으로 파묻힌 엘리트나 여러 계급에 의해 어떻게 빚어지게 되는가를 알려고 하는 것이다.

- ☐ It also ~ scholarly researches.에서 sought는 to consolidate와 to embody에 동시 연결됨
- ☐ scholarly a. 학자적인, 학문적인
- ☐ Talcott Parsons and was ~ and와 was 사이에 which를 넣어 읽을 것
- ☐ reflexive a. 반사상의, 회상적인, 성찰적인
- ☐ It is ~ radical character. It는 that I have ~의 절과 동격, 즉 (that 이하) ~한 것은 (because 이하) ~때문이다
- ☐ distort v. 찌그러뜨리다, 왜곡하다
  cf) distorted views 편견

Moreover, a radical sociology is not simply a criticism of the world "out there." The acid test of a radical sociology is not its posture (or its posturing) about matters remote from the sociologist's personal life. The quality of its radicalism is as much revealed by its daily response to the commonplace vices of the everyday surround, as it is by its readiness to pass resolutions that denounce imperialism and to sign petitions that seek to remedy mass deprivation.

The man who can voice support for "Black Power" or who can denounce American imperialism in Latin America or Vietnam, but who also plays the sycophant to the most petty authorities in his university, is no radical; the man who mouths phrases about the need for revolutions abroad, but who is a coiled spring ready to punish the rebels among his own graduate students, is no radical; the academician who with mighty oaths denounces the President of the United States, but subserviently fawns upon his Department Chairman, is no radical; the man who denounces opportunistic power politics, but practices it daily among his university colleagues, is no radical. Such men are playing one of the oldest games in personal politics; they are seeking to maintain a creditable image of themselves, while accommodating to the most vulgar careerism. Such men are seeking neither to change nor to know the world; their aim is to grab a piece of it for themselves.

The integrity of a radical, and hence a Reflexive Sociology depends on its ability to resist all merely authoritative definitions of reality, and it is most authentically expressed in resisting the irrationalities of these authorities met daily in eye-to-eye encounter.

더구나 급진적 사회학은 '저 밖에'있는 세계에 대한 비판으로 그치지 않는다. 급진적 사회학의 시금석은 사회학자 개인의 생활과 동떨어진 문제들에 대해 취하는 자세가 아니다. 급진적 사회학이 지니는 급진주의의 진가는, 제국주의를 고발하는 결의안을 통과시키려는 준비 자세나 대중의 빈곤을 해결하려는 청원서에 서명하려는 준비 자세에 의해서 드러나는 것 못지않게, 일상 주변에서 저질러지는 자질구레한 악에 대해 보이는 일상적인 반응에 의해서도 드러난다. '흑인 파워' 지지에 목청을 높일 수 있고 또 라틴 아메리카나 월남에서의 미국 제국주의를 고발할 수는 있으나 자신이 가르치는 대학 내에서 극히 하찮은 권위에도 굽실대는 사람은 급진적이지 않다. 해외 혁명의 필요성에 대해서는 할 말을 입에 가득 담고 있으나 자신이 가르치는 대학원의 문제 학생을 처벌하는 데에서는 맥을 추지 못하는 사람은 결코 급진적인 인물이 아니다.

심한 욕설로 미국 대통령을 비난하다가도 학과장 앞에서는 비굴하게 아첨하는 학자는 급진적이라 할 수 없다. 기회주의적인 권력정치를 고발하나, 자기의 대학 동료들 사이에서는 매일 그 같은 기회주의적 권력정치를 스스로 실행하는 사람은 급진적일 수 없다. 이런 인물들은 개인 정치면에서 가장 해묵은 게임들 중 하나를 연출하고 있는 꼴이다. 이들은 자신의 체면을 유지하면서 가장 천박한 출세주의에 영합하고 있는 인물들이다. 이런 인물들은 세계를 변화시키는 것은 꿈에도 생각지 못하고, 세계를 알려고도 하지 않는 인물들이다. 이들의 목표는 오직 이 세계의 일부를 자신을 위해 확보하려는 데 있을 뿐이다.

급진주의자의 성실성, 따라서 성찰적 사회학의 성실성도 그것이 모든 일방적인 권위주의적 현실 규정에 저항하는 역량에 달려 있고, 또 그 성실성이 가장 순수하게 표현되는 자리는 매일 눈으로 확인하는 이런 권위 당국의 부조리에 저항하는 장면이다.

- [ ] posture n. 자세, 태도, 마음가짐, 태세
  vt. 자세를 취하다
- [ ] denounce vt. 공공연히 비난하다, 고발하다
  (= criticize)
- [ ] petition n. 청원, 탄원(서)
- [ ] deprivation n. 박탈, 상실, 손실
- [ ] sycophant n. 아첨꾼, 알랑쇠
- [ ] mouths phrases 입안에 할 말(어귀들)을
  가득 담고 있다
- [ ] academician n. 아카데미(학술원) 회원

- [ ] oath n. 맹세, 서약, 선언, 욕설
  cf) make (an) ~ 맹세하다, 선서하다
- [ ] subserviently ad. 비굴하게, 보조적으로,
  알랑거리며
- [ ] fawn upon 알랑거리다, 아첨하다
- [ ] creditable a. 명예가 되는, 훌륭한, 칭찬할
  만한 (= praiseworthy)
- [ ] vulgar a. 천한, 비속한, 야비한, 상스러운
- [ ] authentically ad. 진정으로, 신뢰할 만하게,
  확실하게
- [ ] eye-to-eye encounter 직접 대면

A Reflexive Sociology insists that, while sociologists desperately require talent, intelligence, and technical skill, they also need a courage and valor that may be manifested every day in the most personal and commonplace decisions. Something of what this means in a university context is suggested by Karl Loewenstein's personal appreciation of Max Weber:

He could not hold his peace. In all the eight years that I knew him, he was forever involved in scholarly and political feuds which he waged with implacable intensity ... He had an innate and inflexible sense of justice that made him take the side of anyone whom he thought was being unjustly dealt with.

The core of a Reflexive Sociology, then, is the attitude it fosters toward those parts of the social world closest to the sociologist — his own university, his own profession and its associations, his professional role, and importantly, his students, and himself — rather than toward only the remote parts of his social surround. A Reflexive Sociology is distinguished by its refusal to segregate the intimate or personal from the public and collective, or the everyday life from the occasional "political" act. It rejects the old-style closed-office politics no less than the old-style public politics. A Reflexive Sociology is not a bundle of technical skill; it is a conception of how to live and a total praxis.

성찰적 사회학은, 사회학자들에게는 재능, 지성, 기술적 기교가 반드시 필요하지만, 그와 함께 가장 개인적이고 비근한 일상적인 결정과정에서 나날이 보여줄 수 있는 용기와 기백도 필요하다는 점을 강조한다. 이 말이 대학의 울타리 내에서 의미하는 것이 무엇인지는 칼뢰벤스타인이 막스 베버의 인격을 평가한 데서 잘 나타나 있다.

그는 태평할 때가 없었다. 내가 그를 안 8년의 세월 동안 그는 언제나 학문적인 논쟁이나 정치적 분쟁에 한 치의 양보 없이 끼어들었다.… 그의 정의감은 타고난 것이었고 요지부동이었다. 이런 정의감으로 인해 그는 자신이 부당하게 당하고 있다고 생각한 사람 편에 서게 되었다.

그렇다면 성찰적 사회학의 중추는 성찰적 사회학이 사회학자의 사회적 배경에서 멀리 떨어져 있는 부분에 대해서라기보다 사회학자에게 '가장 가까이 있는'사회적 세계의 부분 — 사회학자가 속해 있는 대학, 자신의 전공 영역, 사회학자들의 모임, 자신의 전문적 역할, 중요하게는 자신이 가르치는 학생들과 자기 자신 — 에 대해 갖게 되는 자세이다. 성찰적 사회학은 가깝고 개인적인 일을 공적이고 집단적인 영역과 분리시키기를 거부하는 데에서, 또는 일상생활을 이례적인 '정치적' 행동과 분리시키기를 거부하는 데에서 구별된다. 성찰적 사회학은 구시대의 공중 정치 못지않게 구시대의 밀실 정치도 거부한다. 성찰적 사회학은 기술적 기교로 이루어지는 것이 아니다. 성찰적 사회학은 삶의 방법에 대한 개념이며 총체적인 실천 행위이다.

- ☐ valor(= valour) n. 용기, 용무
- ☐ appreciation n. 감상, 음미, 이해, 올바른 인식
- ☐ feud n. 불화, 원화, 반목, 싸움
  cf) at ~ with A: A와 반목하여
- ☐ wage vt. (전쟁, 투쟁을) 수행하다, 행하다
- ☐ implacable a. 달래기 어려운, 엄한, 용서 없는, 무자비한
- ☐ intensity a. 강렬함, 격렬함, 강도
- ☐ innate a. 타고난, 선천적인, 천부의
- ☐ inflexible 확고한, 불굴의, 단호한, 강직한 (=stiff)
- ☐ The core of ~ is A rather than B: ~ 중추는 B라기보다는 A이다
- ☐ core n. 응어리, 속, 핵심, 중추 cf) at the ~ 마음속에, 근저에, to the ~ 속속들이, 철두철미
- ☐ be distinguished by ~에 의해 구별되다
  cf) distinguish from 식별하다, ~ into 분류하다
- ☐ praxis n. 실천, 관례(= custom), 실습, 응용

제 7 장

Anthony Giddens
The Class Structure of the Advanced Societies
앤서니 기든스
선진사회의 계급구조

　　Since the beginnings, in the late eighteenth century, of the vast series of social transformations epitomized by the two forms of 'revolution' which characterise the modern epoch-'political revolution' and 'industrial revolution'- men have envisaged the arrival of a new age in which major conflicts and cleavages in human society will finally be eliminated. Such a vision appears in the works of Saint-Simon and Comte; in most influential form, in those of Marx; and in the writings of a host of more minor figures in nineteenth-century thought. The disasters of two world wars have helped to make twentieth-century thinkers less sanguine about the future than those of the previous era.

앤서니 기드슨(1938~)은 사회 이론과 계층론 분야에서 널리 알려져 있는
영국의 대표적인 사회학자다. 특히 사회 이론 분야에서 유럽의 지적 전통과
현대적 흐름을 반영한 '사회 구조화 이론'으로 독자적인 이론 체계를 구축하였다.
신자유주의와 사회민주주의를 모두 반대하고
'제3의 길'로 불리는 새로운 사회발전 모델을 제시했다.

근대 시대를 특징지었던 두 형태의 혁명 — '정치혁명'과 '산업혁명' — 으로 요약되는 18세기 말의 일련의 커다란 사회 개혁이 개시된 이래, 인간 사회에서의 주요한 갈등과 균열이 최종적으로 추방되는 새로운 세대의 도래를 사람들은 머릿속에 그려왔다. 이러한 전망은 생 시몽과 콩트의 저작 속에서 찾아볼 수 있으며, 가장 영향력이 있는 형태로는 마르크스의 저작에서 발견된다. 그것은 19세기의 사상에 있어서 이들만큼 중요성을 가지지 않는 많은 사상가들의 저작 속에도 존재한다. 두 차례의 세계대전이라는 재앙은 20세기 사상가들이 19세기 사상가보다는 미래에 대해서 덜 낙관적으로 생각하게 만들었다.

☐ epitomize vt. 요약하다 n. epitome

☐ envisage vt. (사실을) 직시하다, 상상하다
cf) envision 미래의 일을 상상하다

☐ cleavage n. 분열, (의견) 불일치

☐ such a vision ~ nineteenth-century
thought: in most influential form,

such a vision appears in those of
Marx; and such a vision appears
in the writings of ~thought로 생각할
것

☐ sanguine a. 붉은 핏빛의, 쾌활한, 낙관하는,
믿는, 기대하는(of) n. 붉은 빛

But interpretations of the trends of development in the advanced societies continue to raise such possibilities, in much lower key, and in the guise of sociological analysis rather than revolutionary chiliasm. Conceptions of the 'end of ideology,' and most versions of technocratic theory, express the view that, in contemporary society, the deep-rooted social conflicts of the past have been left behind in favour of a general 'consensus of ends.' More specifically, of course, it is held that the class struggles which punctuated nineteenth-century European history, and which Marx made the centre-piece of his theoretical scheme and of his practical project for the revolutionary reorganization of capitalism, have today become dissolved. In this respect, some of those who have attempted to formulate a 'critical theory' of contemporary society, seeking to preserve the vision of a radically new feature for industrial man, have shared the assumptions of the authors who proclaimed the 'end of ideology.'

In the face of such a chronic tendency in social thought to foresee the incipient decline, or the disappearance, of the fundamental conflicts which have set men against each other in the past, we must insist upon the ubiquity of conflict in social life. Conflict is the irremediable fact of the human condition, the inescapable source of much that is creative, as well as destructive, in human society. To say this, evidently, is not to say that the nature and sources of present-day conflicts may not have changed significantly from those which moved men in previous times.

The view that class conflict, such as characterised the nineteenth and early twentieth centuries, is no longer an important feature of capitalist society is based upon a commonly accepted set of empirical observations, and upon an interpretative standpoint concerning the evolution of capitalism over the past one hundred and fifty years.

그러나 선진사회의 발전 동향에 관한 해석들은 이전보다 매우 낮은 어조로서, 또한 대변혁을 가져온다는 천년왕국설보다는 사회학적 분석의 분장을 하고 그러한 가능성을 계속하여 제기하고 있다. ' 이데올로기의 종언'이라는 발상과 대부분의 테크노크라트 이론은, 현대사회에서는 과거에 있어서의 뿌리 깊은 사회 갈등이 '일반적 목적의 합의'에 의해서 대체되었다고 하는 견해를 표명하고 있다. 더욱 특이하게는 그것에 의해서 19세기 유럽의 역사를 두드러지게 했으며, 마르크스가 자신의 이론적 도식과 자본주의의 혁명적 재구성을 위한 실천 계획의 핵심이 되게 한 계급 분쟁이 오늘날 해소되었다고 생각되는 것은 물론이다. 이러한 점에 있어서 산업인을 위한 급진적인 새로운 특징의 모습을 유지하고자 하면서 현대사회에 대한 '비판이론'을 수립하고자 시도했던 몇몇 사람들은 '이데올로기의 종언'을 선언했던 저자들과 동일한 가정을 가지고 있다.

과거에 있어서 사람들은 서로 대결시켜 온 근본적 갈등의 초기적 쇠퇴 또는 소멸을 예상하는 사회사상에 있어, 그런 만성적 경향에 직면해서 우리들은 사회생활에 있어서 분쟁이 도처에서 존재할 수 있다는 것을 주장해야 할 것이다. 분쟁이란 인간 조건에 있어서 치유될 수 없는 사실이며, 인간 사회에서 파괴적인 것일 뿐 아니라 창조적인 것의 불가피한 원천이다. 이처럼 말하는 것은 분명히 현대에 있어서 투쟁의 성격과 원인이 과거에 있어서 사람들을 움직여 온 분쟁의 성격이나 원인에서 크게 변화하지 않았다는 것을 의미하지는 않는다.

19세기와 20세기 초반에서 특징적으로 나타났던 계급 갈등이 이제는 자본주의 사회의 중요한 특징이 아니라는 견해는, 일반적으로 인정되고 있는 일련의 경험적 관찰과 과거 150년간에 걸친 자본주의 진보에 관한 해석의 관점에 입각하고 있다.

- [ ] chiliasm n. 천년왕국설(이 세상 최후의 천 년간은 예수가 재림하여 다스린다는)
- [ ] consensus n. 일치, 합의, 여론
- [ ] More specifically, ~ become dissolved. it is held that the class struggles have today become dissolved가 골격임, struggles which punctuated ~ and struggles which Marx ~로 두 개의 관계절이 선행사 struggles에 연결
- [ ] chronic a. 만성의 고질의 상습적인, 고치기 힘든 (= chronical) opp. acute

- [ ] incipient a. 시초의, 발달의 초기의 n. incipience
- [ ] ubiquity n. (동시에) 도처에 있음, 편재 a. ubiquitous
- [ ] The view ~ fifty years: The view that class conflict ~ is no longer ~ society is based upon - and(is based) upon ~ year의 형태로 문장을 볼 것, 그리고 골격은 The view is based upon ~ and upon ~이다.

Among the empirical observations, four are particularly relevant: (1) violent confrontations between labour and employers, relatively common in the nineteenth century, have declined in favour of routinized forms of strike activity and collective bargaining; (2) the revolutionary posture taken by the labour movement in its early history, in several European countries, has become translated into reformist social democracy; (3) the working class has diminished, and is continuing to diminish, in size relative to the middle class; (4) union membership has not increased over the past two or three decades. Of these four statements, only the final one can be questioned on a strictly factual basis although, as I have previously mentioned, certain reservations might be made concerning the third proposition indicated here.

The stabilization of union membership, a matter with which some authors have made great play, is a phenomenon which seems to be confined to the United States; in the European societies, and in Japan, rates of union membership have tended to rise.

However, this may be, what I really wish to take issue with is the theoretical interpretation of such observations. This is a convenient place to offer a summary exposition of one of the primary contentions which I have advanced in this book. I have already pointed out the inconsistency involved in the ideas of those authors who argue as if, while the Marxian interpretation of capitalism was valid enough for the nineteenth century, it has been falsified by subsequent processes of social change. Behind this inconsistency, common enough as it is, there can be found a view of the development of capitalist society over the past century or so which is almost universally shared.

이 같은 경험적 관찰 중에서 다음의 네 가지가 가장 중요하다. (1) 19세기에 비교적 널리 퍼져 있었던 노동자와 고용주간의 폭력적 대결은 노동쟁의 및 단체교섭의 제도화된 형태에 의해서 점차로 감소되어 가고 있다. (2) 그 초기 역사에 나타나는 일부 유럽 국가의 노동운동에 취해지는 혁명적 자세는 개량주의적 사회민주주의로 교체되게끔 되었다. (3) 중간 계급에 비해서 노동자계급이 양적으로 감소했고 또 감소하고 있다. (4) 노조 조직은 과거 20년 내지 30년 사이에 증가하고 있지 않다. 이상 언급된 것 네 개 중에서 엄밀히 사실에 입각할 때 의문점이 제기되는 것은 (4)뿐이다. 다만 이미 언급했던 대로 여기 지적된 (3)에 관해서도 약간의 유보 조항이 필요하다.

노조 조직의 안정화 현상은 몇몇 저술가들이 크게 강조했던 문제인데, 이는 미국에 한정된 것으로 보이는 현상이다. 유럽 사회나 일본에 있어서 노조 조직률은 상승하는 추세에 있다.

하여튼 내가 바로 문제로 삼고 있는 것은 이 같은 관찰을 이론적으로 어떻게 해석해야 하는가 하는 점이다. 여기에서는 본서에서 내가 전개해 온 주요 논점 중 하나를 요약해서 제시해 놓은 편이 편리할 것이다. 자본주의에 관한 마르크스의 해석은 19세기에 있어서는 충분히 타당성이 인정되지만, 그 후에 일어난 사회변동의 과정을 거치면서 잘못이 입증되었다고 주장하는 저자들의 생각에 내포되어 있는 비일관성을 나는 이미 지적한 바 있다. 매우 흔하게 볼 수 있는 것이기는 하지만, 이 비일관성의 이면에는 과거 1세기 남짓한 기간 동안의 자본주의사회의 발전에 관한 견해 혹은 거의 보편적으로 공통되는 견해가 포함되어 있다.

□ posture n. 자세, (정신적) 태도, 마음, 사태, 정세 vi. 자세를 취하다 a. postural

□ reformist n., a. 혁신주의자(의), 개량주의자(의)

□ in size relative to ~에 비해, ~의 규모에 비해

□ on a strictly factual bases 엄밀히 사실적인 근거에서, 엄밀히 사실에 입각하여

□ stabilization n. 안정, 안정화, 고정

□ I have ~ social change.의 문장에서 while ~ century 까지는 의미상 it has been falsified ~에 연관되고, 이 전체는 as if가 이끄는 절이 된다.

□ Behind this inconsistency ~ universally shared.의 문장에서 there can be found a view which is almost universally shared로 연결됨을 파악할 것

63

This is essentially a conspectus originally worked out, or latent, within classical political economy, and clarified by Marx. The theorems involved can be easily stated. They are: that the essential component of 'capitalism' is the unfettered competition of a multiplicity of producers; that any movement towards a diminution in the number of competitive producers, in respect of capital, or towards the collective organization of workers, in respect of labour, serve to threaten the hegemony of the capitalist system; and consequently that the decline of capitalism can be charted by the degree to which these latter two sets of processes are seen to take place. To these we may add the notion that the functioning of capitalism, as an economic and as a social order, is inhibited by the intervention of the state in economic life.

If these theorems are accepted, then it follows that the latter half of the nineteenth century already shows capitalism to be in its decline. Violent confrontations between employers and workers then appear as the outcome of capitalism in its 'pure' form, and the so-called institutionalisation of class conflict, by departing from the original premises upon which the capitalist economy is based, seems to represent, as many authors (somewhat contrary to Marx) have supposed, a mechanism of containing the effects of the class conflict inherent in unfettered capitalism. Such an interpretation seems to be supported by the fact of the protracted struggles which labor organizations had to endure in order to achieve recognition of the legitimacy of collective bargaining, and of labour parties to achieve recognition within the fully enfranchised democratic polity.

그것은 본질적으로 고전파 정치경제학 내부에서 원래 수립된, 또는 그것에 잠재적으로 존재하는 견해이며, 또한 마르크스에 의해서 명쾌하게 밝혀진 것이기도 하다. 거기에 포함된 일반적 정리를 말하는 것은 어렵지 않다. 그것은 다음과 같다. '자본주의'의 본질적 구성요소는 무수히 많은 생산자에 의한 제약이 없는 경쟁이다. 자본과 관련하여 경쟁적 생산자가 감소하는 여타의 움직임과 노동과 관련하여 노동자가 단체조직을 결성하는 움직임은 모두 자본주의 체제의 지배를 위협하는 것이다. 그러므로 자본주의의 쇠퇴를 이 양자의 움직임이 나타나는 정도에 따라서 도식화하는 것이 가능하다. 경제사회 질서로서의 자본주의 기능은 경제생활에 대한 국가의 개입에 의해서 방해를 받고 있다는 생각을 우리들은 여기에 부연할 수 있을 것이다.

만일 이상의 일반적 정리가 인정된다면, 자본주의는 19세기 후반에 쇠퇴하기 시작했다는 결론이 나온다. 그러므로 고용주와 노동자의 폭력적 대결은 '순수한' 형태의 자본주의의 귀결이며, 자본주의 경제가 기반을 두고 있는 원래의 전제들로부터 이탈된 소위 계급 분쟁의 제도화는, 많은 저자(마르크스와는 어느 정도 반대로)들이 시사했던 것처럼, 제약을 받지 않는 자본주의에 내재하는 계급 분쟁의 파급효과를 봉쇄하는 메커니즘을 의미하는 것으로 여겨진다. 이러한 해석은 노동자 조직이 단체교섭의 정당성에 관한 인식을 획득하기 위해, 노동자 정당이 완전한 참정권에 입각한 민주적 정치체제의 내부에서 승인을 획득하기 위해서 감수해야 했던 장시간의 투쟁 사실에 의해서 뒷받침되는 것처럼 보인다.

- [ ] **conspectus** n. 개관, 개요, 적요
- [ ] **theorem** n. 증명할 수 있는 일반 원리, 법칙, 정리 a. theorematic, theorematical
- [ ] **unfettered** a. 구속받지 않는, 자유로운, 계약받지 않는
- [ ] **inhibit** vt. 방해하다, 억제하다, 금하다
- [ ] **intervention** n. 개재, 조정, 중재, 간섭
- [ ] **confrontation** 대결, 대항 cf) confrontation policy 대결 정책
- [ ] **and the so-called ~ unfettered capitalism.** 문장의 구조를 보면 and the so-called institutionalisation of class conflict seems to represent a mechanism of containing the effects of the class conflict ~가 문장의 주요 골격
- [ ] **protracted** a. 오래 끈 (병이나 교섭) vt. protract 연장하다, 오래 끌게 하다 (= prolong)
- [ ] **legitimacy** n. 합법, 정당성, 정통 a. legitimate ad. legitimately n. legitimation
- [ ] **enfranchise** vt. 선거권을 주다, 자치권을 주다, 해방하다, 자유롭게 하다
- [ ] **polity** n. 국체, 정체, 정치, 국가, 정부 (= state)

This in turn leads to the idea that the late nineteenth century was generally the period when class struggles were most highly marked; and that, over the past seventy years, the process of development in the majority of the capitalist countries has manifested a progressive decline in the intensity and the social significance of class conflict.

The perspective I have set out is distinctively different from, and in a way almost wholly opposed to, this. What is typically considered to be the peak of capitalist development is more usefully seen as the early phase in the emergence of *capitalist society*. It is important to stress the term at this point, although I have used the terms "capitalism" and "capitalist society" almost interchangeably in previous chapters. For the emergence of capitalist society presupposes, not merely a series of economic transformations involving the formation of industrial and financial capital, and production for a market, but in addition profound social and political changes creating a specific form of institutional mediation of power.

There are two primary components involved: one concerns the polity. In political economy, and in Marxian theory, as I have often stressed, the nature of the modern state is treated in highly inadequate fashion — an offshoot of the general assumption of the primacy of economic organization is influencing capitalist development. The 'abstract model' of capitalist society — capitalist society in its 'purest' form — restricts the operation of the state apparatus to the function of ultimate guarantor of contractual obligations. Such a model is misconceived in relation to the factual development of the capitalist societies, since it only comes close to reality in the case of a few countries, with Britain being the prime example; and is impossible to sustain upon a more general theoretical level.

그리고 19세기 말이 계급 분쟁이 정점에 달했던 시기였으며, 과거 70년에 걸친 대부분의 자본주의 국가들에 있어서 그 발전 과정은, 계급 분쟁의 강도 및 사회적 중요성이 점차로 쇠퇴해 가는 것을 나타내고 있다는 생각으로 이어진다.

내가 제시한 바 있는 관점은 이것과는 판이하게 다르며, 어떤 의미에서는 전혀 상반되는 것이다. 자본주의 발전의 정점이라고 일반적으로 생각되고 있는 것은 자본주의 사회 출현의 초기 국면이라고 간주하는 편이 한층 유익하다. 앞 장에서 나는 '자본주의'와 '자본주의 사회'라는 말을 거의 상호 교환적으로 사용해 왔으나, 이 시점에서 '자본주의 사회'라는 말을 강조해 놓는 것이 중요하다. 왜냐하면 자본주의 사회의 출현은 산업 및 금융자본의 형성과 시장생산을 포함하는 일련의 경제적 변화뿐만 아니라 특정한 형태의 권력의 제도적 매개를 발생시키는 격심한 사회, 정치적 변화들을 전제로 하고 있기 때문이다.

여기에는 두 가지의 주요한 구성 요소가 포함되어 있으며 그 중의 하나는 정치체제와 관련된다. 빈번히 강조해 온 바와 같이 정치경제학이나 마르크스주의 이론에 있어서는 근대국가의 성격이 극히 부적당하게 — 자본주의적 발전에 영향을 미치는 경제조직의 탁월성이라는 일반적 가정의 파생물로서 — 다루어지고 있다. 자본주의 사회의 '추상적 모델' — 가장 순수한 형태의 자본주의 사회 — 은 국가기구의 작용을 계약 의무의 궁극적인 보장자로서의 기능에 한정시킨다. 이같은 모델은 자본주의사회의 현실적인 발전과 관련시킬 때 잘못되었다는 것은 특히 영국에 해당하는 사례이고, 그것이 현실과 가장 가까운 것은 겨우 몇몇 국가들에 있어서 뿐이기 때문이다. 그리고 그것을 한층 일반적인 이론적 수준에서 뒷받침하는 것은 불가능하다.

- This in turn ~class conflict. 문장 전체의 구조는 the idea that the late nineteenth century ~; and the idea that, ~ the process ~로 that 이하 2개의 절이 동시에 idea로 동격절
- emergence n. 출현, 발생, 탈출 cf) emergency 비상사태, 위급, 위급한 경우
- For the emergence ~ mediation of power.: not (only) A, but (also) B: B의 구문으로 이해할 것
- mediation n. 중개, 조정, 화해 cf) arbitration 중재, conciliation 달램
- offshoot n. 가지, 파생물 (= derivative (from))
- primacy n. 제일, 수위, 탁월
- restrict A to B: A를 B에 국한(한정)시키다
- Such a model ~theoretical level. 문장 구조는 Such a model is misconceived with Britain being the prime example로 연결
- sustain v. 떠받치다, 유지하다, 확증하다, 뒷받침하다

Charles Wright Mills
The Power Elites

찰스 라이트 밀스
파워엘리트

   The conception of the power elite and of its unity rests upon the corresponding developments and the coincidence of interests among economic, political, and military organizations. It also rests upon the similarity of origin and outlook, and the social and personal intermingling of the top circles from each of these dominant hierarchies. This conjunction of institutional and psychological forces, in turn, is revealed by the heavy personnel traffic within and between the big three institutional orders, as well as by the rise of go-betweens as in the high-level lobbying. The conception of the power elite, accordingly, does not rest upon the assumption that American History since the Origin of World War II must be understood as a secret plot, or as a great and co-ordinated conspiracy of the members of this elite. The conception rests upon quite impersonal grounds.

라이트 밀스(1916~1962)는 미국의 사회학자로서 그의 이론은
현대사회의 주류를 형성하고 있는 '근거 없는 이성주의'에 대항하기 위한
연구 및 분석의 결과로 산출된 것이다. 마르크스와 베버의 계급론에 영향을 받았지만,
그들을 뛰어넘는 새로운 비교 국제 사회학을 통해 현시대의 역사적 특수성을
고찰하여 자유 확보를 위한 가능성을 마련하려고 하였다.

파워엘리트라는 것이 존재하고 그것이 통일적인 하나의 근간을 유지하고 있다는 생각은 경제, 정치 및 군사 조직 사이에 관련해서 생기는 발전과 이해가 서로 일치해가고 있다는 사실에 기초를 두고 있다. 또한 이러한 생각은 이들 중요한 조직들 각각의 최상층 집단을 구성하고 있는 인사들의 출신과 관점이 유사하고, 그들 사이에는 사회적, 개인적인 혼합이 일어나고 있다는 사실에 기초하고 있다. 그밖에도 이들 세 가지 지배적인 제도적 질서의 내부와 제도적 질서 사이에 강한 인적 교류가 성행함으로써, 권력 구조의 상층부에서의 로비활동에서와 같이 중개인들이 출현함으로써 제도적 세력과 심리적 세력이 하나의 결합을 이루어가고 있음을 명백히 보여주고 있다. 따라서 파워엘리트의 관념은 제2차 세계대전 이래의 미국의 역사가 이 엘리트 구성원들이 행하고 있는 어떤 비밀스러운 계획이라든가 거대하고 통합된 계획으로 음모로서 이해되어야 한다는 전제에 근거를 두고 있는 것은 아니다. 파워엘리트라는 개념은 전적으로 일반적인 사실에 근거를 두고 있다.

□ rest upon 기초를 두다, 의거하다(on)
□ outlook n. 견해, 사고방식 (= view)
□ intermingling n. 혼합 v. intermingle
□ in turn 따라서, 결과론적으로

□ go-between n. 중매인, 매개자
□ Power Elite 사회의 각 분야에서, 즉 정치, 경제, 군사적인 분야에서 세력을 행사할 수 있는 힘을 지닌 사람들로서 Elite라는 의미는 학벌이나 지성과는 별 상관 없는 것이다.

There is, however, little doubt that the American power elite — which contains, we are told, some of 'the greatest organizers in the world' — has also planned and has plotted. The rise of the elite, as we have already made clear, was not and could not have been caused by a plot; and the tenability of conception does not rest upon the existence of any secret or any publicly known organization. But, once the conjunction of structural trend and of the personal will to utilize it gave rise to the power elite, then plans and programs did occur to its members and indeed it is not possible to interpret many events and official policies of the fifth epoch without reference to the power elite. 'There is a great difference,' Richard Hofstadter has remarked, 'between locating conspiracies in history and saying that history is, in effect, a conspiracy ...'

The structural trends of institutions become defined as opportunities by those who occupy their command posts. Once such opportunities are recognized, men may avail themselves of them. Certain types of men from each of the dominant institutional areas, more far-sighted than others, have actively promoted the liaison before it took its truly modern shape. They have often done so for reasons not shared by their partners, although not objected to by them either; and often the outcome of their liaison has had consequences which none of them foresaw, much less shaped, and which only later in the course of development came under explicit control. Only after it was well under way did most of its members find themselves part of it and become gladdened, although sometimes also worried, by this fact. But once the co-ordination is a going concern, new men come readily into it and assume its existence without question.

그러나 '세계에서 가장 위대한 조직자들' 중 몇몇 인사들이 미국의 파워엘리트 속에 포함되어 있다고 하는데, 그 파워엘리트들이 함께 여러 계획을 세우고 모략을 행하고 있는 것도 또한 의심할 수 없는 사실이다. 이미 명백하게 설명했지만 엘리트의 대두는 모략에 의해서 형성된 것도 아니고 사실 그렇게 형성될 수도 없다. 또한 파워엘리트라는 개념의 타당성은 어떤 비밀의 존재라든가 공공연한 조직적인 존재라는 사실에 근거를 두고 있지는 않다. 그러나 일단 여러 제도적 질서의 구조적 경향과 그것을 이용하려는 개인들의 의지가 연결됨으로써 파워엘리트를 형성시켰고, 그 뒤 이들의 구성원들은 계획이나 프로그램을 세웠다. 실제로 미국 역사의 제5기에 있었던 대부분의 사건이나 공적인 정책은 파워엘리트와 관련시키지 않고서는 해석할 수가 없다. 리차드 호프스태터가 말했듯이 "역사에서 음모를 밝히는 것과 역사는 사실상 음모라고 하는 것과는 전혀 별개의 일"이기 때문이다.

지휘의 중추부를 차지하고 있는 사람들은 이들 여러 제도의 구조적 동향을 하나의 기회로 생각하게 된다. 그런 기회가 일단 인식되고 나면, 그들은 그것을 곧 이용할 수가 있는 것이다. 각 주요 제도 분야에서 다른 사람들보다 선견지명이 있는 타입의 사람들은 연관성이 실제로 오늘날과 같은 모습을 취하기 이전에 적극적으로 연관을 진척시켜 왔다. 비록 그들의 상대가 그것을 반대하지 않았지만 그러한 생각을 하지 않았기 때문에 종종 그렇게 한 것이다. 그리고 때때로 이러한 연관은 어느 누구도 예측할 수 없는, 훨씬 덜 구체화된 결과를 수반했으며 이것은 나중에 와서야 발전의 과정에서 분명한 통제하에 나타났다. 파워엘리트가 상당히 진행된 후에야 대부분 구성원들이 그 일부임을 발견하고 간혹 속을 태우기도 하지만 이 사실로 인해 기쁨을 느끼게 되었다. 그러나 일단 조정이 잘되면 새로운 사람들이 곧 그것에 참가하고 그러한 활동에 대한 의심 따위는 품지 않게 된다.

- [ ] as we have already made clear는 삽입절이며, was not 다음에는 caused가 생략된 것이다.
- [ ] tenability n. 타당성 a. tenable 주장할 수 있는, 공격에 견딜 수 있는 cf) tenacious a. 완강한, 집요한 쉽사리 망가지지 않는 tenacity n. 고집, 끈기, 불굴, 집요
- [ ] avail oneself of ~을 이용하다, ~을 틈타다
- [ ] more far-sighted than others에서 more 앞에는 who are가 생략된 채 certain types of men을 수식하고 있으며, 동사는 have actively로 연결된다.
- [ ] They have often done so는 앞 문장의 they have actively promoted the liaison ~ 이하 문장 전체를 가리킨다.
- [ ] much less shaped 앞에는 which are가 생략되었으며 이것의 선행사는 consequences이다.
- [ ] under way 진행 중에
- [ ] did most of its members find는 도치된 문장으로 주어는 most of its member 이고 동사는 find이다.

So far as explicit organization — conspiratorial or not — is concerned, the power elite, by its very nature, is more likely to use existing organizations, working within and between them, than to set up explicit organizations whose membership is strictly limited to its own members. But if there is no machinery in existence to ensure, for example, that military and political factors will be balanced in decisions made, they will invent such machinery and use it as with the National Security Council. Moreover, in a formally democratic polity, the aims and the powers of the various elements of this elite are further supported by an aspect of the permanent war economy: the assumption that the security of the nation supposedly rests upon great secrecy of plan and intent.

Many higher events that would reveal the working of the power elite can be withheld from public knowledge under the guise of secrecy. With the wide secrecy covering their operations and decisions, the power elite can mask their intentions, operations, and further consolidation. Any secrecy that is imposed upon those in positions to observe high decision-makers clearly works for and not against the operations of the power elite.

There is accordingly reason to suspect — but by the nature of the case, no proof — that the power elite is not altogether "surfaced." There is nothing hidden about it, although its activities are not publicized. As an elite, it is not organized, although its members often know one another, seem quite naturally to work together, and share many organizations in common. There is nothing conspiratorial about it, although its decisions are often publicly unknown and its mode of operation manipulative rather than explicit.

　　명백한 조직체 — 그것이 음모를 위한 조직이건 아니건 간에 — 에 관한 한 파워엘리트는 그 성질상 회원 자격을 조직체 자체의 구성원들로 엄격히 제한을 두는 명백한 조직체를 만들기보다는 기존의 조직을 이용하고 조직 내부 혹은 조직 간에 활동하는 경우가 더 많다. 그러나 가령 어떤 결정을 내릴 때 군사 문제와 정치 문제의 두 가지 요인의 균형을 잘 유지할 수 있는 기존의 기관이 존재하지 않으면 국가안전보장회의와 같은 그러한 기관을 새로이 창설하여 그것을 이용하기도 한다. 게다가 형식적으로는 민주주의적인 것으로 보이는 정치체제이지만 이 엘리트의 여러 가지 요소의 의도나 영향력은 오래가는 전시 경제체제의 상황에 의해서 더 도움을 받는다. 이것은 마치 한 국가의 안전이 거대한 계획이나 의도상의 비밀을 엄수함으로써 유지된다는 전제하에서 있는 것과 같다.

　　파워엘리트의 활동을 드러낼 수 있는 많은 상급 사건들은 비밀 엄수를 구실로 모든 사람이 다 알도록 밝혀지지 않을 수 있다. 파워엘리트는 그 활동과 결정을 은폐하는 폭넓은 기밀 덕분에 자신들의 의도나 책동 그리고 권력의 강화까지도 숨길 수 있다. 상층부의 정책 결정자를 관찰할 만한 지위에 있는 사람들에게 부과된 기밀 유지도 파워엘리트의 활동에 유리하게 작용하지 나쁘게 작용하지 않는다.

　　따라서 권력 엘리트는 완전히 '드러내지' 않는다고 생각할 이유가 있다. 다만 일의 성질상 그것에 관해서 증거를 보일 필요가 없는 것이다. 그들의 활동이 널리 알려지지 않는다고는 해도 파워엘리트의 일에 관해 은폐된 것은 없다. 파워엘리트는 엘리트로서 확실한 어떤 조직체를 가지고 있지 않지만, 그 구성원들은 대부분 서로 친분이 있고 극히 자연스럽게 함께 일하는 것처럼 보이며, 많은 조직에 함께 가입하기도 한다. 따라서 파워엘리트의 결정은 때때로 일반인들에게는 알려지지 않고 그 활동 양식도 공공연하지 않으며, 조작적이기는 하지만 음모라고 할 정도의 성질은 아닌 것이다.

☐ National Security Council 국가안전보장회의

☐ supposedly ad. 아마, 필경 v. suppose

☐ intent n. 의도, 의향 a. 집중된, 전념하는 n. intention

☐ works for and (does) not (work) against에서 for는 찬성의 의미를 지닌 prep.이고 against는 반대, 이의의 의미를 지닌 prep.이다.

☐ suspect ~ that ~이 아닌가 의심하다, 느끼다, suspect는 '~일 것이다'를 의미하며, doubt는 '~은 아니겠지, ~임을 의심하다'를 뜻하는 것으로 대립되는 의미이다.

☐ As an elite '엘리트로서'(부사구), although 이하절은 삽입절이며, seem quite는 주어가 its members로서 그 앞에 and가 생략된 상태이다.

☐ manipulative a. 교묘하게 다루는, 조정하는

It is not that the elite 'believe in' a compact elite behind the scenes and a mass down below. It is not put in that language. It is just that the people are of necessity confused and must, like trusting children, place all the new world of foreign policy and strategy and executive action in the hands of experts. It is just that everyone knows somebody has got to run the show, and that somebody usually does. Others do not really care anyway, and besides, they do not know how. So the gap between the two types gets wider.

또한 엘리트들 스스로가, 무대의 배후에는 긴밀한 연관성을 가진 엘리트들이 자리잡고 있고 표면에는 즉 무대의 아래에는 대중이 존재한다고 '믿고' 있는 것은 아니다. 적어도 그렇게는 말할 수가 없다. 단지 일반 사람들은 당연히 당황한 모습을 보이고 마치 믿을 곳을 찾는 어린이처럼 외교정책이나 전술, 행정 조치와 같이 그들에게 전혀 새로운 세계는 전문가의 손에 맡기는 것이 좋다고 생각하고 있다. 단지 모든 사람들은 누군가가 쇼를 하지 않으면 안 되며 보통 누군가가 쇼를 하고 있다고 알고 있다. 어차피 다른 사람들은 정말로 관심도 없고, 더군다나 어떻게 쇼를 해야 하는지도 알지 못한다. 그래서 두 유형의 인간 사이의 그 갭은 점점 더 커지게 된다.

제8장

□ like trusting children은 삽입구로서 must는 place와 연결된다.

□ executive a. 실행상의, 사무 처리의(능력 있는) n. execution v. execute

□ does = runs the show

75

제 9 장

Ronald H. Chilcote
Issues of Theory in Dependency and Marxism

로널드 칠코트
종속이론과 마르크스주의 간의 논쟁

In view of these arguments, I now turn to an examination of some theses which emanate from the questions initially asked contributors. My discussion sifts through all the essays that follow in an effort to synthesize various perspectives. As the reader approaches these articles, it might be useful to keep these questions in mind, so as to determine to what extent the various contributors have attempted to respond.

What about the relationship of dependency to a theory of Marxism? The idea of dependency is suggested in the writing of Marx. In chapters 24 and 25 of the first volume of Capital, Marx describes the relationship between rich and poor countries. In chapter 20 of volume three he states that merchant's capital "functions only as an agent of productive capital (1) ... Whenever merchant's capital still predominates we find backward nations. This is true even within one and the same country ...." (Marx, 1967, III: 372).

로널드 칠코트는 1980년대에 출간한 『비교정치학 이론』을 통해 21세기의 새로운 정치학적 패러다임을 제시했다. 주류 정치학에 대한 기존의 비판적 자세를 견지 하면서 페미니즘, 생태운동, 대중 집단의 등장 등 현대 정치학의 다양한 쟁점들을 폭넓게 검토하고 있다.

이러한 논쟁을 고려하여 Latin American Perspectives에서 처음으로 제기되었던 문제들과 관련하여 몇 가지 주장들을 검토하여 보기로 한다. 필자의 관점은 다양한 시각들을 종합하기 위하여 다음에 이어지는 모든 논문들을 면밀히 검토하는 데 주어질 것이다. 독자가 이 논의를 다루게 되었을 때 많은 이론가들이 종속과 마르크스주의 간의 관계를 둘러싼 논의에 답변하려고 시도했는지 파악하기 위해서는 앞에서 내가 제시하였던 질문들을 기억하는 것이 유용할 것이다.

종속이론은 마르크스주의 이론과 어떤 연관이 있는가? 종속의 개념은 마르크스 저작에서도 나타나고 있다. [자본론] 1권 24장과 25장에서 마르크스는 부국과 빈국 사이의 관계를 설명하고 있다. [자본론] 3권 20장에서도 마르크스는 다음과 같이 언급하고 있다. 상업자본은 "생산자본의 대행으로서 기능하고 있을 따름이다 … 상업자본이 지배하는 곳에서 우리들은 후진국가를 발견한다. 이 점은 일국의 경우에도 똑같이 타당하다 …"(마르크스, 1967, III: 372).

☐ emanate vt. (냄새, 빛, 소리 따위가) 나다, 방사(발산)하다(from) n. emanation

☐ agent n. 대행자, 대리인, 행위자
cf) agency 대리(점), 대리(권), 기능

Kenzo Mohri (1979) writes that until the late 1850s Marx strongly believed British trade and industrial capital would destroy monopolistic societies and establish the material foundations of Western capitalism in Asia; this view is evident in a passage from the *Communist Manifesto*, in his writings on India (in 1853), and in numerous passages from *Grundrisse* (1857~1859). Mohri argues that Marx shifted ground in the middle 1860s, in particular in his writing on the Irish question; one passage in chapter 15 of the first volume of *Capital* resembles the idea of development of underdevelopment:

"A new and international division of labor, a division suited to the requirements of its chief centers of modern industry, springs up and converts one part of the globe into a chiefly agricultural field of production, for supplying the other part which remains a chiefly industrial field" (Marx, 1967, I: 451).

Mohri concludes that Marx was moving toward a view in which British free trade was transforming the old society into the world market system so that "the resulting transformation of this society would determine a course of development of its economy and a structure of its productive powers completely dependent upon England" (Mohri, 1979: 40).

Lenin also referred to the idea of dependent nation and periphery. In *Imperialism: the Highest State of Capitalism*, he stated: "Not only are there two main groups of countries, those owning countries, and the colonies themselves, but also the diverse forms of dependent countries which, politically, are independent, but in fact are enmeshed in the net of financial and diplomatic dependency ..." (Lenin, 1967, I: 742-743). Cardoso suggests that Lenin provided the first systematic analysis of capitalist development in backward nations when he "formulated with simplicity what would be the core of the dependency analyses" (Cardoso, quoted in Palma, 1978).

모리(1979)에 따르면 1850년대 말까지는 영국의 무역과 산업자본이 독점 경제적 사회를 파괴하고 아시아에 서구 자본주의의 물질적 기반을 확립할 것이라고 마르크스는 믿고 있었다는 것이다. 이러한 견해는 모리가 [공산당 선언]과 그의 인도에 관한 저서(1853)와 [정치경제학 비판](1857~1859)에서 인용하고 있는 구절에서 명백히 나타나고 있다. 이어 모리는 마르크스가 1860년대 중엽에는 특히 아일랜드 문제에 대한 저술에서 자신의 주장의 근거를 바꾸고 있다고 주장하고 있다. [자본론] 1권 15장의 한 문단이 저발전의 발전이라는 개념과 유사하다.

"현대 산업의 중심 지역의 요구에 부응하여 새롭고 국제적인 노동 분업이 나타나고 있고, 이러한 노동 분업은 주요 산업 지역에 식량을 공급하기 위하여 세계의 일부분을 주요 농업생산 지역으로 전환시키고 있다."(마르크스, 1967, I: 451)

모리는 마르크스가 영국의 자유무역이 전통 사회를 세계시장 체제로 변화시키고 있으며, "그 결과는 경제 발전의 과정과 생산력의 구조가 완전히 영국에 종속적인 것으로 나타나게 되었다."(모리, 1979: 40)는 견해를 취한다고 결론짓고 있다.

레닌도 종속국가와 주변의 개념을 언급했다. [제국주의: 자본주의 발전의 최후 단계]에서 "국가를 두 개의 주요 그룹으로 나누고 있는데, 레닌은 국가를 소유하는 나라와 식민지 그 자체로 나눌 수 있을 뿐만 아니라 정치적으로는 독립되어 있지만 사실상 재정적, 외교적 종속 상태에 빠져있는 종속국가들도 다양한 형태를 띠고 있다…"(레닌, 1967, I: 742-743)고 기술했다. 카르도소는 레닌이 "종속 분석의 핵심이 무엇인지를 간단히 설명하려"할 때 (카르도소, 팔마에서 인용, 1978) 먼저 후진 국가의 자본주의적 발전을 체계적으로 분석하려고 시도하였다는 점을 지적하고 있다.

☐ spring up v. 솟아오르다, 별안간 흘러나오다
☐ convert vt. 전환하다(into), 개조하다
☐ periphery n. 주위, 주변 cf) periphrase vi., vt. 넌지시(둘러) 말하다 a. peripheral

☐ owning a. 소유하고 있는 (= having)
☐ enmesh vt. ~에 빠져들다(in), 맘에 걸리게 하다

A systematic review of the writings of Marx and Lenin may demonstrate support of contemporary dependency theory. Gabrial Palma (1978) devoted some attention to such a review but concluded that approaches to dependency have not really succeeded in building a formal theory and assesment of concrete situations of dependency. Carlos Johnson suggests that Lenin took the concept of dependent nations from bourgeois political economists but that he was guided by materialist reasoning and theoretical analysis.

Gary Howe is correct in his view that Marx had not fully developed any systematic analysis of dependent relationships, believing that dependency theory was not based on formulations by Marx.

Although Joel Edelstein and Dale Johnson agree that no general theory of dependency has emerged, they believe that the past work on dependency must be used as a foundation for future investigation. Henfrey, Barkin, Chinchilla and Dietz, and Petras all believe that theoretical analysis will profit from new directions; while Weeks insists on a restoration of classical materialist theory in a Marxist tradition.

Does dependency reflect only the needs of competitive capital in the face of monopoly capital in countries where the capitalist mode of production is not dominant? Carlos Johnson answers affirmatively by illustrating his position with a critical analysis of Cardoso and Marini.

마르크스와 레닌의 저작에 대한 체계적인 검토를 통하여 이들이 오늘날의 종속이론을 지지하고 있다는 것을 밝혀낼 수 있을지도 모른다. 팔마(1978)는 이러한 견해에 관심을 표명하면서도, 종속이론의 접근 방법이 어떤 공식적 이론을 확립하고 종속의 구체적 상황을 규명하는데 성공하지 못했다고 결론지었다. 카를로스 존슨은 레닌이 종속국가의 개념을 부르주아 정치경제학자로부터 빌려 왔지만 유물론적 추론과 이론적 분석을 따랐다고 주장하고 있다.

종속이론이 마르크스에 의해 공식화된 것이 아니라는 주장과 함께 마르크스가 종속 관계에 대하여 어떤 체계적인 분석을 충분히 발전시키지 않았다는 하우의 견해는 타당하다.

에델스타인과 존슨은 종속에 관한 일반이론이 아직 나타나지 않았다는 점을 시인하면서도, 종속에 관한 기존의 연구 성과가 앞으로의 탐구를 위한 기반으로서 사용되어야 한다고 믿고 있다. 웍스가 마르크스주의 전통에서 고전적 유물론의 이론을 회복할 것을 주장하고 있는 데 반해 헨프리, 바킨, 친칠라, 디츠 그리고 페트라스 등은 모두 종속에 관한 이론적 분석이 새로운 접근 방식으로부터 도움을 얻을 수 있다고 생각하고 있다.

종속은 자본주의적 생산양식이 아직 발달되어 있지 않은 나라에서 독점자본에 직면하고 있는 경쟁적 자본의 필요성만을 반영하는데 불과한 것인가? 카를로스 존슨은 자기의 입장을 카르도소와 마리니의 비평적 분석으로 설명함으로써 이 질문에 긍정적으로 대립하고 있다.

☐ assessment n. 사정, 평가, 부과
   v. assess

☐ reasoning n. 추리, 추론
☐ illustrate v. 설명하다

How effectively relates dependency to the failure in Brazil to establish a national alliance of bourgeoisie and working class to promote autonomous national development. The question is not directly addressed by other contributors, but most I suspect, would recognize the political implications of class alliances that obscure recognition of class enemies.

What of the significance of dependency for analysis of class and class struggle in Latin America? A decade ago specialists were insisting that theory and investigation incorporate a class analysis. Yet today there remains a dearth of such work. The mode of production approach suggests the possibility of empirical study on the class relations of production. Class analysis using other approaches has been suggested. In general, there is agreement that dependency theory has not yet contributed significantly to the study of social classes in Latin America.

Finally, has dependency theory provided any developmental solutions for Latin America? The contributors would answer negatively. Dependency theory served the purpose of questioning old and static formulations, especially in bourgeois thinking but also in questioning rigid ideas emanating from the Stalinist period and the Communist International's models of underdevelopment and class alliance. The later models incorporated a unilinear perspective of feudalism and capitalism and called for alliances with the national bourgeoisie. As Munck suggests, even the Communist Party of Mexico recently recognized that dependency theory had confronted these old schema of the Comintern and the Latin American communist parties. It is also clear that dependency theory was conceived as a response to the inadequacies of theories of imperialism in explaining the impact of capitalism on domestic structures of the less developed countries.

하우는 자주적인 국가 발전을 이룩하기 위하여 전국가적 차원에서 부르주아와 노동계급간에 동맹을 확립하지 못한 브라질의 실태를 종속이론과 연관시켜 설득력 있게 설명하고 있다. 이러한 문제는 다른 학자들에 의하여 직접 다루어지지 않았지만, 대부분의 학자들은 계급간의 적대감을 호도하는 계급 동맹의 정치적 의미를 인정하고 있지 않나 생각한다.

라틴아메리카에 있어서 계급과 계급투쟁을 분석할 때 종속의 의미는 무엇인가? 10년 전만해도 전문가들은 종속이론과 경험적 탐구가 계급 분석을 포함하고 있다고 주장하고 있었다. 그러나 오늘날에는 그러한 작업이 결여되어 있다. 이에 대하여 생산의 계급 관계에 대한 경험적 연구를 가능케 한다는 점에서 생산양식 접근법이 제시되고 있다. 그리고 다른 접근 방법을 사용하는 계급 분석도 제시되었다. 일반적으로 종속이론이 아직은 라틴아메리카 사회의 계급에 대한 연구에 중요한 기여를 하지 못하고 있다는 점에 동의하고 있다.

마지막으로 종속이론이 라틴아메리카에 어떤 발전적 해결책을 제공하고 있는가? 이에 대한 학자들의 대답은 부정적이다. 종속이론은 특히 부르주아적 사고방식에 있어 구태의연하고 정태적인 공식에 의문을 제기하고, 나아가 스탈린 통치 시대에 연원하는 냉전적 사고방식과, 저발전 및 계급 동맹에 대하여 국제공산주의운동이 제시했던 모델을 비판하는 목적을 수행했다. 국제공산주의운동이 제시했던 모델은 봉건주의와 자본주의에 대하여 단선적인 시각을 적용하면서 민족부르주아와의 제휴를 주장하였던 것이다. 문크의 지적처럼, 최근에 멕시코 공산당도 종속이론이 코민테른과 라틴아메리카 공산주의 정당들이 제시하였던 이같이 구태의연한 도식과는 대조를 이루고 있다는 것을 인정했다. 또한 종속이론이 저발전 국가의 국내 구조에 대한 자본주의의 영향을 설명하는 데 있어 적절치 못한 제국주의 이론의 한계에 대한 반응으로서 파악되었다는 것도 분명하다.

- [ ] alliance n. 동맹
- [ ] what (is it) of the significance
- [ ] incorporate vt. 통합(합동)시키다
- [ ] dearth n. 부족, 결핍 (= lack)
- [ ] class analysis 다음에 나오는 using other approaches는 class analysis를 수식하는 형용사절이며 동사는 has been suggested이다.
- [ ] emanate vt. 발산(방사)하다(from) (= emit)
- [ ] the later model = the Communist International's models
- [ ] unilinear a. 단선적인, uni-의 뜻은 '일(一), 단(單)'의 뜻을 지녔다.
- [ ] feudalism n. 봉건제도 (= feud, feudality)
- [ ] schema n. 윤곽, 개요, 도해
  a. schematic
  cf) scheme n. 계획, 조직, 일람표, 개요
- [ ] Comintern n. 코민테른, 국제공산당(제3인터내셔널: 1919~43) (Third) Communist international

Most contributors would agree, however, that dependency theory has not provided us with any new theory of imperialism. Nor has it demonstrated any way to solve the problems of capitalist exploitation. Likewise, it seems not to offer any strategy of achieving socialism, and it has not been used to analyze relations of production in the transition to socialism.

In summary, while many contributors acknowledge the fact that questions of dependency stimulated new questions and interesting analysis of Latin America, there is also agreement that past work has suffered from many problems.

Those interested in dependency have recognized that no general and unified theory exists and that confusion over terminology has diverted investigation away from central concerns. The criticisms raised in the present issue and elsewhere are numerous. It has been argued that some theories of dependency distort the thought of Marx and Lenin. Idealism and ideology permeate the writing on dependency. Some versions of dependency focus on the needs of competitive capital and thus appear to be supportive of the dominant classes in Latin America. Dependency may divert attention from the impact of imperialist penetration or overlook the importance of precapitalist social formations.

Dependency theory may emphasize static categories so the dynamic and dialectical analysis is not possible. Class analysis, for example, is often lacking due to stress on relations of exchange rather than on relations of production.

그러나 대부분의 학자들은 종속이론이 어떤 새로운 형태의 제국주의 이론을 제공하지 못하고 있다는 데 동의하고 있다. 뿐만 아니라 종속 이론이 자본주의적 착취의 문제를 해결하는 어떤 방안을 제시하고 있는 것도 아니며, 마찬가지로 사회주의를 성취하는 어떤 전략을 제공하는 것 같지도 않고, 사회주의로의 전환기에 처해 있는 생산관계를 분석하기 위하여 사용되고 있지도 않다는 데도 동의하고 있다.

요약하면, 종속이론이 제기했던 질문들이 새로운 의문점을 자극하고 라틴아메리카에 대한 흥미로운 분석을 촉구하였다는 사실은 많은 학자들이 부인하지 않고 있으나, 기존의 연구가 많은 문제점으로 고통받고 있다는 데도 동의하고 있다.

종속이론에 관심 있는 사람들은 어떤 일반적이고 통일된 이론이 존재하지도 않으며, 용어상의 혼란 때문에 경험적 연구가 중심 관심사로부터 빗나가고 있다는 것을 인정했다. 이와 관련된 비판은 이 저널의 최근 호와 기타 여러 곳에서 상당히 많이 발견되었다. 종속이론은 마르크스와 레닌의 사상을 왜곡시키고 있다고 주장되어 왔다. 이상주의적 성향과 이데올로기적 요소가 종속에 관한 저술에 팽배해 있다는 것이다. 종속에 대한 일부 해석은 경쟁적 자본의 필요성에 초점을 맞추고 있기 때문에 라틴아메리카의 지배계급의 이익을 지지하는 것처럼 보이기도 한다. 종속이론은 제국주의적 침투의 영향에 대한 관심을 왜곡시킬 수도 있고 전 자본주의적 사회구조의 중요성을 간과해 버릴 수도 있다.

종속이론은 정태적인 범주를 강조함으로써 변증법적인 분석이 불가능하도록 한다. 예를 들면, 생산관계보다는 교환관계에 강조를 두기 때문에 계급 분석은 종종 빠져 있다.

제1부

제9장

- [ ] imperialism n. 제국주의
- [ ] exploitation n. 개발, 개척
- [ ] Those (who are) interested in dependency의 동사는 have recognized이다.
- [ ] terminology n. 전문 용어 (= term)
- [ ] permeate vt. 스며들다, 침투하다
  n. permeation (= penetration)
- [ ] dialectical a. 변증법적인

Given these criticisms, all the contributors suggest that theory and investigation must advance. Some, such as Carlos Johnson and Weeks, urge a return to classical Marxist conceptions of international capital. Others, like Dale Johnson and Edelstein, believe that Marxist formulations do not necessarily lead to adequate analysis of the contemporary world capitalist system; and thus, new concepts and theory building may correct this deficiency. Barkin refers to the need for and approach to the study of the internationalization of capital. Dietz and Chinchilla write on the usefulness of the modes of production approach, while Henfrey argues that we must go beyond such analysis toward work on imperialism and class struggle. Petras reinforces this position, while Howe stresses relations of production, and Angotti is concerned about class alliance and political strategy in the struggle against imperialism.

It seems clear that the task in the decade ahead necessitates not only familiarity with the classical Marxist texts and theories of imperialism but the development of theory and investigation that benefits from close examination of relations and modes of production, specifically class analysis of social formations that allows attention to state-class relationships and the impact of the internationalization of capital.

이러한 비판들을 고려하여, 종속이론가들은 모두가 이론과 경험적 탐구를 개발해야 한다고 제안하고 있다. 카를로 존슨과 윅스 같은 이론가들은 국제 자본에 대한 마르크스주의의 고전적 개념에 복귀할 것을 촉구하고 있다. 데일 존슨과 에델슈타인같은 학자들은 마르크스주의적 공식이 반드시 오늘날의 세계 자본주의 체계의 적절한 분석으로 이끌지 않을 것이고, 따라서 새로운 개념과 이론의 정립에 의하여 이러한 결함을 보완할 수도 있을 것이라고 믿고 있다. 바이킨은 자본의 국제화에 대한 연구의 필요성 및 이에 대한 접근 방법을 언급하고 있다. 디에트와 친칠라는 생산양식 접근 방법의 유용성에 관해 글을 쓰는가 하면, 헨프리는 제국주의와 계급투쟁에 대한 저술을 분석하는데 끝나서는 안 된다고 주장하고 있다. 하우가 생산관계를 강조하고 있는 데 비해 페트라스는 헨프리의 입장에 동조하고 있고, 안고티는 제국주의와의 투쟁에 있어서 계급 동맹과 정치적 전략 문제에 관심이 있다.

종속과 관련된 10년 후의 연구 작업은 고전적인 마르크스주의 저작과 제국주의 이론이 긴밀한 관계를 가지는 것뿐만 아니라 생산관계와 생산양식의 면밀한 검토를 통해 도움을 받으며 이론과 경험적 탐구를 발전시키는 것, 특히 국가 계급 관계와 자본의 국제화에 따른 영향에 주된 관심을 쏟고 있는 사회구조에 대한 계급 분석도 필요하다는 것이 명백한 것 같다.

☐ deficiency n. 결핍, 부족 a. deficient (in) opp. sufficiency
cf) deficit n. 부족액, 적자 opp. surplus

☐ reinforce v. 강조하다

☐ necessitate vt. 필요(불가피)하게 하다 (= dispense without), 강요(요청)하다

☐ benefit (from) vi. 이익을 받다 vt. ~에게 이롭다 n. 이익, 은혜
cf) benevolence n. 자비심, 인정

☐ state-class n. 국가 계급

ENGLISH READING
SOCIAL SCIENCE

제2부 경제편

제 1 장

Ken Cole, John Cameron, Chris Edwards
Why Economists Disagree

켄 콜, 존 캐머런, 크리스 에드워드
왜 경제학자들은 의견을 일치하지 못하는가

Many people call themselves "economists" today and thus apparently accept some shared identity. Government departments, large industrial corporations, banks and stockbrokers, trade unions and international organizations all employ at least one person who when asked, "What do you do?" will reply, perhaps slightly nervously, "Well, actually I'm the economist." However, if the questioner presses the point, then soon this unsuspecting innocent will be buried in a pile of words none of which seem to have the same meanings as they do in common usage. And if this earnest inquirer is masochistic enough to engage another of these self-identified "economists" in the same conversation, then it is quite possible that these same words will be used, not only in a way different from normal usage, but also in a different context from the first 'economist.'

저자들은 경제적 현상에 논리적인 설명을 제공하며 여러 이론적인 관점을 제시하고 있다. 논의된 세 가지 이론은 개인적 선호 이론, 생산비 이론, 추상적 노동 이론 등이다. 이 이론들은 비수학적 분석에 의존하고 있으며 저자들은 각 이론의 경제적 이론과 정치적 실행의 연관을 보여주고 있다.

오늘날 수많은 사람들이 자칭 '경제인(학자)'이라고 하고 있으며, 따라서 확실히 일종의 공유감을 받아들인다. 정부의 각 부서, 대기업체, 은행과 주식 중개업자, 그리고 노동조합과 각종 국제기관 등은, 모두 "당신의 직업이 무엇입니까?"라는 질문을 던졌을 때, "사실 저는 경제인(학자)입니다"라고 약간은 신경질적으로 대답하는 사람을 적어도 한 사람 정도는 고용하고 있는 것이다. 그러나 만약 그 질문자가 질의의 핵심을 캐묻고 들어가기라도 한다면, 이 의심할 줄 모르는 순진한 사람은 이내 일상적인 용법과는 다른 의미로 쓰이는 말 더미 속에 파묻히고 말 것이다. 그리고 이 진지한 질문자가 앞의 경우와 같은 자칭 '경제학자' 중 또 다른 한 명에게도 예의 대화를 이끌어 낼 수 있을 만큼 다소곳할 경우에도, 그 답변은 일상적인 용법과도 다르고 또한 '맨 처음의 경제학자'가 쓴 맥락과도 다르게 사용되는 것이 충분히 가능하다.

- [ ] trade union 노동조합
- [ ] press the point의 the point는 the economist의 요점을 말한다.
- [ ] be buried in a pile of words 말을 많이 내뱉는다는 뜻이다.
- [ ] masochistic a. 피학대 성애의
  opp. sadistic 여기서는 '다소곳이'로 해석
- [ ] engage in (담화 따위에) 끌어 들이다
  (= draw)

This can be illustrated by a number of quotes on growth and inflation from "economists" who have taken special efforts in our own time to make their ideas accessible to a wider audience. On the analysis of growth:

... a proper analysis of long-term trends in other countries that are sufficiently similar in organization and orientation for comparison should reveal a variety of growth experience and of feasible institutional changes which may be borrowed with some assurance of their tested contribution (Kuznets 1965:326)

Differences in investment ratios were found to be inadequate to account for observed differences in growth rates: in any case, the investment differences seemed at least as likely to be *a consequence as a cause of growth* ... There have been fast-growing economies in both the capitalist and the communist world; and even among Western countries there has been almost no systematic relation between growth rates and degrees of intervention (Brittan 1975:95, emphasis in the original).

Social productivity is increased continuously by mechanisation and the division and reorganization of labour, not in order to satisfy the needs of the producers, but in order to increase the proportion of the social product which accrues to capital ... (Arrighi 1978:3).

이와 같은 사실은 오늘날 보다 더 많은 수의 청중들에게 자신들의 사상을 주지시키고자 특별한 노력을 해 온 '경제학자들'의 성장과 인플레이션에 관한 수많은 언급에서도 예증될 수 있다. 먼저 성장 분석에 관해서 살펴보면:

… 비교를 위한 목적으로 사회조직과 방침이 아주 유사한 다른 국가들의 장기적 경향을 적절히 분석해 보면 그 경험의 공인된 성과에 대한 일종의 확신에서 나오는 다양한 성장 경험과 실행 가능한 제도적 변화를 제시해야 한다. (쿠즈네츠 1965:326)

투자율의 차이가 이미 관찰한 바 있는 성장률의 차이를 적절히 설명하지 못한다는 사실이 밝혀졌다. 하지만 어쨌든 투자의 차이는 적어도 '성장의 원인이 낳은 결과'인 것처럼 보였다. … 자본주의 세계와 공산주의 세계 모두에 고도성장 경제가 존재해 왔다. 그리고 심지어 서방세계 내에서도 성장률과 국가 개입의 정도에 내재하는 체계적 관계가 거의 존재하지 않았다. (브리탄 1975:95, 강조는 저자)

사회적 생산성은 기계화와 노동의 분업 및 재구성에 의해 부단히 증대한다. 이는 생산자의 필요를 충족시키기 위해서가 아니라, 자본에 종속된 사회적 생산 비율을 늘이기 위해서이다. (아리히 1978:3)

- [ ] orientation n. (교회당, 혹은 시체 등을) 서향 혹은 동향으로 놓기, 방위, 방침, 적응 v. orient
- [ ] feasible a. 실행할 수 있는, 가능한, 있음직한 n. feasibility
- [ ] borrow은 드물게 of와 함께 '~로부터 빌리다, 모방하다'의 뜻이 있다.
- [ ] mechanisation n. 기계화 v. mechanize(-se)
- [ ] proportion n. 비율, 몸, 균형 v. 균형 잡히게 하다, 배당하다 a. proportional
- [ ] accrue (to) v. (~에 이익 따위가) 생기다, (~에 이자가) 붙다 n. accrual 이자(가 붙음)

These quotes may be mystifying in precise content to anybody totally unacquainted with economics, but a degree of disagreement is obvious. While Kuznets, Nobel Prize winner for economics, argues for institutional changes in the economy to promote economic growth, Samuel Brittan, Principal Economic Commentator for the *Financial Times* and former Economic Adviser at the Department of Economic Affairs, sees no systematic relation between growth and investment nor any case on grounds of growth for intervention in the economy. And finally, Giovanni Arrighi, a well-known writer on the left of the political spectrum argues that even where there is growth, its stimulus comes from capitalists hoping to increase their profits rather than to meet the needs of the community at large.

On the analysis of inflation we have: Governments have not produced high inflation as a deliberate announced policy but as a consequence of other policies — in particular, policies of full employment and welfare state policies raising government spending (Friedman 1977:25).

Private capital, then, faced with a declining profitability [NB: due to competition between capitalists] attempts to acquire the profits required for further accumulation by increasing prices ... Increase in the money supply through the extension of credit and state loans, provides the gurantee ... that ... commodities will be sold at those prices (Bullock and Yaffe 1975:32).

In the absence of deliberate policy and deliberate agreement, which is likely only through government intervention, there is no determinate solution. The political atmosphere, the social environment and institutional factors will mainly determine the rate of the absolute increase in wages and prices ... It is trade union action which, through wage induced by price movements, has created the basic problem (Balogh 1970:32).

이 인용문들은 경제학에는 전혀 문외한인 사람들에게는 정확한 내용에 있어서는 모호할 수도 있겠으나, 서로 어느 정도 불일치를 보이고 있다는 사실만큼은 분명하다. 노벨 경제학상 수상자 쿠즈네츠는 경제성장을 촉진시키는 경제 제도의 변혁을 주장하는 반면, 「파이낸셜 타임즈」의 상임 경제 평론가이자 경제부의 전직 경제 고문이었던 사무엘 브리탄은 성장과 투자간의 체계적 관계는 물론 성장을 이유로 하는 경제적 개입의 증거도 밝혀내지 못하였다. 그리고 마지막으로 좌익 정치 체계의 저명한 저술가 지오바니 아리히는, 성장이 이루어지는 곳에서는 그 동기가 전체 공동체의 필요를 충족시킨다는 측면에서보다는 자신의 이익을 증대시키려는 자본가에서 나오는 것이라고 주장하고 있다.

그리고 인플레이션에 관한 분석을 살펴보면: 정부는 계획적이고 공식적인 정책으로서 높은 인플레이션을 유발시키는 것이 아니라, 여타의 정책들 — 특히 정부 지출을 증대시키는 완전고용 정책과 복지 정책의 결과로서 유발시켜 왔다. (프리드만 1977:25)

따라서 이윤율의 하락세에 직면한(주의: 자본가들의 경쟁에 의해서) 사적 자본은 더 많은 양의 축적에 필요한 이윤을 가격 인상으로 얻으려 한다 … 신용과 정부 융자의 확대로 인한 화폐 공급의 증가는 … 상품이 그 가격에 팔리라는 … 보장한다. (블록과 야페 1975:32)

신중한 정책과 동의 — 정부의 개입에 의해서만 가능할 것 같은 — 가 부재한 상태에서는 신중한 해결도 없다. 정치적 분위기와 사회적 환경, 제도적 요인들이 임금과 가격의 절대적 증가율을 주로 결정할 것이다 … 가격 동향에 의해 유발된 임금을 통해 근본적인 문제를 일으켜 온 것은 노동조합 활동이다. (발로그 1970:32)

☐ **mystifying** a. 얼떨떨하게 하는, 신비화시키는 v. mystify n. mystification

☐ **commentator** n. 주석자, 시사 해설자(라디오) n. v. comment

☐ **stimulus** n. 자극(물), 흥분제 pl. stimuli v. stimulate

☐ **at large** 상세히, 전체로서, 일반적으로

☐ **deliberate** a. 신중한, 사려 깊은, 고의의 v. 숙고하다 n. deliberation

☐ **state loan** 국채, 정부 대부(여)

☐ **guarantee** n. 보증(인), 담보(물) v. 보증하다, 약속하다 (= guaranty)

☐ **determinate** a. 한정된, 명확한, 결정적인

Thus, while Milton Friedman, another Nobel Prize winner, attributes inflation to government expenditure, Bullock and Yaffe, activists within the political left in Britain, identify declining profitability through capitalist competition as the prime cause, and Thomas Balogh, former Economic adviser to the Cabinet in Britain in the 1960s, blames militant trade unionism.

Similarly, divergent quotes could be produced for any issue of economic policy. Such disagreements involve questions of definition (what *is* inflation?), problems of imputing causality (what *determines* the rise in prices?), problems of priority (is price stability the *most important* objective?), and closely related problems of how to test competing theories (if one economist asserts that wage rises cause prices to rise and another that price rises lead to higher wages, how can you *judge* between the explanations?)

The apparent inability of economists to agree on anything has brought the subject into disrepute. Never happier than when gathered together in some educational fortress, preferably with a bar which never closes, these men — women economists still being relatively rare — lurk under the cover of conferences with comforting titles, like "Conference of the Association of University Teachers of Economics" and the more pithy, less comfortable, "Conference of Socialist Economists." Perhaps the kindest act would be to leave these people alone and let them continue their practices, whose ineffectiveness is universally acknowledged outside the "ivory towers" off educational institutions. Unfortunately, this option is blocked by their insistence on seeking converts by advertising in the wider society. But unfortunately the advertising violates any Trades Descriptions Act by lulling would-be economists into a false sense of security, since the subject is presented as if there are no *real* differences between the practitioners.

따라서 또 하나의 노벨상 수상자인 밀턴 프리드먼의 경우 인플레이션을 정부 지출의 탓으로 돌리는 한편, 영국의 좌익 정치권 활동가인 블록과 야폐는 자본가들의 경쟁에 의한 이윤율의 하향세가 그 주 원인이라고 단정하였으며, 1960년대에 영국 내각의 경제 고문 역을 맡았던 토마스 발로그는 투쟁적인 노동조합 조직을 비난하였다.

마찬가지로 경제정책에 관련된 그 어떠한 문제에 대해서는 다양한 인용문이 제시될 수 있다. 그러한 불일치에는 정의의 문제(인플레이션이란 무엇인가?), 원인을 전가하는 문제(가격 인상은 무엇에 의해 결정되나?), 우선순위의 문제(가격 안정이 가장 중요한 목표인가?), 그리고 상호 경쟁 관계에 있는 이론들을 검증하는 방법과 밀접히 연관된 문제(어떤 경제학자는 임금 인상이 가격 인상의 요인이 된다고 주장하고, 다른 한 경제학자는 가격 인상이 곧 고임금으로 이어진다고 주장한다면, 이러한 설명을 어떻게 판별해 낼 것인가?) 등을 포함한다.

이와 같이 경제학자들이 그 어떠한 점에 대해서도 의견의 일치를 볼 수 없다는 사실로 인해 그 문제의 평판을 떨어뜨렸다. 오히려 빗장으로는 닫을 수 없는 교육이라는 요새 내에 함께 모여 있을 때를 제외하고는 결코 마음을 편하게 가지지 못하는 이들 남성들 — 여성은 상대적으로 드물기 때문에 — 은 '경제학 교수 연합회의'나 박력은 있으되 다소 불안해 보이는 '사회주의 경제학자 회의' 등과 같이 위안을 주는 제목을 내건 회의라는 엄호 아래 숨어 있다. 아마 이들에게 가장 친절한 행위는 이들을 가만히 내버려 두어 연구를 계속하게끔 하는 것이리라. 교육기관이라는 '상아탑' 밖에서 그들이 보여준 무기력은 두루 알려져 있다. 불행히도 이 선택권은, 보다 넓은 사회에서 선전을 통해 전향자를 포섭하겠다는 그들의 아집에 의해 봉쇄되고 만 것이다. 그러나 불행히도 이와 같은 선전이 장래의 경제인들에게 안정에 대한 그릇된 인식을 불어넣어 줌으로써, 그들이 결국 무역 기재(記載) 법령을 모두 위배하게 만든다는 점이다. 왜냐하면 그 문제가 종사자들 간에 '실제적인' 차이가 전혀 없는 것처럼 제시되기 때문이다.

- [ ] **attribute A to B** A를 B의 탓으로(덕택으로) 돌리다 (= ascribe A to B)
- [ ] **Cabinet** n. (영국의)내각, 각의실 a. 내각의
- [ ] **militant** a. 교전 상태의, 호전적인 (= aggressive, warlike) n. militancy
- [ ] **unionism** n. 연합주의, 연방주의, 노동조합주의 cf) unionist 통일론자, 노동조합원
- [ ] **divergent** a. 갈라지는, 다른, 발산하는 n. divergence(-cy) opp. convergent
- [ ] **disrepute** n. 나쁜 평판, 악평 cf) fall into ~평판이 나빠지다
- [ ] **fortress** n. 요지(지, 도시), 견고한 장소
- [ ] **preferably** ad. 더 좋아하여, 오히려
- [ ] **lurk** v. 숨다, 잠복하다 n. 몰래 다님 ad. lurkingly 숨어서 남몰래
- [ ] **pithy** a. 골수의(가 있는), 협찬, 박력 있는 n. pith
- [ ] **convert** v. 변하게 하다, 개심(전향)시키다, 여기서는 경제학자로의 전향자
- [ ] **lull** v. (어린애를) 달래다, (파도를) 가라앉히다 n. 잠시 잠잠함, 소강
- [ ] **practitioner** n. 업에 종사하는 사람(개업 의사, 변호사 등), 여기서는 경제학자를 뜻한다.

In contrast, our approach in this book takes both the disagreements among economists and the students' experience of such discord seriously. There are no efforts to paper over creacks here by concealing conflict. Neither do we wish to set up any case as simply a target to be knocked down. In this book, fights over policy are shown to have roots in deep conflicts over the very nature of human activity and, perhaps, over the very nature of science. These conflicts do not merely divide economists, they also run right through contemporary societies. And, as we shall see, the sphere of knowledge we call economics has been peculiarly, but not uniquely, split.

이와는 대조적으로 본 서에서의 접근 방법은 경제학자들 간의 이견과 또 그러한 부조화에 관한 학생들의 경험을 모두 진지하게 수용하는 것이다. 여기에서는 그 갈등을 숨김으로써 결점을 감싸려는 시도는 하지 않는다. 또한 우리는 어떤 사례를 그저 쏘아 넘어뜨릴 과녁으로 세우려고도 하지 않는다. 본 서에서는 정책에 맞선 투쟁이란 그 근원을 인간 활동의 본질, 그리고 필경 과학의 본질에 관련된 심각한 갈등에 두고 있는 것으로 제시한다. 이러한 갈등은 경제학자들을 분열시킬 뿐만 아니라 이는 현대사회 전반을 관류하고 있기도 하다. 앞으로도 우리가 살펴보게 되겠지만, 경제학으로 일컬어지는 지식의 영역은 그 나름대로 특이하게 분열되어 있는 것은 사실이나, 경제학만이 결코 아니다.

□ paper over cracks 갈라진 틈, 결함을 (종이로) 가리다

□ contemporary a. 같은 시대의(with), 그 당시의 현대의 n. 동시대 사람

□ peculiarly는 고유하게 자체의 개성을 가지고 (다른 것과 다른)의 뜻

Ben Fine
Theories of the Capitalist Economy

벤 파인
자본주의 경제론

In the next sections, we will attempt to apply the prescriptions of the previous section to the underlying method of various schools of economic thought. Some details of their economic analysis will be discussed in later chapters. We begin with classical political economy and deal with three theorists only — Smith, Ricardo and John Stuart Mill. What these writers share in commons is the view that it is important to analyse classes in capitalist society.

Classical Political Economy

To some extent each had the same stereotyped notion of what constituted the typical landlord, capitalist and worker. Landlords consumed rent unproductively through luxury expenditure on items for consumption and to maintain retainers to provide services. Capitalists are the dynamic element in society, receiving the reward of profit for their abstinence which provides for accumulation and growth in the economy.

벤 파인은 영국 런던 대학교 아시아·아프리카 대학(SOAS)의 경제학 교수다.
그는 비주류 경제학 관련 저서들을 주로 출간했다.
그는 경제 제국주의와 사회적 자본에 관해서도 많은 기여를 하였다. 그의 주요 저서로는
「사회적 자본 vs. 사회적 이론(Social Capital versus Social Theory)」등이 있다.

다음의 절에서 우리는 앞 절에서 설정한 규정을 다종다양한 경제사상 학파의 기본적인 방법론에 적용시켜 보고자 한다. 물론 이들의 경제 분석에 관한 상세한 논의는 뒷장으로 미루기로 하자. 먼저 우리는 고전적 정치경제학에서 논의를 시작하며, 여기서는 세 명의 이론가 — 스미스, 리카도, 존 스튜어트 밀 — 만을 다루게 된다. 이들 저술가들은 자본주의 사회 내의 계급 분석이 중요하다는 견해를 공유하고 있었다.

고전적 정치경제학

이들 각각은 전형적인 지주, 자본가, 그리고 노동자를 규정하는 동일한 고정 개념을 어느 정도 지니고 있었다. 지주는 소비를 위해, 그리고 그들의 가신들이 계속 봉사할 수 있도록 하기 위해 헤프게 지출을 함으로써 지대를 비생산적으로 소모하였다는 점이다. 자본가는 사회의 역동적인 요소로서, 그들에게 축적과 경제 발전을 가져다주는 절제에 대한 이윤이라는 대가를 받는다.

☐ prescription n. 규정, 규칙, 법규
☐ underlie vt. ~의 기초가 되다, ~아래 놓이다
☐ share in common (의견, 입장)을 공유하다
☐ stereotype vt. 고정시키다, 판에 박다
　cf) ~d phrases 진부한 문구

☐ retainer n. 가신(家臣), 신하, 부하
☐ abstinence n. 절제, 금욕, 인애
　(= temperance, moderation)
　a. abstinent

The working class are employed by capital through wage payments and these payments serve to reproduce the labour force. The extent of the working population available to be employed is determined by Malthusian theory. If wages exceed an historically determined subsistence level, then population will expand as more children will be bred and survive. The population will decline if wages fall below the subsistence level. Wages themselves, at least in terms of material goods, are determined by the supply of labour and by the demand which is closely related to the capital advanced as a whole which is divided into wage payments and purchases of physical inputs. Accordingly, the market for labour adjusts like the market for goods by expanding when the wage is higher than an equilibrium subsistence level and declining when if falls below this level, although the mechanism is through reproduction rather than through production.

Marginalism and Modern Economics

Methodologically, the major characteristic of marginalism and of the schools of thought that comprise much of modern economics besides, is its futile attempt to free itself from the necessity of an abstraction that assigns a different status to different concepts within the theory. Central to this endeavour is the division of the economy from the rest of society so that the economy can be studied in isolation from social relations in general, just as economics becomes a separate discipline from other social sciences, history and philosophy. What modern economics has done is to avoid the question of the relationship between economy and society. It is not an easily answered question. But it is perhaps clear that capital, for example, cannot be adequately understood in the absence of a notion of class relations.

Consequently, the main tendency of modern economics is to leave uninvestigated its own method and the historical, empirical and social underpinnings of the subject unchallenged. As a result, economics remains limited to a study of the economy by relationships between concepts which contain very little explanatory power. It is, however, crucial to realize that the attempt to eliminate abstraction is bound to be futile.

노동계급은 임금 지불을 통해 자본에 고용되며, 이러한 지불은 그들의 노동력을 재생산하는데 기여한다는 점이다. 그리고 고용 가능한 노동인구의 양은 맬더스 학파의 이론에 의해 결정된다고 보았다. 만약 임금이 사적(史的)으로 결정된 생계 수준을 능가할 경우, 보다 많은 자식이 길러지고 살아남음에 따라 인구는 증가하게 되는 것이며, 임금이 생계 수준에 미달될 경우에는 인구가 감소하게 되리라는 것이다. 적어도 재화라는 측면에서 임금 자체는 임금 지불과 물리적 투입이라는 구매로 양분되는 투입 자본 전체와 밀접히 연관된 노동 공급 및 수요에 의해 결정된다고 보았다. 따라서 상품 시장과 마찬가지로 노동시장은, 비록 그 메커니즘이 단순 생산이라기보다는 오히려 재생산을 통하는 것일지라도, 임금이 평균 생계 수준을 웃돌 때는 그 규모를 확장하고, 또 역으로 생계 수준을 밑돌 때에는 축소시켜 이를 조정해 나간다는 것이다.

한계(효용)론과 근대경제학

방법론상으로 볼 때, 근대경제학의 주류를 형성하고 있는 한계(효용)론과 그 학파 사상의 주요 특성은, 특정 이론내에서 상이한 각종 개념에 각각의 위치를 부여해 주는 추상화의 필요성을 그들의 이론에서 제거하고자 한 부질없는 시도에 있다고 하겠다. 이와 같은 노력에 있어서 가장 중심적인 측면은, 경제학이 여타의 사회과학이나 역사학, 그리고 철학과는 구분되는 규율인양, 즉 경제학이 사회관계 일반과는 별도로 연구될 수 있게끔, 경제를 사회의 나머지 영역과 구분하려는 것이다. 근대경제학이 수행해 온 바는 경제와 사회 간의 관계에 관한 문제를 회피하는 것뿐이다. 물론 이는 쉽게 답변을 내릴 수 있는 문제는 아니다. 그러나 일례로 계급 관계 개념 없이 자본을 정확히 이해할 수 없다는 점은 아마 명약관화한 일일 것이다.

그러므로 근대경제학의 주요 경향은 그들의 고유한 방법론을 검증하지 않고, 또한 연구 주제가 지니고 있는 역사적·경험적·사회적 토대에 도전하지 않는 데 있다. 그 결과 경제학은 설득력이라고는 거의 없는 개념간의 관계에 의해 경제의 연구로 국한되고 만 셈이다. 그러나 추상화를 배제하는 시도는 반드시 무위로 돌아가고 만다는 사실을 인식하는 것은 매우 중요하다.

- [ ] subsistence n. 생활, 생계
  (= livelihood) 존재, 실재
- [ ] equilibrium n. 평형, 균형, 안정
- [ ] marginalism n. 한계(효용)론, 주의

- [ ] comprise(ze) v. ~으로 구성되다
  (= be made up of, consist of)
- [ ] futile a. 무익한, 효과 없는 n. -ness
- [ ] underpinning n. 지주, 토대, 받침대
- [ ] be bound to (반드시) ~하다

Marxist and Radical Political Economy

Over the past fifteen years or so, there has been a resurgence of interest in Marxist political economy and, associated with it, radical economics. To some extent, and certainly for many involved, the distinction is forced and arbitrary. The stimulus to both has been the rise of a radical student movement, the stumbling and falling of the world capitalist economy, and the inability of orthodox economics to respond to either of these factors whether theoretically or empirically. Every direction in which the student or enquiring mind turns suggests that the harmony or even Keynesian disharmony of exchange relations is an inadequate basis for understanding capitalist society. Crisis, power and inequality are the concepts which seem more appropriate.

This is certainly the thrust of radical economies. As a result, it has been able to produce analyses in areas such as imperialism, sexism, unemployment, distribution, power and alienation, urban crisis, welfare provision, militarism, and technology and so on. An examination of empirical material in the light of these concepts strongly suggests a ready correspondence to reality in contrast to the narrow confines imposed by the method and subject matter of orthodox economics. Usually, but not always, the core of this correspondence is to be located in the class content of the analysis. This is the starting point for radical economics and characterizes it and distinguishes it from the orthodoxy. But is this enough? Class as a vantage point does not constitute a theory, it is merely one element within it. It is here that radical economics has a weakness.

Implicitly it is often presumed that a class analysis or its associated instrument, such as exploitation or imperialism, is a sufficient basis on which to go out and order the world as it is presented to us empirically. Where the radical theory is more developed it is often done so carelessly without due attention to its consistency. It is these considerations which have led us to criticize Sraffian economics and also class-based Keynesian theories.

마르크스주의 및 급진적 정치경제학

지난 15여 년에 걸쳐서 마르크스주의 정치경제학과 이와 연관된 급진적 경제학에 관한 관심이 재개되어 왔다. 관련된 많은 것들에 대해 어느 정도 확실히 부자연스럽고 임의적인 측면은 있다. 이 두 경제학 이론을 고무한 요인으로는 급진적 학생운동의 발흥과 세계 자본주의 경제의 위기와 쇠락, 그리고 정통경제학이 이 요소를 이론적으로나 경험적으로 해명하지 못한 무기력함을 들 수 있다. 학생이나 경제학자들이 입장을 전환하는 각 방면이 교환관계의 조화, 또는 케인즈 학파의 부조화 개념이 자본주의 사회를 해명하기에는 부적절한 기초라는 사실을 시사하고 있다. 즉 공황과 권력, 그리고 불균등이 보다 적절한 것처럼 보이는 개념이라는 것이다.

이러한 점은 확실히 급진적 경제학의 공격 대상이다. 그 결과 급진적 경제학은 이른바 제국주의, 성차별주의, 실업, 분배, 권력과 소외, 도시 위기, 복지 설비, 군국주의, 그리고 과학 기술 등의 분야에 대해 분석을 가할 수 있게 되었다. 이와 같은 개념에 기초하여 경험적인 사례를 검증함으로써, 급진적 경제학은 정통경제학의 방법론이나 주제에 의해 설정된 편협성에 비해 능숙한 현실 적합성을 보여주었다. 물론 항상 그런 것은 아니겠으나 이와 같은 적합성의 핵심은 바로 그 분석의 계급적 내용에 근거하는 것이다. 이 점이 곧 급진 경제학의 시발점이자 그 특성이며 정통경제학과 구분되는 측면이다. 그러나 이것만으로 충분한 것인가? 이처럼 유리한 고지를 확보해 준 계급만으로 이론을 구성할 수는 없으며, 단순히 이는 그 이론의 한 요소에 지나지 않는다. 바로 여기에 급전적 경제학의 맹점이 있다.

때때로 계급 분석이나 그와 관련된 분석 도구, 즉 착취나 제국주의 등이 경험적으로 우리에게 제시되었기 때문에 세상을 지배하고 밖으로 나가게 하는 충분한 기초가 된다는 것을 종종 추측한다. 급진적 이론이 보다 발전되는 경우는 급진적 이론이 일관성을 기하기 위해 필요한 적절한 주의를 기울이지 않고 아주 경솔하게 종종 나타난다. 우리가 스라파 학파의 경제학과 계급에 기초한 케인즈 학파 이론을 비판하게 되는 것도 바로 이러한 점을 고려하고 있기 때문이다.

- [ ] resurgence n. 부활, 재생 v. resurge
- [ ] stumble vi. 비틀거리다(at, against, over)
- [ ] enquiring mind n. 연구가, 여기서는 '경제학자'
- [ ] basis (for) n. ~의 토대, 기초
- [ ] thrust n. 공격, 습격 v. 공격을 가하다
- [ ] provision n. 준비, 설비 (pl.) 식량, 저장품
- [ ] in the light of ~에 비추어 보자, ~로 미루어 보자
- [ ] vantage point 우월(유리)한 위치, 자리
- [ ] implicitly adv. 은연중에
- [ ] empirically adv. 실증적으로
- [ ] due n. 당연히 치러야 함, 정당함 a. ~할 예정인

제 3 장

David Ricardo
Principles of Political Economy and Taxation

데이비드 리카도
정치경제학과 조세의 원리

The value of a commodity, or the quantity of any other commodity for which it will exchange, depends on the relative quantity or labour which is necessary for its production, and not on the greater or less compensation which is paid for that labour.

It has been observed by Adam Smith, that "the word Value has two different meanings, and sometimes expresses the utility of some particular object, and sometimes the power of purchasing other goods which the possession of that object conveys. The one may be called *value in use*; the other *value in exchange*".

데이비드 리카도(1772~1823)는 영국의 경제학자이다. 영국 고전파의 이론 체계를 완성했으며 노동 가치설, 차액 지대론, 국제 무역에 관한 비교 생산비설 등 많은 이론을 발표했다. 그는 스미스의 절대 우위론에서 한걸음 더 나아가 비교 우위론을 발표했다. 스미스가 주장한 투하(投下)·지배 노동가치설을 더욱 철저하게 하고, 상품의 가치 크기는 생산에 투하된 노동량에 따라 결정된다는 점을 주장하여 투하 노동가치설로 순화시켰다.

한 상품의 가치 또는 그것과 교환될 다른 어떤 상품의 분량은, 그 생산에 필요한 상대적 노동량에 따라서 정해지며, 그 노동에 대하여 지불되는 보상의 양에 따라서 정해지지는 않는다.

아담 스미스는 다음과 같이 말하고 있다. 즉 "가치라는 말은 두 가지의 상이한 의미를 가지고 있으며, 어느 때에는 어떤 특정물의 효용을 표현하고 또 어느 때에는 그 특정물의 소유가 뜻하고 있는 다른 제 상품에 대한 구매력을 표현한다. 전자는 '사용상의 가치', 후자는 '교환상의 가치'라고 불릴 수 있을 것이다."

☐ commodity n. 상품, 일용품
☐ compensation n. 배상, 보상, 보수
   cf) in ~ for ~의 보상(보수)으로서
☐ utility n. 효용, 유용, 쓸모 있는 것 v. utilize
☐ the power of purchasing ~의 구매력

☐ which the possession of ~의 선행사는
   other goods가 아니라 the power of ~
☐ convey v. 나르다, 전달하다
   a. conveyance 운반, 전달, 교통수단

"The things," he continues, "which have the greatest value in use, have frequently little or no value in exchange; and, on the contrary, those which have the greatest value in exchange, have little or no value in use." Water and air are abundantly useful; they are indeed indispensable to existence, yet, under ordinary circumstances, nothing can be obtained in exchange for them. Gold, on the contrary, though of little use compared with air or water, will exchange for a great quantity of other goods.

Utility then is not the measure of exchangeable value, although it is absolutely essential to it. If a commodity were in no way useful, — in other words, if it could in no way contribute to our gratification, — it would be destitute of exchangeable value, however scarce it might be, or whatever quantity of labour might be necessary to procure it.

Possessing utility, commodities derive their exchangeable value from two sources: from their scarcity, and from the quantity of labour required to obtain them.

There are some commodities, the value of which is determined by their scarcity alone. No labour can increase the quantity of such goods, and therefore their value cannot be lowered by an increased supply. Some rare statues and pictures, scarce books and coins, wines of a peculiar quality, which can be made only from grapes grown on a particular soil, of which there is a very limited quantity, are all of this description. Their value is wholly independent of the quantity of labour originally necessary to produce them, and varies with the varying wealth and inclinations of those who are desirous to possess them.

그는 계속하여 말한다. "사용상의 가치가 가장 큰 물품이 때로는 교환상의 가치가 거의 또는 전혀 없는 때가 있으며, 이와 반대로 교환상의 가치가 가장 큰 물품이 사용상의 가치는 거의 또는 전혀 없는 때가 있다"라고. 물과 공기는 대단히 유용하다. 그것들은 실제로 인간 생존에 필수불가결한 것이긴 하지만, 보통 사정 하에서는 이것들과 교환으로 아무것도 취득할 수 없는 것이며, 이와 반대로 금은 공기나 물에 비하면 거의 유용하지 않은 것이지만, 대량의 다른 상품과 교환될 것이다.

그리하여 효용은 교환가치에 대하여 절대적으로 불가결한 것이지만, 그 척도는 아니다. 만일 한 상품이 어떤 방도로도 쓸모가 없다고 하면, 즉 만일 그것이 어떤 방도로도 우리의 욕망을 만족시키는 데는 공헌할 수 없다면, 그 상품이 아무리 희소한 것일지라도, 또는 그것을 취득함에 얼마만한 노동량이 필요하다고 하더라도 교환가치는 없을 것이다.

각 상품이 이미 효용을 가지고 있다고 하면, 두 가지 원천으로부터 그 교환가치를 끌어낸다. 즉 그 상품의 희소성으로부터와 그 상품을 취득함에 소요되는 노동량으로부터이다.

상품 중에는 그 가치가 다만 그 희소성만으로 결정되는 것이 있다. 어떠한 노동도 그러한 상품의 분량을 증가시킬 수 없으며, 따라서 그 가치는 공급의 증가로써 하락될 수 없다. 어느 희귀한 조각과 그림, 보기 드문 서적과 화폐, 매우 한정된 면적의 특정한 토지에서 재배되는 포도로서만 만들 수 있는 특별한 품질의 포도주와 같은 것은 모두 이 종류에 속하는 것이다. 이러한 것들의 가치는 최초에 그것들을 생산함에 소요된 노동량과는 전혀 관계가 없으며, 이것을 소유하고 싶어 하는 사람들의 부와 기호가 변화됨에 따라서 변동하는 것이다.

제2부

제3장

- [ ] indispensable (to) a. 필요불가결한, 피할 수 없는 (= inevitable)
- [ ] in no way (= by no means) 결코 ~ 않다
- [ ] gratification n. 만족(시키기), 욕망 충족 a. grateful 고맙게 여기는 v. gratify
- [ ] be destitute of 결핍한, 빈곤한 (= be devoid of, lack)
- [ ] however scarce it might be 그것이 얼마나 희소한 것일지라도

- [ ] procure v. 획득하다, 마련하다 n. procurement, procuration
- [ ] Possessing utility 분사구문(주어, be동사가 생략)으로 possessing의 주어는 commodities이다.
- [ ] derive A from B B로부터 A를 이끌어 내다
- [ ] vary v. 변화를 가하다, 고치다, 변화하다 v. variation
- [ ] inclination n. 경향, 좋아함, 기울어짐 v. incline

These commodities, however, form a very small part of the mass of commodities daily exchanged in the market. By far the greatest part of those goods which are the objects of desire, are procured by labour; and they may be multiplied, not in one country alone, but in many, almost without any assignable limit, if we are disposed to bestow the labour necessary to obtain them.

In speaking then of commodities, of their exchangeable value, and of the laws which regulate their relative prices, we mean always such commodities only as can be increased in quantity by the exertion of human industry, and on the production of which competition operates without restraint. In the early stages of society, the exchangeable value of these commodities, or the rule which determines how much of one shall be given in exchange for another, depends almost exclusively on the comparative quantity of labour expended on each.

Labour of different qualities differently rewarded. This(is) no cause of variation in the relative value of commodities.

In speaking, however, of labour, as being the foundation of all value, and the relative quantity of labour as almost exclusively determining the relative value of commodities, I must not be supposed to be inattentive to the different qualities of labour, and the difficulty of comparing an hour's or a day's labour, in one employment, with the same duration of labour in another. The estimation in which different qualities of labour are held, comes soon to be adjusted in the marker with sufficient precision for all practical purposes, and depends much on the comparative skill of the labourer, and intensity of the labour performed.

그러나 이들 제 상품은 매일 시장에서 교환되는 상품 중에서 매우 적은 부분만을 구성하고 있는 것이다. 욕망의 대상인 이들 상품들 중 대부분은 노동에 의해 취득된다; 즉 단지 한 나라 뿐 아니라 많은 나라에 있어서 거의 무제한으로 증가될 수 있다. 만일 우리가 그것들을 얻기 위해 필요한 노동력을 투하하려고만 한다면 말이다.

그런데 상품, 그 교환가치 및 그 상대가격을 좌우하는 제 법칙에 관한 논함에 있어서 언제나 우리는 인간 기술의 노력으로 분량이 증가될 수 있으며, 또 그 생산에 있어서는 경쟁이 무제한으로 작용하는 것과 같은 상품만을 의미하고 있는 것이다. 사회의 초기 단계에 있어서 이들 제 상품의 교환가치 혹은 한 상품의 다른 상품과의 교환에 있어서 얼마나 주어지게 될 것인가를 결정하는 규칙은 거의 배타적으로 각각의 상품에 소비된 비교적 노동량에 따라서 좌우되는 것이다.

질적으로 상이한 노동은 상이한 보수를 받는다. 이 사실은 제 상품의 상대 가치에 있어서 변동의 원인은 아니다.

그러나 노동을 모든 가치의 기초라고 말하고, 또 노동의 상대량을 거의 모든 상품의 상대 가치를 결정하는 것이라고 이야기 함에 있어서, 내가 노동의 질적 차이와 한 직업에 있어서의 한 시간 또는 하루의 노동을 다른 직업에 있어서의 동시간의 노동과 비교함에 있어서의 곤란성을 간과하였다고 생각해서는 안 된다. 노동이 가지는 질적 차이에 대한 평가는 모든 실제적인 목적을 위하여 대단히 정확하게 시장에서 곧 조정되며, 노동자의 비교적 숙련, 이루어진 노동의 강도에 크게 의존하는 것이다.

- [ ] by far 훨씬, 단연, 월등히
- [ ] assignable a. 할당할 수 있는, 지정할 수 있는
- [ ] be disposed to ~할 마음이 나다, ~하고 싶다
- [ ] bestow v. 주다, 수여하다, (간수해) 두다 n. bestowal
- [ ] on the production of which ~ which의 선행사는 commodities
- [ ] how much of one (commodities) shall be given in exchange for another 한 상품이 다른 것과의 교환에 있어서 얼마만큼 주어져야 하는지 (의문문이 목적어로 사용되었다)
- [ ] almost exclusively 거의 배타적으로
- [ ] In speaking of labour, as being ~ 노동을 ~라고 말함에 있어서
- [ ] the relative quantity of labour as에서 the relative 앞에 in speaking of ~가 생략되었다. 즉, '상대적 노동량이 ~를 결정한다고 말함에 있어서'
- [ ] inattentive (to) a. 부주의한, 태만한, 무뚝뚝한
- [ ] estimation n. (가치의) 판단, 의견, 평가, 존중
- [ ] precision n. 정확, 정밀 with sufficient precision (= very precisely)

The scale, when once formed, is liable to little variation. If a day's labour of a working jeweller be more valuable than a day's labour of a common labourer, it has long ago been adjusted, and placed in its proper position in the scale of value.

In comparing therefore the value of the same commodity, at different periods of time, the consideration of the comparative skill and intensity of labour, required for that particular commodity, needs scarcely to be attended to, as it operates equally at both periods. One description of labour at one time is compared with the same description of labour at another; if a tenth, a fifth, or a fourth, has been added or taken away, an effect proportioned to the cause will be produced on the relative value of the commodity.

If a piece of cloth be now of the value of two pieces of linen, and if, in ten years hence, the ordinary value of a piece of cloth should be four pieces of linen, we may safely conclude, that either more labour is required to make the cloth, or less to make the linen, or that both causes have operated.

Not only the labour applied immediately to commodities affect their value, but the labour also which is bestowed on the implements, tools, and buildings, with which such labour is assisted.

그 등급은 한번 형성되면 거의 변동하지 않는다. 만약에 보석공의 일일 노동이 보통 노동자의 일일 노동보다도 더욱 많은 가치가 있는 것이라면, 그것은 훨씬 이전에 조정되어 가치 등급상에 있어서 그 적당한 위치에 놓여져 있다.

그러므로 동일한 상품의 가치를 때를 달리하여 비교함에 있어서는, 그 특정 상품을 생산함에 필요한 노동의 비교적 숙련과 강도를 고려하는 것은 양시기에 균등하게 작용하는 것이기 때문에 거의 주의를 기울일 필요가 없는 것이다. 어느 시기에 있어서의 한 종류의 노동이 다른 시기에 있어서의 동일한 종류의 노동과 비교되고 있는 것이다. 만일 10분의 1, 5분의 1, 또는 4분의 1이 부가되었거나, 삭제되었다고 하면 이 원인에 비례하는 결과가 그 상품의 상대가치상에 발생할 것이다.

만일 지금 모직물 한 조각이 마포 두 조각의 가치를 가지며, 또 지금으로부터 10년 후에 모직물 한 조각의 보통 가치가 마포 네 조각의 가치를 갖게 된다면, 우리는 다음과 같이 명확히 결론 내릴 수 있다. 즉 모직물을 만드는 데 필요한 노동이 증대하였거나, 마포를 만드는 데 필요한 노동이 감퇴되었거나 또는 이 두 가지 원인이 같이 작용하였다고.

제 상품에 직접적으로 가하여진 노동만이 그 가치에 영향을 끼치는 것이 아니라, 그와 같은 노동을 보조하는 기구, 도구, 건물에 투하된 노동도 또한 그 가치에 영향을 끼치는 것이다.

- [ ] scale n. 저울눈, 규모, 계급, 등급
- [ ] be liable to 자칫하면 ~하다, ~하게 마련이다 (= be likely to)
- [ ] is liable to little variation 구문에서 little은 부정의 의미, 즉 '거의 변하려 하지 않는다'의 뜻
- [ ] required for that particular commodity: required는 과거분사로 skill과 intensity 수식, 이 문장의 동사는 needs

- [ ] less to make the linen: less 다음에 labour is required가 반복으로 생략
- [ ] Not only the labour applied immediately to commodities affect their value, but the labour also ~ and buildings 상품에 직접 적용된(사용된) 노동뿐만 아니라, ~의 노동과 건물까지도 그것들의 가치에 영향을 끼친다(이 문장의 동사는 affect이며, 이 동사는 but also 이하의 주어에 일치, 복수형으로 사용되었다).

Even in that early state to which Adam Smith refers, some capital, though possibly made and accumulated by the hunter himself, would be necessary to enable him to kill his game. Without some weapon, neither the beaver nor the deer could be destroyed, and therefore the value of these animals would be regulated, not solely by the time and labour necessary to their destruction, but also by the time and labour necessary for providing the hunter's capital, the weapon, by the aid of which their destruction was effected.

Suppose the weapon necessary to kill the beaver, was constructed with much more labour than that necessary to kill the deer, on account of the greater difficulty of approaching near to the former animal, and the consequent necessity of its being more true to its mark; one beaver would naturally be of more value than two deer, and precisely for this reason, that more labour would, on the whole, be necessary to its destruction. Or suppose that the same quantity of labour was necessary to make both weapons, but that they were of very unequal durability; of the durable implement only a small portion of its value would be transferred to the commodity, a much greater portion of the value of the less durable implement would be realized in the commodity which it contributed to produce.

아담 스미스가 언급하고 있는 초기 상태에 있어서까지도 수렵자가 조수를 포획할 수 있도록 하기 위해서는, 아마도 수렵자 자신이 만들고 축적한 것일지라도 어떤 자본이 필요할 것이다. 어떤 무기 없이는 비버나 사슴을 포획할 수 없었을 것이다. 따라서 이들 동물의 가치는 다만 포획에 필요한 시간과 노동에 의하여 좌우될 뿐만 아니라, 수렵자의 자본, 즉 그 포살을 원조하는 무기를 만드는 데 필요한 시간과 노동에 의해서도 좌우될 것이다.

비버를 죽이기 위해 필요한 무기는 사슴을 죽이기 위해 필요한 무기에 비하여 비버에의 접근이 일층 더 곤란하고 따라서 조금 더 정확한 조준을 필요로 하기 때문에, 훨씬 더 많은 노동으로 제작되었다고 가정하라. 비버 한 마리는 당연히 사슴 두 마리보다 더욱 많은 가치가 있을 것이다. 그리고 그 이유는 전체적으로 볼 때, 비버를 포획함에는 정확히 더욱 많은 노동이 필요하였을 것이기 때문인 것이다. 또는 이 두 가지 무기를 제조함에 동일한 양의 노동이 필요하지만 내구성이 대단히 상이하다고 가정하라. 내구적인 기구로부터는 그 가치의 적은 부분만이 그 상품에 이전될 것이며, 내구성이 더 적은 기구에서는 그것이 생산에 기여하는 상품 속에 훨씬 더 큰 가치의 부분이 실현될 것이다.

제2부
제3장

- □ accumulate v. 모으다, 축적하다
  n. accumulation
- □ beaver n. 비버, 해리(海狸)
- □ not solely by the time ~ but also by the time ~에 의해서 뿐 아니라 ~에 의해서도 역시 (= not only(merely) ~ but also)
- □ by the aid of which: which의 선행사는 weapon, 즉 '그 무기의 도움으로'

- □ much more than that: that은 labour 를 받는 대명사
- □ on account of (어떤 이유) 때문에
- □ the former animal은 전자의 동물, 즉 beaver를 가리킨다.
- □ true to its mark 그것의 표적에 딱 맞는
  cf) true to one's name 그 이름에 어긋나지 않는

Ben Fine & Laurence Harris
Rereading Capital

벤 파인 & 로렌스 해리스
자본 다시 읽기

We have seen that the most significant conclusion which neo-Ricardians draw from their solution to the transformation problem is that it is a non-problem. There is no need to transform values into prices of production since either is directly derivable from technical relations of production and therefore values are redundant in the determination of prices. By contrast, fundamentalists have emphasized the importance of values which are in no sense made redundant by the existence of prices of production. In the present Section we consider why value is indispensable in the analysis of capitalism.

벤 파인은 영국 런던 대학교 아시아·아프리카 대학(SOAS)의 경제학 교수다. 그는 비주류 경제학 관련 저서들을 주로 출간했다. 그는 경제 제국주의와 사회적 자본에 관해서도 많은 기여를 하였다. 그의 주요 저서로 「사회적 자본 vs. 사회적 이론(Social Capital versus Social Theory)」등이 있다.

우리는 신리카도주의자들이 전형 문제에 대한 나름대로의 해결로부터 유도한 가장 중요한 결론은 전형이 문제가 될 수 없다는 것을 보았다. 가치와 생산가격이 모두 생산의 기술적 관계로부터 직접 유도될 수 있으며, 따라서 가치는 가격 결정상 불필요하므로, 가치를 생산가격으로 전형할 필요가 없다는 것이다. 반대로 근본주의자들은 생산가격이 있다고 하여도 가치는 어떠한 의미에서도 불필요하지는 않다고 가치의 중요성을 강조하였다. 이 절에서는 자본주의를 분석할 때에 어째서 가치가 불가결한가를 생각해 보자.

- □ derivable (from) a. 끌어낼 수 있는, 추론할 수 있는 n. derivation v. derive
- □ redundant a. 여분의, 과다한 (= superfluous), 많은 (= abundant) n. redundance(-cy)
- □ fundamentalist n. 근본주의자 n. fundamentalism
- □ in no sense 결코 ~않다

117

We have already argued in Section 2.1 that the existence of values and their transformation into prices is the same as the existence of production in abstraction and its integration with exchange and distribution. The rejection of value theory, therefore, is the same as the rejection of Marx's method; the method of moving from the most simple abstract relations to the most complex. Now, however, we must do more than demonstrate that value theory is essential to Marx's method. Hodgson (1977) has challenged Marxists to show that production cannot be analysed without value theory. The challenge is difficult to pin down for it can have several meanings. At the simplest level it is a request for a demonstration that capitalist production cannot be analysed in terms of prices of production.

At that level, neo-Ricardianism is successful since production can be analysed in those terms; phenomena such as the length of the working day can be studied by assuming that capitalists are driven to maximize profit (in terms of prices of production) rather than surplus value. Indeed, Steedman (1977) provides such an analysis. But the neo-Ricardian ability to carry out such an analysis is trivial. A theory of a determinate length of the working day can be derived, in bourgeois terms, by postulating any maximand for capitalists to obey; profits in terms of market prices as in neo-classical theory, or management objectives as in managerial theories of the firm. There is therefore nothing surprising about the fact that determinate production decisions by capitalists can be deduced from a maximand in terms of profit measured in prices of production.

우리는 가치의 존재와 그것의 가격으로의 전형은 각각의 추상적인 생산의 존재와, 그것의 교환 및 분배와의 통합과 동일한 점을 2-1절에서 이미 논했다. 그러므로 가치 이론을 배척한다는 것은 마르크스의 방법(곧, 가장 단순하고 추상적인 관계에서 가장 복잡한 관계로 나아가는 방법)을 배척한다는 것과 같은 말이다. 그러나 지금 우리들은 가치 이론이 마르크스의 방법에 필수적이라는 것을 논증하는 정도로는 부족하다. 호지슨(1977)은 가치 이론이 없이는 생산을 분석할 수 없음을 증명해 보라고 마르크스주의자들에게 요구했다. 그러한 도전에는 여러 가지의 의미가 포함되어 있기 때문에 도전의 정곡을 찌르기는 어려운 일이지만, 우선 가장 단순한 수준에서 보면 그 도전은 생산가격으로서 자본주의적 생산을 분석할 수 없음을 증명하라는 요구이다.

생산을 생산가격으로서 분석할 수 있기 때문에, 이 수준에서는 신리카도학파가 그 도전에서 성공하고 있다. 그들의 경우, 자본가는 잉여 가치를 극대화하는 것이 아니라 (생산가격을 기준으로 한) 이윤을 극대화하려고 한다고 가정함으로써 노동일의 연장과 같은 현상을 연구할 수 있다. 실제로 스티드만(1977)은 그러한 분석을 하고 있다. 그러나 그러한 분석을 하는 신리카도학파의 능력이 뛰어난 것은 아니다. 자본가가 어떤 극대화하려는 대상(예: 신고전파 이론에서의 시장가격 기준의 이윤, 기업 경영 이론에서의 경영 목표)을 가정하면, 노동일의 길이를 결정할 수 있는 이론은 부르주아적 관점에서도 유도할 수 있다. 그러므로 생산가격으로 계산한 이윤의 극대화로부터 자본가의 생산 결정을 도출할 수 있다는 것은 크게 놀라운 일이 아니다.

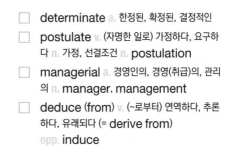

☐ abstraction n. 추상적 개념, 추출
  v. abstract

☐ the method of moving 이하는
  Marx's method를 부연 설명한다.

☐ challenge v. ~에게 대답을 요구하다 (~하라고 요구하다)

☐ pin down 꼼짝 못하게 눌러두다, 정곡을 찌르다

☐ be driven to + inf. ~하게 되다, 억지로 ~하게 강요당하다

☐ determinate a. 한정된, 확정된, 결정적인

☐ postulate v. (자명한 일로) 가정하다, 요구하다 n. 가정, 선결조건 n. postulation

☐ managerial a. 경영인의, 경영(취급)의, 관리의 n. manager, management

☐ deduce (from) v. (~로부터) 연역하다, 추론하다, 유래되다 (= derive from)
  opp. induce

At another level it is a request for a proof that values exist, but as such it is an impossible request. For one thing, as Pilling (1972) notes, Marx himself dismissed the challenge to prove the existence of value and thought it more important to work out the effects of its existence. For another, the idea of proof is a source of extreme controversy among Marxists and the request for a proof can hardly be met without some agreement as to what would constitute one.

But we can go a long way toward demonstrating the superiority of Marx's theory founded on value theory over theories which abandon values by enumerating the specific results obtained by employing value theory. The essential point is that value theory is necessary for the analysis of production *while abstracting from* exchange and distribution; this cannot be done using price categories since these are only relevant on the basis of an integrated structure of production, exchange, and distribution with competition within and between industries.

The question therefore is what specific results are obtained by analysing production in abstraction. There are three conclusions reached by Marx which are especially significant in distinguishing his work from classical and neo-Classical political economy and which are uniquely based on this abstraction. First, the determining contradiction in capitalism is the antagonism of the two great classes; second, capitalism is a dynamic system producing constant revolutions in the process of production; third, capitalism involves tensions and displacements between production, exchange and distribution. In the following three paragraphs we look at each in turn. In each case it is easy to see that the conclusion can only be based upon the abstract analysis of production, and that this abstract analysis conforms to the method of constructing the structure of abstraction and determination outlined in the previous chapter.

120

그 도전은 다른 수준에서는 가치의 존재를 증명하라는 요구이다. 그러나 이것은 불가능한 요구이다. 왜냐하면, 우선 필링(1972)의 지적과 같이 마르크스 자신도 가치의 존재를 증명하라는 요구를 묵살하고, 가치의 존재가 야기시키는 결과를 고찰하는 것이 더 중요하다고 생각하였기 때문이다. 둘째, 증명이라는 개념은 마르크스주의자들간에 심각한 논쟁의 대상이며 무엇이 증명이냐에 대한 어떤 합의가 없고서는 증명의 요구를 결코 충족시켜 줄 수 없기 때문이다.

그러나 우리는 가치 이론을 채택함으로써 얻어지는 특정 결과를 나열하는 것에 의하여, 가치의 개념을 포기한 이론들보다 가치 이론에 기초한 마르크스의 이론이 우수함을 지루하게나마 입증할 수 있다. 문제의 핵심은 교환과 분배를 '사상하면서' 생산을 분석할 때에는 가치이론이 필수적이라는 것이다. 이것은 가격의 범주를 이용해서는 불가능한 일이다. 산업간 경쟁과 산업 내 경쟁이 도입되고 생산·교환·분배가 통합된 구조 위에서는 가격의 범주가 타당하기 때문이다.

그러므로 그와 같은 높은 추상 수준에서 생산을 분석함으로써 어떠한 특정 결과가 얻어지는가가 문제이다. 이러한 추상 방법에 독특하게 기초하여 마르크스가 생각해 낸 세 가지 결론(이것들은 마르크스경제학을 고전파, 신고전파 정치경제학과 구별하는 데 특별히 중요하다)은 다음과 같다. 첫째, 자본주의의 결정적 모순은 양대 계급 사이의 적대 관계이며, 둘째, 자본주의는 생산 과정에 있어 끊임없는 혁명을 수반하는 동태적인 체제이고, 셋째, 자본주의는 생산·교환·분배 사이에 긴장과 종합적 반응 형태를 가지고 있다. 이하 3개의 단락에서는 각각을 차례로 볼 것이다. 각각의 경우에 결론은 생산의 추상적 분석에 기초하는 것만 가능하며, 또한 이 추상적 분석이 앞 장에서 간단하게 설명한 추상과 결정의 구조를 설정하는 방법에 따르고 있음을 쉽게 볼 수 있다.

- [ ] **for one thing** 한 사실로서는, 일례를 들면
- [ ] **as to what would constitute one**에서 **one**은 **a proof**를 가리킨다. 즉 '무엇이 증명을 구하는지(무엇이 증명인지)에 관하여'
- [ ] **superiority of A over B**: A의 B에 대한 우월(성)
- [ ] **enumerate** v. 열거하다, 낱낱이 세다
  n. **enumeration**

- [ ] **abstract from**에는 '떼어내다', '주의를 딴 데로 끌다'는 의미가 있다. 철학 용어로는 사상(捨象)하다(성실을 버리다, 취하지 않다)이다.
- [ ] **relevant** a. 관련된, 적절한(to)
  n. **relevance**(-cy)
- [ ] **contradiction** n. 부정, 반박, 모순
  v. **contradict**
- [ ] **displacement** n. 바꾸어 놓기, 대치, 이동
  v. **displace**
- [ ] **conform** v. (모범, 범례에) 따르게 하다, 순응 하다

The antagonism of the bourgeoisie and proletariat is founded upon the antagonism of capital and labour. This involves an undifferentiated concept of capital as well as of labour (viz. abstract labour). It is the struggle of capital-in-general with labour-in-general which is at the root of capitalism's reproduction and the limits to it. The struggle of many-capitals in competition with each other through exchange does not have the same significance. Taking the struggle of capital-in-general as basic, it is logically impossible to analyse it in terms of prices which differ from values, for such prices only exist on the basis of competitive exchange between many capitals (equalization of the rate of profit). Thus, the analysis of production so that it identifies this struggle must be in terms of values. Moreover, this value analysis does not involve ignoring exchange until a later stage of analysis.

Marx's value analysis is explicitly applied to exchange but, as with production, it concerns only exchange between *capital* and *labour* — the purchase of labour-power as a commodity being an indispensable fact — rather than exchange between capitals. Thus, when it is stated that value analysis abstracts from exchange this means abstraction from the complexities of exchange which result from competitive exchange between capitals.

The dynamic nature of capitalism — in the sense of the introduction of new techniques of production — is similarly seen as being fundamentally based on the antagonism of capital-in-general with labour. As such it can, again, logically only be analysed in value terms. With the concept of relative surplus value Marxism demonstrates that the essential property of capital-in-general — self-expansion — must involve technical change.

부르주아계급과 프롤레타리아계급의 적대 관계는 자본과 노동의 적대 관계에 그 기초를 두고 있다. 이 적대 관계는 분화되지 않는 노동(추상적 노동)과 자본의 개념을 필요로 하며 자본주의의 재생산과 그것의 한계의 근원에 있는 자본 일반과 노동 일반 사이의 투쟁이다. 교환을 통하여 서로 경쟁하는 다수 자본 사이의 투쟁은 그것만큼 중요한 의미를 가지지 못한다. 자본 일반의 투쟁을 기본적인 것으로 하는 한, 그것을 (가치와 괴리한) 가격 면에서 분석하기란 논리적으로 불가능한 일이다. 왜냐하면 그러한 가격은 다수 자본 사이의 경쟁적 교환(곧, 이윤율의 균등화)을 기초로 해서만 존재하기 때문이다. 따라서 자본 일반과 노동 일반의 투쟁을 확인하는 생산의 분석은 반드시 가치를 기준으로 삼아야 한다. 더욱이 이 가치분석은 교환을 다음 단계의 분석까지 무시하는 것은 아니다.

마르크스의 가치분석은 교환에도 분명히 적용되고 있지만, 생산의 경우와 마찬가지로 그것은 자본 사이의 교환보다는 '자본'과 '노동' (불가결한 사실이 되고 있는 상품으로서의 노동력 구매) 사이의 교환에 한정되고 있다. 그러므로 가치분석이 교환을 사상하고 있다는 말은 자본 사이의 경쟁적 교환에서 나타나는 교환의 복잡성을 사상하고 있다는 것을 의미한다.

자본주의의 동태적인 속성 — 새로운 생산기술의 도입이라는 의미에서 — 도 기본적으로 자본 일반과 노동 사이의 적대 관계에 기초하고 있다고 보여진다. 따라서 이것도 다시 논리적으로는 가치 측면에서만 분석될 수 있다. 자본 일반의 본질적 속성 — 자기 증식 — 은 기술 변화를 내포하지 않을 수 없다는 것을 마르크스주의는 상대적 잉여가치의 개념으로 증명한다.

☐ antagonism n. 반대, 적대, 반복
a. antagonistic

☐ undifferentiated a. 구별되지 않는, 분화되지 않은

☐ viz.(=videlicet) 즉 (보통 namely라고 읽는다.)

☐ identify v. ~에 상위 없음을 확신하다, 동일시하다 n. identification

☐ explicitly ad. 명백하게, 뚜렷이, 숨김없이
opp. implicitly

☐ as with production 생산에 있어서와 마찬가지로

☐ commodity n. 일용품, 상품

☐ abstraction from (~의) 사상(捨象), ~의 배제

Moreover, even when we go beyond the properties of capital-in-general and consider how competition between capitals forces innovations we do not immediately enter a realm where prices of production are relevant. For, as Marx argues, the form of competition relevant to this process is that between capitals *within* each particular industry. It is a question of how each capital within the industry attempts to gain a larger amount of surplus value by expelling living labour. For this within-industry analysis only values are relevant; prices of production exist and are relevant only in the context of exchange and competition across industries.

That tensions and displacements between production, exchange, and distribution exist is a fact which is central to Marxist analyses of crises and cycles. For example, the existence of speculative booms preceding crises is an aspect of the over-expansion of exchange in relation to production, and this over-expansion may be precipitated by *distributional* struggle between capital and labour and between individual capitals. It is, however, based upon the fundamental contradiction of capitalist *production* — that between capital and labour over the production of surplus value. In order to study these relationships between the spheres it is necessary to study their articulation. And it is not possible to study the articulation between production, exchange and distribution and their displacements unless we have a concept of them as distinct spheres unified in a hierarchical relation; unless, that is, we can consider the determining sphere, production, in abstraction.

더욱이 자본 일반의 속성을 넘어서서 자본간 경쟁이 어떻게 기술혁신을 강요하는가를 고찰하는 경우에도, 생산가격이 적합한 영역으로 곧장 들어가는 것이 아니다. 왜냐하면 마르크스의 지적과 같이 이 과정에 적합한 경쟁의 형태는 특정 산업 내부의 자본간 경쟁이기 때문이다. 특정 산업 내부의 각 자본에게는 산 노동을 축출하여 보다 많은 잉여가치를 획득하는 방법이 문제인 것이다. 그러므로 이러한 산업 내의 분석에는 가치 개념만이 적합하며, 생산가격은 산업간의 교환과 경쟁이 전제된 후에만 존재하고 적합한 것이다.

생산·교환·분배 사이의 긴장과 종합적 반응 형태가 존재한다는 사실이 마르크스주의의 공황 및 경기순환 분석에서 중심적 위치를 차지한다. 예를 들어 공황에 선행하는 투기성 호황은 생산에 대한 교환의 과잉 팽창의 한 측면이며, 이 과잉 팽창은 자본과 노동 사이, 그리고 개별 자본 상호간의 '분배 투쟁'에 의하여 촉진될 수가 있다. 그러나 이것은 자본주의적 '생산'의 근본적 모순(잉여가치의 생산을 둘러싼 자본과 노동 사이의 모순)에 기초하고 있다. 각 영역 사이의 이러한 관계를 이해하려면 우선 그것들의 접합을 연구하는 것이 필요하다. 그리고 생산·교환·분배의 각각을 계층적 관계 속에서 통일되어 있는 개별적 영역으로 이해할 수 있는 개념을 가지고 있지 않는 한, 곧 결정적 영역인 생산을 다른 영역으로부터 추상하여 고찰하지 않는 한, 생산·교환·분배 사이의 접합을 연구하는 것은 불가능하다.

- innovation n. 신기술, 혁신, 쇄신 v. innovate
- realm n. 왕국, 범위, 영역
- in the context of ~의 상황에서, ~의 맥락에서
- That tensions and displacements 에서 exist 까지가 문장의 주어(~한다는 사실이)이며, 동사는 is이다.
- speculative a. 사색적인, 추론적인 n. speculation
- precipitate vt. 촉진시키다, 마구 재촉하다 vi. 서두르다, 침전하다
- that between capital and labour에서 that은 contradiction을 가리킨다.
- sphere n. 구체, 구형, (활동)범위
- articulation n. 접합, 발음
- hierarchic(al) a. 계층적, 계급조직의 n. hierarchy

125

There are, then, three particular results obtained by Marx on the basis of value analysis. Neo-Ricardianism, by abandoning such analysis, cannot obtain these results although it may in some cases put forward propositions which appear similar. The articulation between spheres with its tensions and displacements is explicitly abandoned in favour of analysis based on the existence of a simple (hence harmonious) unity between spheres. The dynamic of capitalism is treated as determined by distributional struggle over exchange relations (wages and profits) instead of as dependent upon the class relations of production. This choice of exchange relations as the objects of analysis is in a sense arbitrary, since if the economy is seen as a simple unity any aspect of it can be chosen as "representing" the whole. The analysis of production as a relation between capital-in-general and labour (with associated exchange relations between these categories) is abandoned in favour of a study of production with many-capitals which are in competition with each other through mutual exchange.

이처럼 마르크스는 가치분석을 토대로 하여 세 가지의 독특한 결론을 얻을 수 있었다. 신리카아도주의는 가치분석을 포기함으로써 이러한 결론은 얻을 수 없었다(비록 비슷한 명제를 몇 가지 경우에 있어서 제시하기도 하지만). 각 영역들 사이에 단순한 (따라서 조화로운) 통일이 존재한다고 보아 분석하기 때문에 각 영역간에 긴장과 종합적 형태를 가지면서 접합되어 있다는 것이 명시적으로 포기된다. 자본주의의 동태적인 속성은 생산의 계급 관계에 의한 것이 아니라 교환 관계(임금과 이윤)를 둘러싼 분배 투쟁에 의하여 결정되는 것으로 취급된다. 이렇게 교환 관계를 분석의 대상으로 선택하는 것은 자의적이라고 볼 수 있다. 왜냐하면 경제를 하나의 단순한 통일로 본다면 어느 영역이라도 전체를 '대표'하는 것으로 선택될 수 있기 때문이다. 상호 교환을 통하여 서로 경쟁하는 다수 자본을 가지고 생산을 연구함으로써 자본 일반과 노동 사이의 관계 (및 두 범주 사이의 교환 관계)로서의 생산에 관한 분석을 포기하고 있다.

☐ put forward v. 제창하다, 주장하다, 승진시키다

☐ proposition n. 제안, 계획, 주장, 명제 v. propose

☐ instead of as dependent upon ~의 종속물로서가 아니라

☐ arbitrary a. 멋대로인, 변덕스러운 (= capricious) 독단적인 (= peremptory)

These paragraphs indicate why value analysis is essential for the study of capitalism. It is not a question of its necessity for analysing production in some general sense, but of analysing production in its complex unity with exchange and distribution. The existence of value cannot be ignored if we are to distinguish the specifically capitalist order of determination and articulation between the spheres of economic life. This brings us to another contentious point concerning neo-Ricardianism. Writers such as Rowthorn(1973) have criticised the neo-Ricardian system on the grounds that it is ahistorical. The theory is, it is said, as applicable to a society of petty commodity producers as it is to capitalism. Hodgson (1977), however, rejects these criticisms. He argues, quite rightly, that neo-Ricardianism takes as central a feature specific to capitalism, the price system which results from the capitalist equalisation of the rate of profit across industries. In this sense, therefore, the neo-Ricardian system is specific to capitalism.

It is, however, ahistorical in the sense that the equalization of the rate of profit is not the determinant aspect of the capitalist economic process. The determinant aspect is the struggle between capital-in-general and labour; and this, as we have seen, cannot be analysed in the neo-Ricardian system. Without it the struggle of the two great classes under capitalism becomes non-analysable as such and merely a struggle linked to and of the same status as the struggle between individual capitalists. Indeed it can be argued (see Fine (1975b) and Fine and Harris (1977)) that the neo-Ricardian analysis of economic reproduction on the basis of individual competition (between capitalists) leads logically to a theory which also includes individual competition between workers, that is ultimately to neo-Classical theory. It is this inability to comprehend the principal contradiction of capitalism that makes neo-Ricardianism ahistorical.

이상의 각 절은 가치 분석이 왜 자본주의의 분석에 필수적인지를 보여준다. 보통의 일반적 의미에서의 생산을 분석하는 데 가치 이론이 필수적이라는 의미가 아니라, 교환·분배·생산의 복잡한 통일 안에 있는 생산을 분석하는 데 필수적이라는 의미이다. 경제생활의 각 영역 사이에 존재하는 결정 관계와 접합 관계에 대한 자본주의적 질서를 명확히 파악하려면 가치의 존재를 결코 무시할 수 없다. 여기에서 신리카도주의에 관한 논쟁점이 또 발생한다. 로손(1973) 같은 저자들은 신리카도 체계를 비역사적이라고 비판하였다. 그 이론은 자본주의뿐만 아니라 소 상품 생산자 사회에도 적용된다는 것이다. 그러나 호지슨(1977)은 이러한 비판을 반박하여, 산업간 이윤율의 자본주의적 균등화에 기초한 가격 체계는 자본주의의 특징으로서, 신리카아도주의에서 중심적 위치를 차지한다고 매우 당연하게 주장하고 있다. 그러므로 이러한 의미에서 신리카아도 체계는 자본주의에 특유한 것이다.

그러나, 이윤율의 균등화가 자본주의 경제 과정의 결정적 측면이 아니라는 점에서는 비역사적이다. 그 결정적 측면은 자본 일반과 노동 간의 투쟁이며, 앞에서 본 대로 이것은 신리카도 체계 내에서는 분석할 수 없다. 그 결정적 측면에 대한 파악 없이는 자본주의 아래에서의 양대 계급 간의 투쟁은 그 자체로 분석할 수 없게 되며, 그 투쟁은 개별 자본가 사이의 투쟁과 결부된 투쟁이 되고, 개별 자본가 사이의 투쟁과 동일한 지위를 가지게 될 뿐이다. (자본가간의) 개별적 경쟁을 기초로 하여 경제적 재생산을 분석하는 신리카도주의는 논리적으로 노동자들 사이의 개별적 경쟁을 또한 포함하는 이론, 결국은 신고전학파 이론으로 귀결된다고 할 수 있다(파인: 1975b, 파인과 해리스: 1977 참조). 신리카도주의를 비역사적인 것으로 만드는 것은 바로 자본주의의 기본 모순을 파악할 수 없는 무능력이다.

- [ ] contentious a. 다투기 좋아하는, 말썽이 있는 n. contention v. contend
- [ ] criticise(-ze) v. 비평하다, 혹평하다 n. criticism
- [ ] on the ground that ~을 근거로, ~ 때문에
- [ ] ahistorical 비역사적인, 역사(전통)에 관계없는
- [ ] as applicable to a society ~ as it is to capitalism 자본주의에 적용 가능한 것만큼 ~사회에 적용된다.

- [ ] determinant a. 결정력이 있는, 한정적인 n. 결정자, 결정소
- [ ] a struggle linked to and of the same status에서 to의 목적어는 the same status이다.
- [ ] It is this inability ~ that makes ~ 바로 이 무능력이 ~하게 한다

제 5 장

E. K. Hunt
History of Economic Thought

E. K. 헌트
경제사상사

We have already pointed out that the marginal productivity theory of distribution cannot logically explain sharp increases in unemployment in a capitalist society when real wages remain constant or decline. In addition, if wages do not reflect the marginal productivity of labor (which they cannot possibly do in this circumstance), and if there are unutilized factors of production (as there always are in a time of depression), then it is impossible, on the strictly logical grounds of neoclassical theory itself, to argue that the notions of a Pareto optimum, efficient resource allocation, and rational prices (in a word, the whole invisible hand argument) have any actual or empirical meaning whatsoever.

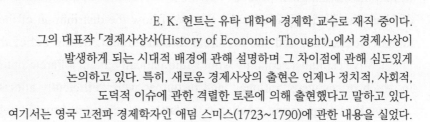

E. K. 헌트는 유타 대학에 경제학 교수로 재직 중이다.
그의 대표작 「경제사상사(History of Economic Thought)」에서 경제사상이
발생하게 되는 시대적 배경에 관해 설명하며 그 차이점에 관해 심도있게
논의하고 있다. 특히, 새로운 경제사상의 출현은 언제나 정치적, 사회적,
도덕적 이슈에 관한 격렬한 토론에 의해 출현했다고 말하고 있다.
여기서는 영국 고전파 경제학자인 애덤 스미스(1723~1790)에 관한 내용을 실었다.

한계생산력 분배 이론으로는 실질임금이 일정하거나 감소할 때 자본주의사회의 급속한 실업 증가를 논리적으로 설명할 수 없다고 이미 지적하였다. 덧붙여서 임금이 노동의 한계생산력을 반영하지 못한다면(이러한 상황에서 임금은 그렇게 할 수 없다), 또 (불황기에 항상 그러한 것처럼) 사용되지 않는 생산요소들이 존재한다면, 파레토 최적, 효율적 자원 배분, 그리고 합리적 가격(한 마디로 보이지 않는 손의 모든 이론)이 조금이라도 어떤 현실적, 경험적 의미를 갖는다고 주장하는 것은 신고전학파 이론 자체의 엄격한 논리적인 근거에서 불가능하다.

☐ marginal productivity theory of distribution 한계생산력 분배 이론

☐ optimum n. 최적 (조건) a. 가장 알맞은, 최적의

☐ allocation n. 배당, 배분, 배당액
    v. allocate

☐ empirical a. 경험의, 경험적인
    ad. empirically

At the beginning of this chapter we argued that the neoclassical ideological defense of capitalism had three principal elements: the faith that free markets would automatically adjust to a full-employment level of output; the marginal productivity theory of distribution as both a model of ideal distributive justice and a theory of how the distribution of income actually occurred; and the invisible had argument, or the belief that a competitive capitalist economy would automatically attain a Pareto optimum in which prices were "rational" and resources were "efficiently allocated." We saw how propagating a belief in the latter two elements brought nothing but benefits to the capitalist class. The first element, however, was a mixed blessing. Teaching the universal beneficence of the capitalist market system was one thing, but believing this ideology and passively standing by while the capitalist system moved through a series of convulsions toward its demise was quite another.

But, as we stated in the previous paragraph, all three elements of neoclassical ideology form a logically integrated, mutually consistent intellectual system in which it is logically impossible to maintain any two elements without implying the third. But this was exactly what Keynes attempted to do. He wanted to drop the assumption of the automaticity of the market in order to save capitalism from self-destruction. But he wanted to maintain the faith in the marginal productivity theory of distribution and the faith in the allocative efficiency of the market. He wanted government to intervene as little as possible into capitalists' quest for profits, and then only to avert disaster. However, he did mention as an aside that he personally preferred a less extreme degree of inequality in the distribution of wealth and income (but here again, with a sigh, we may repeat that universal dictum of utilitarianism-pushpin is as good as poetry).

이 장을 시작할 때 우리는 자본주의에 대한 신고전학파의 이데올로기적 변호가 다음과 같은 세 가지 주요 요소를 지니고 있다고 주장했다. 즉, 자유로운 시장은 자동적으로 완전고용 산출 수준에 조정된다는 신념, 이상적인 분배적 정의의 모델로서, 그리고 소득분배가 실제로 어떻게 일어나는가에 대한 이론으로서 한계생산력 분배 이론, 그리고 보이지 않는 손의 이론, 즉 경쟁적 자본주의 경제는 제 가격이 '합리적'이고 제 자원이 '효율적으로 배분되는' 파레토 최적을 자동적으로 달성할 것이라는 신념 등이 그것이다. 우리는 후자의 두 요소에 대한 신념을 선전하는 것이 어떻게 자본가 계급에 이익만을 가져왔는가를 보았다. 그러나 첫 번째 요소는 혼합적인 축복이었다. 자본주의 시장체제의 보편적 은혜를 가르치는 것과 자본주의 체제가 일련의 격동을 통해 그 붕괴로 나아가는 동안 이러한 이데올로기를 믿고 수동적으로 지지하는 것은 전혀 별개의 것이다.

그러나 우리가 앞의 절에서 서술한 대로 신고전학파 이데올로기의 세 가지 모든 요소는 논리적으로 통합되고 상호 일관된 지적 체계를 형성하며, 거기에서 어떤 두 요소만을 유지하고 나머지 한 요소를 함축하지 않는 것은 논리적으로 불가능하다. 그러나 이것이 바로 케인스가 하고자 한 것이었다. 그는 자본주의를 자기 붕괴로부터 구제하기 위해 시장의 자동성이라는 가정을 제외하고자 했다. 그러나 그는 한계생산력 분배 이론에의 신념과 시장의 배분적 효율성에의 신념을 유지하려 했다. 그는 정부가 자본가들의 이윤 추구에는 가능한 한 적게 간섭하고 단지 참상만을 막아 주기를 바랬다. 그러나 그는 자신이 개인적으로는 소득과 부의 분배에 있어 보다 덜 극심한 불평등을 선호한다고 이와는 별도로 언급하였다 (그러나 여기서 다시 우리는 한숨을 쉬면서 압핀은 시(詩)와 똑같이 좋다는 공리주의의 일반적 격언을 되풀이할 수 있다).

- ☐ competitive a. 경쟁의, 경쟁에 의한, 자유경쟁인
- ☐ We saw ~ capitalist class.: how 이하 ~ class 까지는 saw의 목적어, propagating brought A to B가 how 이하 문장의 골격임
- ☐ stand by 곁에 있다, 방관하다, 지지(지원)하다
- ☐ convulsion n. 경련, 경기, 격동, 변동, 진동, (사회, 정세의) 이변, 동란
- ☐ demise n. (평인의) 별세, 서거, 유종, 양도
- ☐ avert vt. (눈, 얼굴을) 돌리다, 비키다 (from) a. avertible
- ☐ dictum n. 언명, 격언 pl. dicta, dictums
- ☐ utilitarianism 공리설, 공리주의 a. utilitarian

Some neoclassical economists had expressed alarm at Keynes' ideas when they read his manuscript before its publication. So Keynes ended the *General Theory* with a note of ideological solidarity with the neoclassicists:

If our central controls succeed in establishing an aggregate volume of output corresponding to full employment as nearly as is practicable, the classical theory (that is, neoclassical theory) comes into its own again from this point onwards. If we suppose the volume of output to be given, i.e. to be determined by forces outside the classical scheme of thought, then there is no objection to be raised against the classical analysis of the manner in which private self-interest will determine what in particular is produced, in what proportions the factors of production will be combined to produce it, and how the value of the final product will be distributed among them. Again, if we have dealt otherwise with the problem of thrift, there is no objection to be raised against the modern classical theory as to the degree of consistence between private and public advantage ...

몇몇 신고전학파 경제학자들은 출판하기 전의 케인스의 원고를 읽었을 때 그의 사상에 경악을 표했다. 그래서 케인스는 신고전학파 학자들과의 이데올로기적 연대감에 대한 노트를 첨부함으로써 [일반 이론]을 끝냈다.

우리의 중앙 통제가 실행될 수 있을 만큼의 완전고용에 대응하는 총산출량을 확립한다면, 고전학파 (즉 신고전학파) 이론은 이 점에서 다시 전면에 부각된다. 산출량이 주어져 있다고 한다면, 즉 그것이 고전학파 사상체계 밖의 여러 힘에 의해 결정된다고 가정하면, 특별히 무엇이 생산되며 어떤 비율로 생산요소가 결합되어 이것을 생산할 것이며, 또 최종생산물의 가치가 그들 간에 어떻게 분배될 것인가 등을 결정하는 것이 사적 이기심이라는 고전학파 분석 방식에 대해 어떤 반대도 제기할 이유는 없다. 다시 우리가 절약의 문제를 다른 방식으로 취급했을지라도, 사적 이익과 공공 이익 사이의 일치의 정도에 관한 근대 고전학파 이론에 대해 반대할 이유는 없다 …

제2부

제5장

- solidarity n. 결속, 단결, 공동일치
- If we suppose ~ among them i.e. 이하 to be determined ~ thought는 to be given을 다시 풀이해서 설명한 것이며, manner in which ~ among them에서 which 이하는 선행사를 the classical analysis of the manner로 한다.
- i.e.(id est) 즉(=that is)
- scheme n. 계획, 설계, 기획, 조직, 기구 vt. 계획(안출)하다(out)

To put the point concretely, I see no reason to suppose that the existing system seriously misemploys the factors of production which are in use. There are, of course, errors of foresight; but these would not be avoided by centralizing decisions ... Within this field the traditional advantages of individualism ... still hold good.

Let us stop for a moment to remind ourselves what these advantages are. They are ... advantages of efficiency — the advantages of decentralization and of the play of self-interest. The advantage to efficiency of the decentralization of decisions and of individual responsibility (that is, profit making) is even greater, perhaps, than nineteenth century supposed ...

Whilst, therefore, the enlargement of the functions of government, involved in the task of adjusting to one another the propensity to consume and the inducement to invest, would seem to a nineteenth century publicist or a contemporary American financier to be a terrific encroachment on individualism, I defend it, on the contrary, both as the only practicable means of avoiding the destruction of existing economic forms in their entirety and as the condition of the successful functioning of individual initiative (that is, profit making).

구체적으로 말한다면, 나는 기존 체계가 사용되고 있는 생산 제 요소를 심각하게 요용하고 있다고 생각할 어떤 이유도 알지 못한다. 물론 예견상의 오류들은 존재한다. 그러나 이것들은 결정을 중앙집권화하더라도 회피되지 못할 것이다 ··· 이러한 분야에서도 개인주의의 전통적 이익들은 여전히 유효하다.

잠시 동안 이들 이익이 무엇인가를 상기해 보자. 그것들은 ··· 효율성의 이익, 즉 분화의 이익, 이기심 작용의 이익이다. 의사 결정의 분권화와 개인적 책임(즉 이윤 획득)이 효율성에 가져오는 이익은 아마도 19세기가 가정한 것보다는 훨씬 더 크다 ···

따라서 소비성향과 투자 유인을 상호 조정시키는 과업에 수반된 정부 기능의 확대는 19세기의 정치 평론가나 현대의 미국 금융업자에게는 개인주의의 가공할 침해인 것처럼 보이겠지만, 나는 반대로 기존의 경제형태들의 전면적인 파괴를 피하는 유일한 실행 가능 수단으로서, 또 개인의 창의성(즉 이윤 획득)을 성공적으로 가능케 하는 조건으로서 이를 변호한다.

☐ misemploy v. 오용하다
☐ decentralization n. 권한의 분산, 분권화
☐ propensity n. 경향, 성질, 성벽 (= inclination), 버릇(to, for)

☐ inducement n. 유인, 유도, 장려, 자극(to) cf) on any inducement 어떤 권유가 있더라도
☐ encroachment 침입, 침해, 잠식

Some writer, who have misleadingly tried to portray Keynes as a radical reformer, have made much of an empty phrase coined by Keynes: "the euthanasia of the rentier." We have already seen that Keynes believed that there was "social and psychological justification for significant inequalities of incomes and wealth." He had faith, however, that there were forces at work in a capitalist system that automatically tended, in the long run, to mitigate the extremes of inequality. Following the logic of the marginal productivity theory of distribution, he concluded that the rate of return to capital would inevitably decline as the quantity of capital accumulated. His belief that this would tend to lessen the degree of inequality of income was nearly identical to that of Bastiat (which we criticized in Chapter Eight).

The fallacy of this view, as was pointed out by Marx in the context of his own theory of the tendency of the profit rate to fall, was that it was entirely possible for the share of income going to the owners of capital to increase even though the rate of return on capital declined (see Chapter Nine). This was the only hope for greater equality of income within capitalism that Keynes explicitly stated. Furthermore, as we have seen, Keynes believed that in the short run, in order to stimulate employment, real wages would have to fall and profits would have to increase.

Keynes' passage describing the "euthanasia of the rentier" is quoted below. The interested reader can reread the discussion in Chapter Eight on the ideas of Bastiat — perhaps the most conservative economist of the nineteenth century — to compare this passage from Keynes' writings and an almost identical passage from Bastiat's:

케인스를 급진적 개혁가로서 그릇되게 묘사하려 한 일부 저자들은 "금리 생활자의 안락사"라고 케인스가 만든 공허한 말을 중시하였다. 우리는 이미 케인스가 "소득과 부의 현저한 불평등에 대한 사회적·심리적 정당화"가 있다고 믿었음을 보았다. 그러나 그는 자본주의 체제에는 장기에 걸쳐 자동적으로 극한적인 불평등을 완화시키는 경향의 힘이 작용한다는 신념을 갖고 있었다. 한계생산력 분배 이론의 논리를 따라, 그는 자본의 수익률은 자본량이 축적됨에 따라 필연적으로 하락할 것이라고 결론지었다. 이것이 소득 불평등을 완화시킬 것이라는 그의 신념은 바스티아의 그것(8장에서 우리가 비판한)과 거의 동일했다.

이 견해의 오류는, 이윤율 저하 경향에 대한 이론적 맥락에서 마르크스가 지적했던 대로 자본의 수익률이 감소함에도 불구하고 자본 소유자들에게 돌아가는 소득 몫이 증가하는 것은 전적으로 가능하다는 점이었다(9장 참조). 이것이 자본주의 내에서의 소득에 대한 보다 큰 평등에 대해 케인스가 명백히 서술한 유일한 희망이었다. 더욱이 우리가 보았던 대로 케인스는 단기에서 고용을 촉진하기 위해 실질임금이 떨어지고 이윤이 증가해야 할 것이라고 믿었다.

"금리 생활자의 안락사"를 서술한 케인스의 문장은 다음에 인용되어 있다. 관심 있는 독자는 케인스의 저작에서 뽑은 다음의 문장과 바스티아 저작에 있는 거의 유사한 내용의 문장을 비교하기 위해 8장의 바스티아 — 아마도 19세기의 가장 보수적인 경제학자 — 의 사상에 관한 논의를 읽으면 된다.

☐ euthanasia n. 극락왕생, 안락사
☐ rentier n. 금리 생활자
☐ mitigate vt. 누그러뜨리다, 완화하다, 경감하다 a. mitigatory n. mitigation

☐ fallacy n. 잘못된 생각, 궤변(= sophism), 기만성(= delusiveness), 오류
☐ in the context ~의 맥락에서
☐ explicitly ad. 명백히, 뚜렷이 a. explicit opp. implicit n. explicitness

I feel sure that ... it would not be difficult to increase the stock of capital up to a point where its marginal efficiency had fallen to a very low figure. This would not mean that the use of capital instruments would cost almost nothing, but only that the return from them would have to cover little more than their exhaustion by wastage and obsolescence together with some margin to cover risk and the exercise of skill and judgement ...

Now, though this state of affairs would be quite compatible with some measure of individualism (that is, capitalism), yet it would mean the euthanasia of the rentier, and, consequently, an euthanasia of the cumulative oppressive power of the capitalist to exploit the scarcity-value of capital.

나는 … 자본의 한계효율이 매우 낮게 되는 점까지 자본량을 증대하는 것이 어렵지 않을 것이라고 확신하고 있다. 이것은 자본 도구들의 사용이 거의 아무런 비용도 요하지 않을 것임을 의미하지는 않고, 단지 그 수익이 위험 및 기술과 판단의 행사를 보상하는 약간의 마진과 함께 소모와 부패에 의한 그 감가만큼을 보상해야 하는 것을 의미한다 …

이제 이러한 사태는 어느 정도의 개인주의(즉 자본주의)와 양립할 수 있지만, 그러나 그것은 금리 생활자의 안락사, 그리고 결과적으로 자본의 희소가치를 착취하려는 누적적이고 억압적인 자본가의 힘의 안락사를 의미할 것이다.

- [ ] obsolescence n. 쓸모 없음, 퇴화, 부패
  a. obsolescent
- [ ] compatible a. 양립하는, 모순되지 않은, 조화하는(with) n. compatibility
- [ ] yet it would ~ of ~ capital에서 an euthanasia ~ capital은 the euthanasia of the rentier를 설명하는 어구
- [ ] cumulative a. 축적적인, 누적하는
- [ ] exploit n. (큰) 공로, 공적 vt. 개발하다, 이용하다, 착취하다, 채굴하다
- [ ] scarcity-value 희소가치

It is hard to imagine a more obscurantist passage than this. Surely Keynes knew (being a logician of the highest order) that a diminution of the rate of return on capital was quite consistent with an increase in the share of income going to capitalists. Surely he knew that most capitalists and many conservative economists believed that capitalism had long since passed the point at which capitalists received only that return on their capital that would "cover little more than their exhaustion ... and obsolescence together with some margin to cover risk and the exercise of skill and judgement." Surely he knew that the use of the term *euthanasia* was pure ideological obscurantism. And how could Keynes write that under the present capitalist system "there is no objection to be raised against the classical analysis of ... how the value of the final product will be distributed" and simultaneously speak of the "oppressive power of the capitalist to exploit the scarcity-value of capital?"

With such confusion and obscurantism it is not surprising that Keynes hastened to reassure the functionless, rentier capitalists "that the euthanasia of the rentier, of the functionless investor, will be nothing sudden, merely a gradual but prolonged continuance of what we have seen recently in Great Britain, and will need no revolution." Still eager to convince these capitalists that he had their interests at heart, Keynes assured the rentier that there was no case to be made "for a system of State Socialism .... It is not the ownership of the instruments of production which it is important for the State to assume." He only wanted the government to act in such a manner as to make possible continued profit making. And such government functions could, he promised them, "be introduced gradually and without a break in the general traditions of society."

이것보다 더 반계몽적인 문장을 생각하기는 어렵다. 확실히 케인스는 (일급의 이론가였기 때문에) 자본 수익률의 감소가 자본가들에 돌아가는 소득 몫의 증가와 상당히 일치했음을 알고 있었다. 대부분의 자본가들과 상당수 보수적 경제학자들은 자본주의가 오래 전에 자본가들이 "위험 및 기술과 판단의 행사를 보상하는 약간의 마진과 함께 부패 … 그 감가만큼을 보상하는" 수익률만을 수취하는 그러한 점을 통과했다고 믿고 있었음을 확실히 그는 알고 있었다. 확실히 그는 '안락사'라는 용어의 사용이 순전한 이데올로기적 반계몽성이라는 것을 알고 있었다. 그리고 케인스가 현재의 자본주의 체제하에서는 "… 최종생산물의 가치가 어떻게 분배될 것인가 … 의 고전학파 분석에 대해 아무런 반대도 제기할 이유가 없다"고 쓰면서 동시에 "자본의 희소가치를 착취하는 억압적인 자본가의 힘"에 대해 말할 수 있는가?

그러한 혼란과 반계몽성에 비추어 케인스가 서둘러 "금리 생활자, 즉 기능 없는 투자가의 안락사는 갑작스런 어떤 것은 아니고 단지 우리가 최근 영국에서 보아 오고 있는 점진적인, 그러나 장기에 걸친 상황의 연속일 뿐이며 결코 혁명을 요하지 않을 것이다"고 하여 기능 없는 금리 생활 자본가들을 재확인시킨 것은 놀랄 만한 일이 아니다. 여전히 열심히 이들 자본가에게 자신이 그들의 이해를 가슴깊이 새기고 있음을 납득시키면서, 케인스는 "'국가사회주의' 체계를 위해 이루어진 아무런 논거도 없다. … '국가'가 떠맡아야 할 중요한 것은 생산도구의 소유가 아니다."라고 금리 생활자를 확신시켰다. 그는 단지 정부가 계속적인 이윤 획득을 가능케 하는 그러한 방식으로 행동하기를 원했다. 그리고 그는 그러한 정부 기능이 "점진적으로 파괴 없이 사회의 일반적 전통에 도입될" 수 있다고 그들에게 약속하였던 것이다.

☐ obscurantist n. 반계몽주의자, 개화 반대론자 (= obscurant) cf) obscurantism

☐ diminution n. 감소, 축소, 감소액

☐ hasten vt. 서두르다, 재촉하다, 빠르게 하다, 촉진하다 vi. 서둘러 가다

☐ reassure vt. 재보증하다, 안심시키다, 기운을 돋우다 a. reassured ad. reassuredly

☐ prolonged a. 오래 끄는, 연장하는, 장기적인 cf) prolonged visit 장기 체류 vt. prolong

☐ He only wanted ~ making. 문장에서 the government는 목적어 to act는 목적보어, such a manner as ~의 구문을 주의할 것. to make 이하는 ~하는 그러한 manner(태도)

제 6 장

Paul A. Samuelson
Economics

폴 새뮤얼슨
경제학

When the Harvard Business School was founded more than half a century ago, President A. Lawrence Lowell described business as "the oldest of the arts, the newest of the professions." Almost the same words can be used to describe political economy: the oldest of the arts, the newest of the sciences — indeed the queen of the social sciences.

As a scholarly discipline, economics, is just two centuries old. Adam Smith published his pathbreaking book *The Wealth of Nations* in 1776, a year notable also for the Declaration of Independence. And the nearness of timing is no coincidence: political freedom from the tyranny of monarchy was closely related to emancipation of free-market pricing from the interfering hand of state regulation.

폴 새뮤얼슨(1915~2009)은 미국 신고전파 경제학자로, 비교 정태 분석에 대한 일반적인 서술을 비롯 경제학의 다양한 분야에 기여를 했다. 새뮤얼슨은 1947년에 존 베이츠 클라크 메달을 수여했고, 1970년 역사상 두 번째로 수여된 노벨 경제학상을 단독으로 수상했다. 그의 제자 로런스 클라인(1980년), 조지 애컬로프와 조지프 스티글리츠(이상 2001년), 폴 크루그먼(2008년) 등 4명도 노벨상을 수상했다.

반세기 전 하버드 대학의 경영대학원이 창설됐을 때 당시의 학장 로웰은, 장사라는 것은 "기능으로서는 가장 오래되고 직능으로서는 가장 새로운 것"이라고 말했다. 정치경제학에 대해서도 거의 같은 말이 정치경제학을 설명하는데 사용될 수 있다. 즉 경제학은 기능으로서는 가장 오래된 것이고 과학으로서는 가장 새로운 것이다. 경제학은 실로 사회과학의 여왕이라고도 말할 수 있을 것이다.

하나의 학문으로서 경제학이 생긴 지는 아직 200년도 채 되지 않는다. 아담 스미스가 선구적인 저서 [국부론]을 낸 것이 1776년이었는데, 그 해는 미국 '독립선언'의 해로서도 유명하다. 이 두 가지가 때를 같이한 것은 결코 우연한 일이 아니다. 전제군주로부터의 정치적 해방은 국가 규제의 간섭적인 손에서 자유시장에서의 가격 결정을 해방시킨 것과 밀접한 연관이 있었다.

- ☐ Business School 경영대학원
- ☐ pathbreaking a. 개척하는, 길을 내는, 선도적인 n. pathbreaker
- ☐ The Wealth of Nations [국부론]으로 아담 스미스의 대표 저서
- ☐ Declaration of Independence 미국 독립선언(문)

- ☐ tyranny n. 압제, 학대 cf) tyrant 폭군, 독재자
- ☐ monarchy n. 군주정치 opp. republic cf) monarch 군주, monarchism 군주주의
- ☐ emancipation n. 해방 (= delivery, deliverance)
- ☐ free-market pricing 자유시장가격

Adam Smith, of course, represented only a beginning. In more than a century and a half that elapsed from the appearance of *The Wealth of Nations* to the publication of John Maynard Keynes' *The General Theory of Employment, Interest and Money* (1936), economics — or political economy, as it is more traditionally called — has gone through many stages of development. Almost at the halfway point, there appeared the massive critique of capitalism by Karl Marx: *Das Kapital* (1867, followed by two posthumous volumes). A billion people, some third of the world's population, view *Das Kapital* as economic truth.

And yet, without the disciplined study of economic science, how can anyone form a reasoned opinion about the merits or lack of merits in the classical, traditional economics? Or about the achievements of the so-called "New Economics" that has evolved since 1929? Or about problems yet unsolved by mainstream economics?

What Economics is

Beginners often want a short definition of economics; and in response to this demand, there is no shortage of supply. Here are a few such definitions:

1. Economics, or political economy, is the study of those activities which, with or without money, involve exchange transactions among people.
2. Economics is the study of how men choose to use scarce or limited productive resources (land, labor, capital goods such as machinery, technical knowledge) to produce various commodities (such as wheat, beef, overcoats, yachts; concerts, roads, bombers) and distribute them to various members of society for their consumption.

물론 아담 스미스는 실마리를 열어 준 것에 지나지 않는다. [국부론]이 나와서부터 케인스의 [고용·이자 및 화폐의 일반이론](1936)이 간행되기까지 150년이 넘는 사이에 경제학 — 소위 더 전통적으로는 정치경제학 — 은 많은 발전 단계를 거쳐 왔다. 거의 그 중간점에 이르렀을 때 칼 마르크스에 의해 대규모의 자본주의 비판이 [자본론]이라 하여 발표되었다(그것은 1867년이었는데 마르크스의 사후 2권이 추가되었다). 세계 인구의 3분의 1을 차지하는 10억 남짓한 사람들이 이 [자본론]을 경제학에서의 진리라고 보고 있는 실정이다.

그러면서도 경제학의 수련을 쌓지 않고서, 고전적이고도 전통적인 경제학의 장단점이나 1929년 이후 발전해 온 소위 '새로운 경제학'의 성과 혹은 현대의 지배적인 경제학 이론에 의해서도 아직 해결되지 않은 여러 문제에 관해서, 어느 누가 이치에 닿는 의견을 펼 수 있을까?

경제학이란 무엇인가

경제학을 처음 배우는 사람은 흔히 이에 대한 짧은 정의를 원하는데, 이 요구에 부응해서는 응답거리가 부족하지는 않다. 여기 이러한 정의를 몇 가지 들어보기로 한다.

1. 경제학 혹은 정치경제학이라는 것은, 사람들 사이에 돈을 매개로 하거나 그렇지 않고 이루어지는 교환거래를 수반하는 그러한 활동에 대한 연구다.
2. 경제학이라는 것은, 사람들이 여러 가지 상품(예컨대 밀·쇠고기·외투·요트 또는 음악회·도로·폭격기 등)을 생산하기 위해 부족하거나 한정된 생산 자원(토지·노동력·기계와 같은 자본재 및 기술 지식)을 이용해서 이것을 사회의 여러 구성원들에게 소비를 위해서 분배하는 데 있어 어떻게 선택을 하는가에 관한 연구다.

☐ elapse vt. (때가) 경과하다
☐ Das Kapital 마르크스의 대표 저서인 [자본론]
☐ posthumous a. 사후에 출간된, 사후의 유복자로 태어난

☐ shortage (= lack) a. short vt. shorten
☐ transaction n. 거래, 취급
  v. transact(with), 여기서 trans-는 접두어로 '횡단, 관통'
☐ scarce a. 결핍된(of), 부족한 n. scarcity

3. Economics is the study of men in their ordinary business of life, earning and enjoying a living.
4. Economics is the study of how mankind goes about the business of organizing its consumption and production activities.
5. Economics is the study of wealth.
6. Economics is the study of how to improve society.

The list is a good one. Yet a scholar can extend it many times over. It is always hard to compress into a few lines an exact description of a subject, one that will differentiate its boundaries from those of other disciplines and convey to the beginner all the things it is. Economics certainly does involve all the elements stressed in these various definitions — and all those implied in the larger list that could be compiled.

Economists today agree on a general definition something like the following: Economics is the study of how men and society end up *choosing*, with or without the use of money, to employ *scarce* productive resources that could have alternative uses, to produce various commodities and distribute them for consumption, now or in the future, among various people and groups in society. It analyzes the costs and benefits of improving patterns of resource allocation.

3. 경제학이라는 것은, 생계를 꾸리고 생활을 즐기는 것과 같은 일상생활 업무에 있어서의 사람에 관한 연구다.

4. 경제학이라는 것은, 어떻게 인류가 그 소비 활동과 생산 활동을 조직하는 일에 착수하는지에 관한 연구다.

5. 경제학이란 부에 관한 연구다.

6. 경제학이란 사회 개선 방법에 관한 연구다.

이 목록만 해도 상당한 것이다. 그러나 학자라면 이것을 몇 배로도 늘일 수 있다. 어떠한 주제를 정확하게 요약해서 말하는 것, 즉 그것을 다른 학문 분야와 차별화하고, 또 이와 함께 초심자에게 그것이 뜻하는 모든 것을 전달할 서술을 몇 줄로 압축한다는 것은 항상 어려운 것이다. 경제학은 확실히 앞에 말한 여러 가지 정의에서 강조된 요소를 모두 포함하는 것이며, 그 밖에 생각할 수 있는 좀 더 광범위한 정의에 포함된 모든 요소도 가지고 있다고 할 수 있다.

오늘날 경제학자는 대략 다음과 같은 일반적인 정의에 뜻을 같이 한다. 경제학이라는 것은, 사람 또는 사회가 화폐를 매개하는 경우이든 그렇지 않은 경우이든, 몇 가지 대체적인 용도를 가진 '부족한' 생산 자원을 이용, 여러 가지 상품을 생산하여 이를 현재와 장래의 소비를 위해 사회의 여러 사람이나 집단 사이에 분배하는 데 있어서 어떠한 선택 행위를 하는 것인가를 연구하는 것이다. 경제학은 자원의 배분 양식을 개발함으로써 가격과 이익을 분석하기도 한다.

☐ **go about** 일에 착수하다, 열심히 ~하다, ~에 힘쓰다

☐ **It is always hard to compress** ~ 여기에서 compress의 목적어는 **one that will** 이하의 절이며, **into a few** ~는 부사구이다.

☐ **one** = an exact description of a subject

☐ **end up** (완전히) 끝마치다, ~이 되다

☐ **choosing**은 **to employ** ~ 이하의 문장에 이어지며, 그 사이에 있는 **with or without the use of money**는 삽입구이다.

☐ **allocation** n. 배당액, 배당제 vt. **allocate** 배당하다 (= assign to)

The Queen of The Social Sciences

Economics borders on other important academic disciplines. *Sociology, political science, psychology,* and *anthropology* are all social sciences whose studies overlap those of economics. Here is just one example.

In impoverished India cows are sacred animals and, numbering millions, walk through the streets foraging for food. While a naive economist might regard these herds as a prime source for protein supplements to an already — inadequate diet, the more profound scholar will take the psychology of custom into account when analyzing Indian economic development.

Economics also draws heavily on the study of history.

Was it a coincidence that prices rose for centuries in Spain and Europe after Columbus discovered America with all its silver and gold? Why did the age of the steamship and railroad help Iowa farmers, hurt farmers of Vermont and Oxfordshire, and help slum dwellers of London? Was the institution of slavery dying economically of its own weight before the Civil War?

사회과학의 여왕

경제학은 다른 중요한 학문 분야와 경계를 맞대고 있다. '사회학'·'정치학'·'심리학'·'인류학'은 어느 것이나 그 연구가 경제학의 연구와 겹쳐진 부분이 있는 사회과학이다. 여기에 하나의 예가 있다.

가난한 나라인 인도에서는 소가 신성한 동물로서, 그 숫자는 100만에 이를 정도인데, 소들이 먹이를 구하러 시중을 돌아다닌다. 단순한 경제학자라면 이 소들은 그러잖아도 부족한 식량에 대한 중요한 단백질 공급원으로 간주하는지 모르지만, 지적 깊이가 있는 학자라면, 인도의 경제 발전을 분석하는 데 있어서는 관습의 심리학을 고려할 것이다.

또한 경제학은 역사 연구에 의존하는 바가 크다.

예컨대 콜럼버스가 은과 금이 그토록 많은 미 대륙을 발견한 후, 수세기 동안 스페인이나 유럽에서 물가가 계속 오른 것은 단순한 우연이었을까? 증기선과 철도가 활용된 시대에 왜 그것이 아이오와주의 농민들에게는 도움이 되고, 버몬트 주와 옥스퍼드셔의 농민들에게 손실을 입히게 되었으며, 또한 런던의 빈민가 주민들에게는 혜택을 준 것일까? 노예 담당 기관은 그 내부의 경제적 압박으로 인해 남북전쟁 이전에 이미 기울어지고 있지 않았던가?

□ border (on) vt. 접하다, ~에 접경하다
□ forage vt. 먹이를 구하다, 약탈하다
□ draw (on) vi. ~을 참고로 하다, ~에 의지하다

To the interpretation of recorded history, analytical tools must be brought for the reason that facts never "tell their own story." Yet this need for theorizing does not deny the old Chinese proverb, "One peek is worth thousand finesses." Facts count.

Among the numerous other subjects relating to economics, the study of *statistics* is of special importance. Governments and businesses issue vast amounts of numerical information. Most of what we know about the actual shapes of the various curves to be seen in turning over the pages of this book has to come from a careful statistical analysis of recorded information. The mathematical methods of probability and statistics find many of their most important applications in the realm of economics.

Although every introductory textbook must contain geometrical diagrams, knowledge of *mathematics* itself is needed only for the higher reaches of economic theory. Logical reasoning is the key to success in the mastery of basic economic principles, and shrewd weighing of empirical evidence is the key to success in applications to description and policy.

사실 그 자체는 결코 '자기 스스로를 해명하는 일'이 없으므로, 기록된 역사를 해석하는 데는 분석적인 도구가 투입되어야 한다. 그러나 이같이 이론화하는 것이 필요하다고 해서 "백문이불여일견"이라는 중국의 옛 격언을 부정하지는 못한다. 사실은 중요한 것이다.

경제학에 관계되는 기타 수많은 문제 중에서 '통계학'의 연구는 특히 중요하다. 정부나 산업계는 방대한 수량 정보를 제공해 주며, 이 책의 페이지를 넘기면서 볼 수 있는 각종 곡선의 형상이 실지로는 어떤 것인가에 대해서 우리가 알고 있는 대부분은 기록된 정보의 주의 깊은 통계적 분석에서 얻어야 하는 것이다. 확률론이나 통계학의 수학적 방법은 경제학 분야에 극히 중요한 많은 응용을 제공한다.

모든 입문적인 교과서가 기하학적 도면을 포함해야만 하지만 '수학' 자체의 지식은 경제 이론의 높은 단계에서만 필요한 것이다. 논리적인 추리는 기초적인 경제 원리를 체득하는데 성공하기 위한 열쇠이다. 그리고 경험상의 증거에 예민하게 중요성을 부과하는 것이 설명과 정책을 잘 적용시키기 위한 열쇠이다.

- ☐ theorize vi. 이론화하다
- ☐ peek n. 슬쩍 엿봄 vi. 슬쩍 들여다 보다
- ☐ finess n. 기교, 솜씨, 술책
- ☐ issue vt. 유포시키다, 지급하다, 발행하다
- ☐ Most of what ~ 여기서 주어는 most ~ the pages of this book까지, 동사는 has to come이다.

- ☐ turn over (페이지, 책을) 넘기다
- ☐ statistical a. 통계의, 통계적인, 통계학상의
- ☐ geometrical a. 기하학(상)의
- ☐ shrewd a. 날카로운, 예민한
- ☐ weighing n. 중요성을 부과, 무게
- ☐ empirical a. 경험적인, 경험상의 n. empiricism 경험주의, 경험론

Economic Policy and Reform

This brings us to the important problem of economic policy. Ultimately, understanding should aid in *control* and *improvement*. How can the vagaries of the business cycle be diminished? How can economic progress and efficiency be furthered? How can adequate standards of living be made more widely available? How can the world avoid ecological disaster?

At each point of analysis we shall seek to shed light on these policy problems. To succeed in this, we must make an effort to cultivate an objective and detached ability to see things as they *are*, regardless of our likes or dislikes. The fact must be faced that economic issues are close to everybody emotionally. Blood pressures rise, voices become shrill whenever deep-seated beliefs and prejudices are involved, and some of these prejudices are thinly veiled rationalizations of special economic interests.

경제정책과 개혁

지금까지 말한 것은 우리에게 경제정책이라는 중요한 문제를 불러온다. 궁극적으로 이해는 '관리와 개선'을 도와야 한다. 경기순환의 변덕스러움을 어떻게 줄일 수가 있을까? 경제 진보와 능률화를 어떻게 높일까? 만족스런 생활수준을 어떻게 더 넓게 보급시킬까? 세상은 생태학적 재앙을 어떻게 피할 수 있을까?

각 분석 단계에서 우리는 이들 정책상의 문제에 빛을 던져 주도록 노력할 것이다. 이것을 이루기 위해 우리는 자기가 좋아하거나 싫어하는 것에 관계없이 또한 사물을 '있는 그대로의 모습'으로 보는 객관적이고 편견 없는 능력을 기르도록 노력해야 한다. 경제문제에 대해서는 누구든지 감정적으로 되기 쉽다. 완고한 신념이나 편견에 치우치면 항상 혈압이 오르고 음성이 높아진다. 그리고 이들 편견 중 일부는 특정의 경제적 이익을 엷은 베일로 씌워서 합리화하기도 한다.

- ☐ vagary n. 변덕, 엉뚱한 짓, 일시적 기분 (= caprice) a. vagarious
- ☐ ecological a. (사회)생태학의 n. ecology
- ☐ shed vt. (빛, 열, 향기 등을) 내다, 발하다, 퍼뜨리다
- ☐ detached a. 초연한, 편견 없는, 사심 없는 (= indifferent)
- ☐ shrill a. 날카로운, 귀가 째지는 듯한
- ☐ deep-seated a. 깊게 뿌리 박힌 (= deep-rooted)

제 7 장

John K. Galbraith
The Nature of Mass Poverty

존 갤브레이스
대중적 빈곤의 본질

The explosion of concern over the condition of the poor nations in the 1950s and 1960s, the increase in assistance and the associated political debate, the large increase in the number of people actually and officially concerned with the problem, and, eventually, the explicit imperatives of Vietnam, where a policy intended to forestall or contain Communism was under immediate and awful test, all pointed, and desperately, to the same need. That was for agreement, explicit or implied, on the causes of poverty. There had to be action; the commitment to this was powerful. But if there was to be a remedy, there had to be a cause. If it couldn't otherwise be identified, it would have to be invented or assumed. We suppose that on social questions we proceed from diagnosis to action. But if action is imperative, we make the cause fit the action. So it was here.

존 갤브레이스(1908~2006)는 미국의 경제학자이다. 그는 케인스주의적인 20세기 미국의 자유주의와 진보주의를 주도한 인물이다. 하버드 대학과 프린스턴 대학교수로 재직하며 많은 경제적 견해들을 발표하였다. 제 2차 세계대전 무렵에는 물가정책 국장과 경제보장대책 국장, 케네디 시절에는 인도 대사 등 정부 관직을 두루 맡아 현실 경제에도 폭넓게 참여해왔다. 이후 하버드 대학 명예교수로서 연구와 집필 활동을 했다.

1950년에서 60년대에 걸쳐서 가난한 나라들의 정세에 대한 관심의 급증, 원조의 증액과 그에 관련된 정치적 논쟁, 이 문제에 실제로나 공식적으로 관여했던 사람 수의 급증, 그리고 마침내는 베트남 문제의 명백한 긴급성 ― 베트남에 있어서는 공산주의의 저지 내지 봉쇄를 의도한 정책이 일각도 유예될 수 없는 어마어마한 시련에 직면하고 있었다. 언급한 모든 상황은 절박하게 동일한 필요성을 지적했다. 이는 바로 빈곤의 원인에 관한 합의 ― 명시적인가 암시적인가를 불문하고 ― 였다. 어떠한 행동이 취해지지 않으면 안되었던 것이며, 이에 대한 의무는 강력했다. 그러나 대책을 강구하려고 할 때는 원인이 규명되지 않으면 안 된다. 그리고 만약에 원인이 다른 방법으로 확인될 수 없다고 하면, 그것은 날조되거나 가정을 거치지 않으면 안될 것이다. 사회문제에 관해서 말한다면, 우리들은 진단을 하고 나서 행동으로 옮기는 것이 보통일 것으로 생각된다. 그러나 행동이 긴급하다고 하면 우리들은 원인을 행동에 맞추려고 든다. 그러한 일이 여기서도 일어났다.

- [ ] The explosion ~ same need. 이 문 장에서 where 이하 awful test까지는 Vietnam을 설명하는 관계절(계속적 용법). S 는 all, V는 pointed to이며, all의 내용은 그 이전에 나열된 어귀
- [ ] imperative a. 명령적인, 절박한, 긴급한

n. 명령, 절박성 cf) ~ idea(conception) 강박관념
- [ ] forestall vt. ~을 앞지르다(= anticipate), ~의 기선을 제압하다, ~을 앞질러 방해하다
- [ ] explicit or implied: whether it is explicit or implied로 보충해 읽을 것

To recognize this is absolutely fundamental to an understanding of the policy against poverty in the two decades following the Second World War and of the causes of poverty that are still put forward. The imperatives of action specified the causes that were not acceptable, and they selected the causes that were.

The most obvious of the possible causes of poverty that had to be excluded was the economic system. Were mass poverty the result of a socially or economically exploitative or oppressive system, the remedy would be to sweep it away — to eliminate the landlords, capitalists, feudal governing or exploiting classes that held the people in poverty. But this could not be a cause, for it meant that Communism or what could be so described was the cure. Few who reflect on this cause will insist that it is independent of remedy.

One can perhaps be sorry that in poor, rural societies Communism and socialism do not often — as Marx himself urged — have great relevance or remedial value. Deprivation would quickly end were it so.

The exigencies of policy also excluded other causes. Climate could not be cited. Nothing much from Washington could be done about that. In any case, political tact excluded any suggestion that, as a result of hot weather, people were torpid or shiftless. Ethnic character was similarly excluded. Bengalis could not yet be converted into Punjabis or Chinese. Tact again intervened on the side of what most would consider good anthropology. Similarly, if there are scientifically valid distinctions between different national and ethnic communities, they grow out of differing experiences of government, family traditions, religion, and education. But these are part of the history of a particular people. And history is singularly unchangeable after it is made.

　이 점을 인식하는 것은 제2차 세계대전 후 20년간의 빈곤 대책과 아직도 산재해 있는 빈곤의 제 원인을 이해하기 위해서는 절대로 필요하다. 그러나 행위의 긴급성으로 말미암아 인정할 수 없는 원인들이 제시되었고 이를 선택했다.

　배제되지 않으면 안 되는 빈곤의 가능성 있는 원인으로서 가장 명백한 것은 경제 제도였다. 대중적 빈곤이 사회적 내지 경제적 착취 또는 억압 제도의 결과였다고 한다면, 그것을 일소하는 ― 사람들을 빈곤에 묶어 두어 왔던 지주, 자본가, 봉건적 지배 내지는 착취계급을 제거하는 ― 것이 치료법이었을 것이다. 그러나 이것이 원인이 될 수는 없다. 왜냐하면 만약 그렇게 한다면 공산주의 내지는 그렇게 불리어 질 수 있는 것이 그 치료법이라는 의미이기 때문이다. 원인을 이렇게 생각하고 있으면서, 그것과 치료는 별개라고 주장할 자는 거의 없다.

　그러나 섭섭하게 생각할 사람이 있을는지도 모르지만, 가난한 농촌 사회에 있어서는 종종 공산주의나 사회주의는 ― 마르크스 자신이 역설하고 있었던 바와 같이 ― 그렇게 큰 관련성도 없고 또 치료 효과도 갖지 않는다. 만약에 그 반대였다고 한다면 궁핍 상태는 더 빨리 끝났을 것이다.

　정책을 서둘러 마련해야 할 긴급사태로 인해 여타의 요인까지도 배제되었다. 물론 기후가 거론될 리는 없었다. 미국 정부의 정책은 이를 조금도 고려하지 않았던 것이다. 어쨌든 더위로 말미암아 무기력하게 된다고 하는 것 같은 시사는 정치적인 관점에서는 배제되지 않을 수 없었던 것이다. 마찬가지로 인종적 특색도 논외의 것으로 생각되었다. 뱅골인을 펀자부인이나 중국인으로 개조하는 것은 아직은 가능할 것 같지 않다. 정치적 배려가 다시 누구나가 올바른 인류학으로 여기고 있는 것의 편에 개입했다. 이것과 유사한 문제이지만, 만약에 상이한 국민이나 인종적 사회 간에 과학적으로 타당한 차이가 있다고 한다면, 그것은 통치의 상이한 체험이나 가족제도상의 전통, 종교, 교육 등으로부터 생겨나고 있는 것이다. 그러나 이것들은 특정한 국민의 역사의 일부인 것이며, 역사는 일단 형성된 뒤로는 독자적으로 바꿔질 수 없는 것이다.

- [ ] To recognize ~ put forward understanding of the policy ~의 구문은 and of the causes에 또한 연결됨
- [ ] Were mass poverty the result of ~는 If mass poverty were the result of ~로 읽을 것. 가정법 구문에서 if가 생략되고 동사 were가 앞으로 도치됨
- [ ] were it so: if it were so, 즉 앞 문장의 내용이 부정적인 의미였으므로 여기서는 if it has great relevance or remedial value의 내용을 갖는다.
- [ ] exigency(= exigence) n. 긴급한 경우, 긴급사태, 위급
- [ ] torpid a. 마비된, 무감각한, 둔한 n. torpidity (= torpor)
- [ ] shiftless a. 속수무책의, 무능한, 게으른, 무기력한

For a long period in the 1950s, demographic factors — the pressure of population on land resources and food supply — could not be a cause of poverty. That was because the remedy was birth control, and this risked the alienation of the Catholics of the developed world. Not until the late fifties, when a commission established by President Eisenhower under the chairmanship of the late William Draper declared that uncontrolled population increases were a major source of deprivation and needed to be checked, did this cause of poverty become officially acceptable.

The most relentlessly Malthusian country in the world is India. It is also the one to which, in the two decades following the Second World War, the United States accorded the greatest assistance. Until I went there in 1961, no senior American official had, to my knowledge, adverted seriously in public to birth control as an indispensable element in any attack on mass poverty.

I did so not out of courage but in accordance with the calculation that, if there were protests from Catholics, a Catholic president was uniquely equipped to deal with his co-religionists. In fact, there was no objection, perhaps partly because I was not heard.

To this day, emphasis on population pressure as a cause of poverty is somewhat muted. This is partly because any resulting improvement is long delayed. Causes that seem to yield more rapidly to results are favored. But also, as with climate, there is the problem of tact. To advise the poor, especially if black, to remedy their situation by reducing their numbers will, it is feared, invite an adverse response.

1950년대에 오랫동안 인구적 요인 — 토지 자원이나 식량 공급에 대한 인구의 압력 — 은 빈곤의 원인이 될 수 없었다. 그것은 그 대책이 산아제한이어서, 이를 실행할 경우 선진국 카톨릭 교도들이 고립될 위험성을 초래하게 되는 까닭이었다. 아이젠하워 대통령에 의해고 윌리엄 드레이프를 위원장으로 하는 심의회가 발족되어, 제어되지 않은 인구 증가는 생활 물자 부족의 주원인이므로 이를 억제할 필요가 있다고 선언한 1950년대 말 무렵까지는, 이 빈곤의 원인이 공식적으로 받아들여지는 일은 없었다.

세계에서 맬더스의 법칙이 가장 냉혹하게 적용되고 있는 나라는 인도이다. 제2차 세계대전 후 20년 동안에 미국이 가장 많은 원조를 공여한 나라도 인도이다. 내가 알고 있는 한에 있어서는 1961년에 내가 그곳에 대사로서 부임하기까지, 대중적 빈곤 퇴치의 불가결한 요소로서 산아제한을 진심으로 공공연하게 언급했던 미국 정부 고관은 한 사람도 없었다.

내가 그렇게 한 것은 용기가 있었기 때문에서가 아니라, 설령 가톨릭교도로부터의 항의가 있다 하더라도 가톨릭계의 대통령이라면 특유의 방법으로 같은 신자를 잘 다룰 수 있을 것이라고 하는 의중이 있었기 때문이었다. 실제로 반대는 없었지만, 이것은 아마도 부분적으로 나의 의견이 널리 전파되지 않았기 때문이다.

오늘날까지 빈곤의 원인으로서의 인구 압력에 관한 강조는 다소 조용하다. 이것은 부분적으로 그로 인해 발생하는 개선은 시간이 오래 걸리기 때문이다. 또한 보다 신속하게 효과를 낳은 것으로 보이는 원인이 선호되어 온 것이다. 그러나 기후와 마찬가지로 정치적 배려라고 하는 문제도 있다. 가난한 사람들, 특히 흑인이라면, 인구 삭감에 의한 개선책을 권고하는 것은 반감을 사게 할 우려도 있다.

☐ demographic a. 인구 통계학상의 n. demography

☐ alienation n. 멀리함, 소외, 양도

☐ Not until the late fifties, ~, did this cause of poverty become officially acceptable. 문장은 this cause of poverty did not become officially acceptable until the late fifties가 골격, when 이하 checked 까지는 late fifties를 설명하는 관계절

☐ commission n. 위원회, (심의회) 임무, 직권, 위탁

☐ be equipped to ~하도록 준비되다(갖추다)

☐ co-religionist n. 같은 종교를 가진 사람, 같은 신자 cf) co는 prep.로 '공통, 공동, 동등'

☐ To advise the poor, ~ to remedy ~ by numbers, will invite an adverse response. 전체 문장을 이러한 골격으로 이어 읽을 것

In contrast, the circular causes of poverty — those where cause and result are interchangeable — and the related actions were often agreeable to those urging them. Professional educators — retired deans of schools of education despatched by ECA and AID — readily attributed poverty to the absence of an educational system. And former civil servants attributed it to poor public administration. Many so qualified took up residence in Third World capitals to propose and guide improvement. Without resources to spend on education, not much could, in fact, be done to improve education. And the case is the same with public administration. Potential teachers and administrators from the poor country could be brought to the United States or Europe for training.

This remedy also recommended itself because it was and remains greatly popular with those who hope to be selected. A very large number of those so prepared do not return more than momentarily to their own countries, for this particular course and solution facilitates what presently we shall see is the most practiced but least celebrated remedy for poverty. That is for the motivated to serve themselves by moving from the poor countries to the rich. This movement, in its long-run effect, is not adverse to economic advance and, as we shall see, has more often been greatly favorable. But it is not the result that those emphasizing education had in mind.

이것과는 대조적으로 빈곤의 순환적 원인 — 거기서는 원인과 결과가 서로 바뀔 수 있다 — 과 그것에 관련되는 모든 조치는 그것들을 주장하는 자들에게만 종종 마음에 들 뿐이었다. 직업적 교육자들 — ECA(국제연합아프리카 경제위원회)나 AID(미국 국제개발처)에 의해 파견된 사범대학의 정년퇴직 학장들 — 은 빈곤의 원인을 곧잘 교육제도의 부재에 결부시켰다. 그리고 전직 관리들은 빈약한 행정을 원인으로 들었다. 대부분 이러한 자격을 가진 사람들은 개선을 제안하거나 지도하기 위해 제3세계의 여러 나라들의 수도에다 본거지를 두었다. 그러나 교육에 돌릴 재원이 없이는 교육을 개선하기 위해 행해질 수 있는 것이 없었으며 행정에 관해서도 사정은 같다. 가난한 나라 출신의 장래 교육자나 행정 관료들을 미국이나 유럽에 파견, 훈련을 받게 할 수는 있었다.

그것은 이 대책이 선정되기를 바라는 자들에게 과거에 있어서도 현재에 있어서도 크게 평판이 좋았기 때문에 이 대책은 또한 널리 권장되고 있다. 그러나 이렇게 자격을 갖추게 된 사람의 거의 대부분은 일시적으로 밖에 그들의 모국으로 돌아가지 않는다. 왜냐하면 우리가 이내 목도하게 되는 것을 용이하게 하는 이 특수한 방침이나 해결 방법은 빈곤 대책으로서는 극히 널리 실행되고 있으면서 가장 찬양될 만한 것이 아니기 때문이다. 다시 말하면 이 대책은 가난한 나라로부터 부유한 나라로 이주함으로써 자신들을 만족시키려고 마음먹고 있는 자들을 위한 방법이기 때문이다. 장기적인 효과로서는 이러한 이동은 경제발전에 역행하는 것은 아니고, 나중에 알게 되듯이 극히 유리한 것이었다. 그러나 이것은 교육의 역할을 강조하는 사람들이 마음에 두고 있었던 결과는 아니었다.

☐ despatch(= dispatch) v. 급송하다, 급파하다

☐ attribute to ~의 탓으로 돌리다, ~에 속하는 것으로 하다 n. attribute 속성, 특질, 부속물

☐ residence (in) n. 주거, 주택, 소재

☐ momentarily ad. 순간적으로, 잠시 (= momently)

☐ facilitate vt. (손)쉽게 하다, 돕다, 촉진하다 n. facilitation, facility (= skill, fluency)

☐ adverse a. 역의, 거스르는, 반대의(to) n. adversity 역경, 불운

제8장

K. Gunnar Myrdal
Against the Stream

군나르 뮈르달
비주류 경제학

The political changes on the international scene that have effected this redirection of our research work and generally raised the public awareness of the problem of world poverty, are clearly before our eyes and can be identified.

First, we have the rapid dissolution of the colonial power structure which, beginning with the decolonization of the British dependencies in South Asia, has swept the globe like a hurricane, creating a great number of new, politically independent countries, which are all underdeveloped. In Latin America, political independence was won long ago, but these countries have joined in the decolonization movement by demanding "real" and, particularly, economic independence as well, meaning a greater measure of control over their own economies.

군나르 뮈르달(1898~1987)은 현대 스웨덴의 경제학자로 스톡홀름 대학을 졸업, 동 대학
교수로 지냈으며 무역상업장관, 유엔 유럽경제위원회 상임간사 등을 역임했다.
미국의 흑인 문제를 객관적으로 분석한 저서가 있고, 또 냉전 하에서의 동서(東西)무역을
주장한 공적도 크다. 스톡홀름학파의 일원으로 종래의 정학적 균형 이론에서
전제된 가격 형성의 여건 이외에 경제주체의 예견을 중요시하였다.

우리들의 연구 활동의 방향 전환에 영향을 주었고, 일반적으로는 세계의 빈곤 문제를 대중
들에게 제기한 국제 무대상의 정치적 제 변화는 누구에게도 명백하고 또 확인될 수도 있다.

첫째로, 우리들은 남아시아에 있어서의 영국 속국의 자치 허용을 효시로 해서 폭풍처럼 지
구를 휩쓸게 된 식민지 권력 구조의 급속한 붕괴를 가지고 있으며, 이것은 모두가 저개발 상태에
있는 수많은 새로운 정치적 독립국가를 낳게 했다. 라틴아메리카에 있어서는, 정치적 독립은 오
래 전에 얻어지고 있었으나, 그러나 이 나라들도 참다운 독립을, 특히 자국 경제에 대한 상당한
지배력을 의미하는 경제적 독립을 요구함으로써 반식민지 운동에 가담하게 되었다.

☐ First, ~ underdeveloped, which
이하의 관계절에서 동사는 has swept,
creating 이하는 분사구문으로 '~하면서'의 의미

☐ dependency n. 속국, 보호령, 의존 상태

Second, the released demands for development in the new politically independent underdeveloped countries themselves are raised by the alert elite groups there who think, speak, and act on behalf of their countries, even though they do not arouse much response among the masses.

Third, international tensions, culminating in the cold war, have created a competitive situation where not only the foreign policy but also internal affairs of underdeveloped countries are of political concern to the developed countries, particularly the two antagonistic superpowers and their political and military allies.

The United Nations and its specialized agencies have been made into sounding boards for the underdeveloped countries' demands for aid from, and commercial considerations of, the developed countries. Underdeveloped countries did not carry much weight in the councils when the United Nations system of intergovernmental organizations was planned and set up, and their particular interests were, as previously mentioned, not brought into focus. As a direct effect of the decolonization movement, the United Nations membership has, sine then, risen from the original 51 to 131. The great majority in all these organizations is now made up of the governments of underdeveloped countries. The structure of this system has been adjusted to handle the issues of development of underdeveloped countries.

둘째로, 현재 정치적으로 독립되어 있는 저개발 국가들에 있어서는 개발에 대한 요망이 비록 대중들 간에 많은 반응을 일으키지 못하고 있다 하더라도, 자기들의 나라를 위해 생각하고 말하고 또 행동하는 빈틈없는 엘리트 그룹들에 의해 용솟음치고 있다.

셋째로, 냉전 속에서 절정에 달하게 된 국제 긴장은 경쟁 상태를 낳게 하였는데, 이러한 속에서는 저개발 국가들의 대외 정책뿐만 아니라, 국내 사정이 개발 국가들 특히 두 개의 적대적인 초강대국과 그들의 정치적·군사적 동맹국에 대해 정치적 이해관계를 갖게 한다.

국제연합과 그 전문기관은 저개발 국가들이 개발 국가들로부터의 원조나 개발국가들의 통상상의 고려를 요구하기 위한 입씨름판으로 전화하기에 이르렀다. 정부 간 기관인 국제연합 체제가 계획되고 설립된 무렵에는 저개발 국가들은 회의에서 중요시되지 않았고, 그들의 특수한 이해관계는 이미 말했던 바와 같이, 논의의 중심으로는 되지않고 있었다. 반식민지 운동의 직접적인 결과로서 국제연합 가맹국은 그 후 당초의 51개국으로부터 131개국으로 늘어나게 되었다. 국제연합의 모든 기관의 구성국 대다수는 현재 저개발국의 정부가 차지하고 있다. 이 제도 구조는 저개발국의 개발 문제를 다루게끔 조정되기에 이르고 있다.

제2부

제8장

- [ ] alert a. 방심 않는, 기민한, 빈틈없는 (= watchful)
- [ ] culminate vi., vt. 장점에 이르다(이르게 하다), 최고점(절정)에 달하다(달하게 하다)
- [ ] antagonistic a. 반대하는, 적대의
- [ ] sounding board 입씨름 판
- [ ] be made up of ~로 구성되다, ~로 짜여지다
- [ ] adjust vt., vi. 맞추다, 조성하다, 순응시키다

While, on the whole, the effectiveness of the United Nations and the affiliated organizations has tended to deteriorate even in recent years, particularly in the field of security and more generally all issues in which the developed countries feel they have an important stake, this whole system of intergovernmental organizations has more and more become a series of agencies for discussing, analyzing, and promoting development in underdeveloped countries.

Their secretariats produce statistics and studies aimed at ascertaining, analyzing, demonstrating, and publicizing the pertinent elements of world poverty. This is part of the process through which awareness of the world poverty problem has been engendered in the postwar period. Thus, when it suddenly became politically important, an age-old problem abruptly came to figure as a "new" problem and, as a result, the object of large-scale research and worldwide debate.

The growth models implied in conventional economic analysis of the development problems in underdeveloped countries — in terms of demand, supply and prices, employment, unemployment, savings, investment, gross national product or income — were based on certain general assumptions that are unwarranted. One is that it is possible to reason in terms of aggregates for an entire underdeveloped country. In turn, this assumes, among other things, the prevalence of markets — and fairly effective markets at that. A third assumption is that it is realistic to exclude consumption from a growth model. And there are even other unrealistic assumptions.

그렇지만 전체로서는, 국제연합과 그 관련 기관의 유효성은 근년에 이르러서 더욱 악화의 경향을 나타내고 있으며, 특히 안보 문제나 일반적으로 개발 국가들이 중요한 이해관계를 갖는다고 생각하는 모든 문제에 있어서 그러한데, 이러한 정부간 기관의 전체 구조는 더욱더 저개발 국가들의 개발을 논의하고, 분석하고, 또 촉진하기 위한 일련의 기관으로 되어가고 있다.

이들 기관의 사무국은 세계의 빈곤의 요인을 확인하고 분석하고, 논증하고, 또 공표할 목적으로 통계를 작성하거나 연구하고 있다. 이것이 제2차 세계대전에 세계의 빈곤 문제에 대한 인식이 심어진 과정의 하나이다. 이처럼 세계의 빈곤 문제가 별안간 정치적으로 중요하게 되었을 때 해묵은 문제가 갑자기 '새로운' 문제로 등장하게 되었고, 결과적으로 대규모적인 연구나 세계적인 논의의 대상으로 등장하게 되었다.

수요·공급 및 가격·고용·실업·저축·투자·국민총생산 혹은 국민총소득을 기준으로 저개발국의 개발 문제에 관한 전통적 경제 분석 속에 내포되어 있는 성장 모델은 인정할 수 없는 몇 가지 일반적인 가정에 입각하고 있었다. 하나의 가정은 어느 저개발국 전체를 몇 가지의 집계량으로 논하는 것이 가능하다는 것이다. 다음으로 이것은 무엇보다도 보편적인 시장 ― 그리고 그곳에서의 상당히 효율적인 시장 ― 을 가정하고 있다. 셋째의 가정은 소비를 성장 모델로부터 제외하는 것이 현실적이라는 것이다. 그 밖에도 또 몇 가지의 비현실적인 가정이 있다.

- ☐ **affiliate** vt. 가입시키다, 회원으로 하다 n. 가입자, 회원
- ☐ **stake** n. 이해관계 (= interest)
- ☐ **pertinent** a. 타당한, 적절한(to) n. pertinence, pertinency
- ☐ **Thus. ~ worldwide debate.** 문장에서 as a result 다음에 came to figure as 를 넣어 읽을 것
- ☐ **gross national product (G.N.P.)** 국민총생산
- ☐ **aggregate** n. 총계, 총수 a. 집합적인, 총계의 vt. 집합시키다, 모으다
- ☐ **in turn** 차례로, (둘이서) 교대하여, 다음으로
- ☐ **prevalence** n. 유행, 보급, 만연

This might be the place to insert a few remarks on the economists' use of statistics in the analysis of underdeveloped countries. In the beginning, the very fact that our knowledge about conditions in these countries was so extremely scant encouraged, or at least did not discourage, a careless use of the Western models. This was particularly true for those many economists who were content to construct models in the air and to insert Greek characters when data were missing.

Thus the gross national product, or income, and its growth, were permitted to play a most important role in all discussion of development in underdeveloped countries. Even in developed countries, we are becoming aware that these concepts are flimsy (see Chapter 10). They take no consideration of distribution.

Pollution and resource depletion are usually not accounted for. There is lack of clarity about what is supposed to be growing — whether it is real growth in any sense or merely accounting for costs caused by various developments, some of which are undesirable. The absolute or relative uselessness of conspicuous private or public consumption and investment is not taken into account. In underdeveloped countries, the absence of effective markets over a wide field of their economies and many other conceptual difficulties, peculiar to these countries, are additional. Partly because of all that, but partly also because of extreme weaknesses in the operation of the statistical services, the figures so confidently quoted in the literature on national product or income must be deemed almost valueless for most underdeveloped countries (Chapter 10, Section 10).

이제 저개발국에 관한 분석에서 경제학자들에 의해 사용되고 있는 통계에 관해 몇 마디 논평을 여기서 가하기로 한다. 우선 먼저 이들 저개발국의 제 조건에 관한 우리들의 지식이 서구적 모델의 남용을 조장했거나 혹은 적어도 그 이용을 단념케 하지는 않았다는 사실이다. 이것은 특히 실체가 없는 모델을 설정하거나 자료가 없을 때에는 희랍 문자를 삽입하는 것으로 만족하고 있었던 저들 수많은 경제학자들의 경우에 그러하다.

그리하여 저개발국의 발전에 관한 모든 논의에 있어, 국민총생산 혹은 국민소득, 그리고 그 성장과 같은 것이 가장 중요한 역할을 하게 되기에 이르렀다. 그러나 개발 국가들에 있어서마저도 사람들은 이러한 개념은 근거가 박약하다고 하는 것을 깨달아 가고 있다(제 10장 참조). 즉 이 개념들은 분배를 전혀 고려에 넣지 않고 있다.

오염이나 자원의 고갈이라는 문제도 보통 고려되지 않고 있다. 거기서는 무엇이 성장되어야 한다고 생각되고 있는가 ― 그것이 어떤 의미에서든지 실질적 성장이든 혹은 다만 그 중에는 바람직하지 못한 것도 있는 각종 개발에 야기되는 비용을 고려하는 실질적 성장이든― 가 명백하지 않다. 유별난 사적 혹은 공적인 소비 및 투자가 절대적으로나 상대적으로도 이익이 되지 않는다고 하는 것도 고려되지 않고 있다. 저개발국에는 그들의 경제의 넓은 범위에 걸쳐 효율적인 시장이 존재하지 않는다고 하는 것, 그리고 이들 나라에만 적용되는 상당수의 개념에 관련된 어려움이 따르게 된다. 그리하여 일부는 이상과 같은 모든 이유로, 그리고 일부는 통계에 관한 업무 운영의 극단적 위약성으로 말미암아, 국민총생산 혹은 국민소득에 관한 문헌 속에서 큰 확신을 가지고 인용되고 있는 많은 숫자가 대부분의 저개발국에 대해서는 거의 의미를 갖지 않는다고 보아야 한다(제 10장 10절).

☐ **scant** a. 부족한 불충분한 (= scanty)
vt. 몹시 아끼다, 인색하게 굴다
cf) a ~ attendance 소수의 출석자(청중)

☐ **flimsy** a. 얇팍한, 바스러지기 쉬운, 보잘것 없는 (= weak, paltry)

☐ **depletion** n. 고갈, 소모

☐ **account for** 고려하다, 계산에 넣다

☐ **deem** v. ~이라 생각하다, 간주하다(보다) (= consider)

A basic cause is undoubtedly their approach, implying an overstraining of their theoretical models when uncritically applying them to underdeveloped countries. From what has already been said, it was to be expected that this use, or rather misuse, of grossly defective statistics generally implied giving passage to the optimistic bias. One flagrant example, a little outside the main concepts, is the use of figures for school enrollment. These figures are extremely unreliable in themselves, but they are, moreover, rather commonly used as if they measured what we are really interested in, namely whether children attend school, which they often do not (see Chapter 6, Section 7). The statistics on literacy are likewise very weakly founded and usually exaggerated.

하나의 기본적인 원인은 확실히 그들의 접근 방법, 즉 자신의 이론 모델을 무비판적으로 저개발국에 적용시키려는 무리한 노력을 하고 있다는 데 있다. 이미 말했던 것으로부터, 많은 결함을 갖는 통계의 이용, 아니 오히려 그 그릇된 이용은 일반적으로 낙관적 편견에다 길을 열어 주는 것을 의미한다는 것이 예상된다. 주요한 개념으로부터 다소 벗어난 하나의 극단적인 예는 취학아동에 관한 숫자의 사용이다. 이러한 숫자는 그 자체로 극히 믿을 수 없는 것이지만, 이와 더불어 마치 이들 숫자가 우리들이 실제로 관심을 가지고 있는 것, 즉 비록 아동들이 학교에 다니지 않지만, 학교에 다니고 있는지를 나타내는 것인 양, 오히려 보통으로 이를 사용하고 있다(제 6장 7절 참조). 읽고 쓰는 능력에 관한 통계도 마찬가지로 근거가 매우 희박하고 과장되어 있는 것이 보통이다.

☐ overstrain vt. 지나치게 긴장시키다, 무리하게 쓰다 vi. 무리하다, 과도로 긴장하다

☐ give passage to ~에 길을 열어 주다(내주다)
☐ flagrant a. 극악한, 악명 높은 (= notorious)

제9장

Samir Amin
Unequal Development

사미르 아민
불평등 발전

For my part, I put forward, as regards the theory of the transition to peripheral capitalist economy the following nine theses:

1. Economic theory interests itself occasionally in the problems of "transition from a subsistence economy to a money economy." In reality, however, the pattern of transition to peripheral capitalism is fundamentally different from that of transition to central capitalism. The onslaught from without, by means of trade, carried out by the capitalist mode of production upon the precapitalist formations, causes certain crucial retrogressions to take place, such as the ruin of the crafts without their being replaced by local industrial production. The agrarian crisis of the Third World of today is largely the result of these setbacks. The subsequent investment of foreign capital does not have the effect of correcting these retrogressive changes, owing to the extravert orientation of the industries that this capital establishes in the periphery.

사미르 아민(1931~)은 이집트의 경제학자로 세계 자본주의의 구조적 모순을 단순히 도시·위성의 대립 관계라는 차원에서 파악한 프랑크의 관점에서 한 걸음 더 나아가 중심과 주변을 구성하는 각각의 국민경제의 내부 구조에 초점을 맞춰 그 모순을 조명하려고 했다.

나는 주변 자본주의 경제로의 이행 이론에 관해 다음과 같은 9개의 테제를 제기하려고 한다.

1. 경제 이론은 '생존 경제로부터 화폐경제로의 이행'이라는 문제에 때로는 흥미를 갖게 한다. 그러나 주변 자본주의로의 이행의 유형은 중심 자본주의로의 이행 유형과는 근본적으로 차이가 있다. 자본주의 생산양식에 의해서가 아니라 교역에 의해서 밖으로부터 전자본주의 구성체에 가해진 공격은, 국내 공업의 생산에 의해 대체되지 못하는 수공업의 몰락과 같은 어떤 결정적인 퇴보를 야기하게 된다. 오늘날 제3세계가 겪고 있는 농업 공황은 거의 이러한 퇴보의 결과이다. 그에 연이은 외국자본의 투자도 이러한 자본이 주변에 건설하는 제 공업의 대외지향성으로 말미암아 이런 퇴보적인 변화를 수정할 수 있는 효과를 가지지 못하게 된다.

☐ peripheral a. 주위의, 주변의
n. periphery

☐ subsistence n. 생존, 존재, 생활, 호구지책, 생계, (철학) 실재

☐ onslaught n. 돌격, 맹공격, 습격

☐ retrogression n. 후퇴, 퇴화, 쇠퇴
v. retrogress opp. progression
a. -ssive

☐ agrarian a. 토지의, 농지의, 농업의 n. 토지균분론자

☐ setback n. 방해, 좌절, 역류

2. Unequal international specialization is manifested in three kinds of distortion in the direction taken by the development of the periphery. The distortion toward export activities (extraversion), which is the decisive one, does not result from "inadequacy of the home market" but from the superior productivity of the center in all fields, which compels the periphery to confine itself to the role of complementary supplier of products for the production of which it possesses a natural advantage; exotic agricultural produce and minerals.

When as a result of this distortion, the level of wages in the periphery has become lower, for the same productivity, than at the center, a limited development of industries focused on the home market of the periphery will have become possible, while at the same time exchange will have become unequal. The subsequent pattern of industrialization through import-substitution, together with the (as yet embryonic) effects of the new international division of labor inside the transnational firm, do not alter the essential conditions of extraversion, even if they alter the forms that it takes.

2. 불평등한 국제 특화는 주변의 발전 과정이 취하는 방향에서 3가지 종류의 왜곡으로 명백히 드러난다. 수출 활동 중심의 왜곡은 결정적인 것인데, 이것은 국내시장의 결여에 의해 야기되는 것이 아니라, 모든 분야에 있어서 중심이 갖는 생산성의 우위에 의해 야기되는 것으로, 중심은 주변을 생산을 위한 자연적 우위를 갖고 있는 외국산 농산물 및 광산물의 상보적인 상품 공급자 역할에 국한하도록 한다.

이런 왜곡의 결과, 동일한 생산성에 대한 주변의 임금 수준이 중심의 임금 수준보다 낮게 될 때, 주변의 국내시장을 목표로 하는 공업의 발전은 제한될 것이며, 동시에 중심과 주변간의 교역은 부등가로 될 것이다. 다국적기업 내부에서 진행된 새로운 국제분업의 영향(아직 시초에 지나지 않는 것이지만)과 더불어 수입 대체를 통해서 그 이후의 공업화의 제 유형은, 비록 그것들이 취하는 형식은 바꿀지라도 그 외향의 본질적인 제 조건은 바꾸지 않는다.

☐ distortion n. 찌그림, 뒤틀림, 왜곡, 건강부회
☐ extraversion n. 외향성
☐ periphery n. 주변

☐ The subsequent pattern ~ 문장 구조는 The subsequent pattern과 the effects가 주어, alter가 동사, the essential condition 이 목적어이다.
☐ embryonic a. 배(胚)의, 태아의, 유충의 n. embryo

3. This initial distortion brings another in its train: the hypertrophy of the tertiary sector in the periphery, which neither the evolution of the structure of demand nor that of productivities can explain. At the center hypertrophy of the tertiary sector reflects the difficulties in realizing surplus value that are inherent in the advanced monopoly phase, whereas in the periphery it is from the beginning a result of the limitations and contradictions characteristic of peripheral development: inadequate industrialization and increasing unemployment, strengthening of the position of ground rent, etc. A fetter on accumulation, this hypertrophy of unproductive activities, expressed especially in the excessive growth of administrative expenditure, is manifested in the Third World of today by the quasi-permanent crisis of government finance.

4. Unequal international specialization also underlies the distortion in the periphery toward light branches of activity, together with the employment of modern production techniques in these branches. This distortion is the source of special problems that dictate development policies in the periphery that are different from those on which the development of the West was based.

3. 이러한 초기의 왜곡은 그 뒤를 이어 다른 결과를 가져온다. 그것은 수요 구조나 생산성 구조의 진화의 그 어떤 것으로도 설명될 수 없는 주변에 있어서의 3차 부문 이상 비대이다. 중심의 경우 3차 부문의 이상 비대는 발전된 독점 단계에 내재하는 잉여가치의 실현 곤란을 반영하는 데 반해, 주변의 경우 그것은 시초에서부터 주변적 발전의 제한적이고 모순적인 제 특성의 결과이다. 즉, 그것은 부적합한 공업화와 증대하는 실업, 그리고 지대의 지위 강화 등의 결과이다. 특히 행정 지출의 과도한 증대라고 표현되는 이러한 비생산적 활동의 이상 비대는 축적에 있어서 하나의 저해 요인이고, 그것은 오늘날 국가재정의 준항구적 위기로 제3세계에 명백하게 드러난다.

4. 불균등한 국제 특화는 또한 주변의 경공업 부문에 현대적 생산기술을 사용하게 함과 동시에, 주변을 경공업 활동으로 편향시키는 기반이 된다. 이러한 왜곡은 서구 발전의 기반이 되었던 개발정책과는 다른 개발 정책을 주변에서 사용하도록 하는 특수한 문제의 원천이 되고 있다.

- ☐ in its train 그에 잇달아
- ☐ hypertrophy n. 비대, 이상 발달 vt., vi. 비대하게 하다 opp. atrophy
- ☐ tertiary a. 제3의
- ☐ fetter n. 차꼬, 구속물, 속박
- ☐ quasi- prep. '유사, 의사, 준'의 뜻
- ☐ This distortion ~ 맨 처음 that의 선행사는 special problems, 두 번째 that은 development politics

5. The theory of the multiplier effects of investment cannot be extended in a mechanical way to the periphery. The significance of the Keynesian multiplier does indeed correspond to the situation at the center in the phase of advanced monopoly, characterized by difficulties in realizing the surplus. Neither hoarding nor imports constitute, in the periphery, "leaks" that reduce the multiplier effect. What annuls this effect is the exporting of the profits of foreign capital.

   Furthermore, unequal specialization, and the marked propensity to import that follows from this, have the effect of transferring the effects of the multiplier mechanisms connected with the phenomenon known as the "accelerator" from the periphery to the center.

6. Analysis of the strategies of foreign monopolies in the underdeveloped countries shows that, so long as the dogma of the periphery's integration in the world market is not challenged, the periphery is without economic means of action in relation to the monopolies.

5. 투자의 승수효과 이론은 주변에까지 기계적으로 확장될 수 없다. 케인스적 승수의 의미는 정말로 잉여의 실현 곤란에 의해 특징 지워지는 발전된 독점 단계 중심에 있어서의 상황과 일치한다. 주변에 있어서는 저금이나 수입 그 어떤 것도 승수효과를 감소시키는 '유출'로 되지는 않는다. 이 효과를 무효화하는 것은 외국자본의 이윤 수출이다.

게다가 불균등한 특화와 이에 따른 현저한 수입 경향은, '가속도 원리'라고 알려진 현상과 관련된 승수 메커니즘의 효과를 주변에서 중심으로 이전시키는 효과를 갖고 있다.

6. 저개발에 있어서 외국 독점의 전략을 분석해 보면, 세계시장에서 주변 통합의 도그마가 도전 받지 않는 한, 주변은 독점에 대하여 어떠한 경제적 행동 수단도 갖고 있지 않음을 보여준다.

- [ ] hoarding n. 저장, 축척 (pl.) 저장물, 저금
- [ ] annul vt. (의결, 계약 등을) 무효로 하다, 폐지하다, (기억 등을) 지워 버리다
- [ ] propensity n. 경향, 성질, 성벽
  (= inclination (to, for))

- [ ] strategy n. 전략, 군사학, 병법
- [ ] monopoly n. 독점(권), 전매(권)
- [ ] so long as ~하는 한

7. Underdevelopment is manifested not in level of production per head, but in certain characteristic structural features that oblige us not to confuse the underdeveloped countries with the now-advanced countries as they were at an earlier stage of their development. These features are: (1) the extreme unevenness that is typical of the distribution of productivities in the periphery, and in the system of prices transmitted to it from the center, which results from the distinctive nature of the peripheral formation and largely dictates the structure of the distribution of income in these formations: (2) the disarticulation due to the adjustment of the orientation of production in the periphery to the needs of the center, which prevents the transmission of the benefits of economic progress from the poles of development to the economy as a whole; and (3) economic domination by the center, which is expressed in the forms of international specialization (the structures of world trade in which the center shapes the periphery in accordance with its own needs) and in the dependence of the structures whereby growth in the periphery is financed (the dynamic of the accumulation of foreign capital).

8. The accentuation of the features of underdevelopment, in proportion as the economic growth of the periphery proceeds, necessarily results in the blocking of growth, in other words, the impossibility, whatever the level of production per head that may be obtained, of going over to autocentric and autodynamic growth.

7. 저개발은 일인당 생산수준에서가 아니라, 저개발국의 현재를 초기 발전 단계에 있어서의 선진국의 과거와 혼동하지 않게 해 주는 어떤 독특한 구조적 성격에서 명백히 드러난다. 그 성격은 첫째, 주변에 있어서의 그리고 중심으로부터 주변으로 이전되는 가격 구조에 있어서 생산성 분배의 특징이 되는 극단적인 불균등성. 이것은 주변 구성체의 본질로부터 유래하고, 주변 구성체의 소득분배 구조를 대체로 결정짓는다. 둘째, 중심의 필요에 따라 주변의 생산 방향이 조정됨으로써 생긴 비접합성, 이것은 경제적 진보의 혜택이 발전의 극(極)에서 경제 전체로 이전되는 것을 저지한다. 셋째, 중심에 의한 경제적 지배. 이것은 국제 특화의 형식(중심이 자신의 필요에 부합되도록 주변을 형성하는 세계 교역의 구조)과 주변에서 성장이 그것에 의해 자금을 조달 받는 구조에의 종속(외국자본의 축적 동력)에서 표현되고 있다.

8. 저개발의 제 성격 강조는 주변의 경제성장이 진행됨에 따라 필연적으로 성장의 봉쇄를 초래한다. 즉, 얻어질 수 있는 일인당 생산이 어느 수준에 이르든지 간에, 자기중심적이고 자기 동력적인 성장은 진행될 수 없다.

- [ ] oblige vt. 억지로 ~하게 시키다, 강제하다 (= force) 은혜를 베풀다
- [ ] (1) the extreme unevenness ~ 구문 전체에서 which의 선행사는 the extreme unevenness
- [ ] disarticulation n. 관절 탈구, 분해, 비접합성 vt., vi. 관절을 뽑다, 분해하다
- [ ] finance vt., vi. 자금을 조달하다, 융자하다 n. 재정, 재무 a. financial
- [ ] accentuation n. 소리의 억양법, 강조 vt. accentuate 강조하다
- [ ] autodynamic a. 자기 동력적인

9. While at the center the capitalist mode of production tends to become exclusive, the same is not true of the periphery. Consequently, the peripheral formations are fundamentally different from those of the center. The forms assumed by these peripheral formations depend, on the one hand, upon the nature of the precapitalist formations that were there previously, and, on the other, upon the forms and epochs in which they were integrated into the world system. This analysis enables us to grasp the essential difference that contrasts the peripheral formations to the "young central formations" — the latter, based on predominance of the simple commodity mode of production, possessing for this reason a capacity for independent evolution toward a full developed capitalist mode of production. Whatever their differences of origin, the peripheral formations all tend to converge upon a typical model, characterized by the dominance of agrarian capital and ancillary (comprador) commercial capital. The domination by central capital over the system as a whole, and the vital mechanisms of primitive accumulation for its benefit which express this domination, subject the development of peripheral national capitalism to strict limitations, which are ultimately dependent upon political relations. The mutilated nature of the national community in the periphery confers an apparent relative weight and special functions upon the local bureaucracy that are not the same as those of the bureaucratic and technocratic social groups at the center.

The contradictions typical of the development of underdevelopment and the rise of petty-bourgeois strata reflecting these contradictions, explain the present tendency to state capitalism. This new path of development for capitalism in the periphery does not constitute a mode of transition to socialism but rather expresses the future form in which new relations will be organized between center and periphery.

9. 중심에서는 자본주의 생산양식이 배타적이 되는 경향이 있으나 주변의 경우는 그렇지 않다. 결과적으로 주변 구성체들은 근본적으로 중심의 그것들과 다르게 된다. 이러한 주변 구성체들이 띠는 형태는, 한편으로는 이전에 존재했던 전 자본주의 구성체들의 성격에 의존하고, 다른 한편으로는 그것들이 세계 체제 속으로 편입된 형태와 시기에 의존한다. 이러한 분석을 통해서 우리는 '새로운 중심 구성체들'과 대조되는 주변 구성체들의 본질적인 차이를 파악하게 된다. 즉, 새로운 중심 구성체들은 단순 상품 생산양식의 우위에 기초를 두는데, 그런 이유로 완숙한 자본주의 생산양식으로의 독립적인 발전 능력을 가지고 있다.

그 기원의 차이가 무엇이건 간에, 주변 구성체들은 모두 농업자본 및 대외 의존적 상인 자본으로 특징지워지는 전형적 모델로 수렴하는 경향을 갖는다. 체제 전체에 대한 중심 자본의 지배, 그리고 이러한 지배를 나타내는 중심의 이익을 위한 역동적인 원시적 축적의 메커니즘은, 주변에 있어서 민족 자본주의의 발전을 엄격한 한계 내에 제약되도록 하는데, 이 한계는 궁극적으로 정치적 관계에 의존한다. 주변에 있어서 국가 공동체의 불구화(不具化) 성격은 지방 관료에게 외견 상 비교적 중임(重任)과 특수한 기능을 부여하는데, 이것은 중심에 있어서 관료적·기술적 사회집단의 임무나 기능과는 구별되는 것이다. 저개발의 개발에 나타나는 전형적인 모순과 이러한 모순을 반영하는 프티 부르주아 계층의 성장은 현재의 국가자본주의로의 경향을 설명해 준다. 이 새로운 주변 자본주의 발전의 길은 사회주의로의 이행 양식을 보여 주는 것이 아니라, 오히려 중심 및 주변 간의 새로운 관계가 조직화되는 미래의 형태를 제시하고 있다.

☐ be true of ~에 해당되다 ex) It is true of education

☐ formation a. 구성체, 형성, 조직

☐ assume vt. 떠맡다, 추정하다

☐ epoch a. 시대, 새 시대, 신기원

☐ converge vt. 한 점에 모이다, 몰려들다 opp. diverge

☐ ancillary a. 보조의, 부(副)의(to) n. 조력자, 보조물

☐ comprador n. 매판(중국에 있는 외국 상사·영사관 따위에 고용되어 거래의 중개를 한 중국인), 대외 의존적 성격을 가짐

☐ mutilate vt. 절단하다, 불구자로 만들다

☐ confer vt. 수여하다, 베풀다 cf) ~ a thing on(upon) a person 아무에게 물건을 주다

☐ contradiction n. 모순

☐ strata n. stratum의 복수, (사회의) 계층, 계급, 지층

☐ periphery n. 주변

제 10 장

Ernest Mandel
Late Capitalism

에르네스트 만델
후기 자본주의론

Although Marx discussed this problem on several occasions he did not analyze it systematically in *Capital*. But on the basis of his remarks, the logic of his theory and an analysis of the development of the capitalist world market over the last 150 years, it is possible to formulate the following principles:

1. Under the conditions of capitalist relations of production, uniform prices of production (i.e., a wide-ranging equalization of rates of profit) only emerge within national markets (in pre-capitalist commodity production, different commodity values can even exist alongside each other in regional markets within a single country, based on the differing productivity of labour in the various areas, where there are impediments to the national circulation of commodities). The law of value would only lead to uniform prices all over the world if there had been a general international equalization of the rate of profit as a result of the complete international mobility of capital and the distribution of capital over all parts of the world, irrespective of the nationality or origin of its owners; in other words, in practice only if there were a homogenized capitalist world economy with a single capitalist world states.

에르네스트 만델(1923~1995)은 현대 세계의 주요 모순을 자본과 노동의 모순이 아니라 자본주의 세계 진영과 사회주의 세계 진영의 모순이라고 파악하는 세계 체제적 시각을 거부하고, 마르크스주의 경제 이론의 핵심적인 문제들을 현재의 논점들과 사적으로 결부시켜 조망한 마르크스주의 경제학자이다.

마르크스도 가치법칙에 관하여 여러 곳에서 지적했지만, 그것을 [자본론]에서 체계적으로 분석하지는 못했다. 그러나 그의 견해 및 이론 체계와 과거 150년에 걸친 자본주의 세계시장의 발전에 대한 분석 등을 토대로 하여 다음과 같은 원칙들을 세울 수 있다.

1. 자본주의 제 생산관계의 조건하에 통일된 생산가격 체제(즉 광범위한 이윤율의 균등화)는 국민경제 단위의 시장 내에서만 생긴다(전 자본주의적 상품 생산에서는 상품의 전국적인 유통이 제한되는 국가 내에서 여러 지역의 다양한 노동생산성을 기초로 많은 국지적 시장 권에서 다양한 상품 가치 체계가 각각 존재할 수 있다). 소유자의 국적이나 출신에 관계없이 전 세계에 걸쳐 자본이 자유롭게 이동하고 배분되는 결과로써 이윤율이 범세계적으로 균등화 되어야만, 즉 실제로 단일한 자본주의 세계국가 내에서 동질적인 자본주의 세계경제가 이루어져야만 가치법칙은 전세계에 걸쳐 통일된 상품 가치 체계로 이끌 것이다.

☐ Capital n. 자본, 수도, 대문자 a. 주요한 (= chief, first-class, excellent), 여기서는 [자본론]

☐ wide-ranging a. 광범위한

☐ ~ a single country, (which are) based on 구문에서 생략된 which의 선행사는 regional markets이다.

☐ irrespective a. 관계없는, 상관하지 않는 (of)

☐ homogenize vt. 균질하게 하다 a. homogeneous 동종(동질)의 opp. heterogeneous

2. The restriction of uniform prices of production to "national" markets necessarily determines a variation in the value of commodities in different nations. Marx expressly emphasized this specific effect of the law of value on the international level on several occasions. It is based on nationally differentiated levels of the productivity or intensity of labour (and hence of commodity values), nationally differentiated organic compositions of capital, nationally differentiated rates of surplus-value, and so on. On the world market, the labour of a country with a higher productivity of labour is valued as more intensive, so that the product of one day's work in such a nation is exchanged for the product of more than a day's work in an underdeveloped country.

3. By the export of commodities from a country with a higher level of labour productivity to a country with a lower one, the owners of the exported goods make a surplus-profit, because they are able to sell their commodities at a price above the price of production on their own internal market but below their "national" value in the importing country.

2. 통일된 생산가격 체계를 '국민경제' 단위의 시장에 제한하는 것은 필연적으로 여러 국가들의 상품 가치 체계의 차이를 결정짓는다. 마르크스는 몇몇 경우 범세계적인 차원에서 적용되는 가치법칙의 독특한 영향에 대해서는 강조하였다. 이는 생산성 수준, 노동 집약도 (따라서 상품 가치), 자본의 유기적 구성도 및 잉여가치율들이 국가별로 서로 다르다는 것에 기초하고 있다. 세계시장에서 보다 높은 노동생산성 수준에 있는 국가의 노동은 보다 집약적인 것으로 평가되어, 이들 국가에서의 1일 노동 생산물은 저개발국가에서의 1일 이상의 노동 생산물과 교환된다.

3. 높은 노동생산성 수준에 있는 국가로부터 낮은 노동생산성 수준에 있는 국가로 상품이 수출됨으로써, 수출 상품의 소유자는 상품을 자신들의 국내시장에서는 생산가격보다 비싸게 팔 수 있으며, 반대로 수입국에 대해서는 '국민경제 내에서의' 가치 이하로 싸게 팔 수 있기 때문에 잉여 이윤을 획득하게 된다.

☐ expressly ad. 명백하게, 특별히
(= specially, particularly)
☐ commodity n. 상품

☐ differentiate v. 구별하다
☐ surplus-value n. 잉여가치

4. If the volume of this export is sufficiently large to dominate the entire market of the importing country, then the 'national' value of the commodity in the latter will in time adjust to the value of the commodity in the exporting country under the pressure of competition from the imported goods, i.e., the extra profit will disappear. If the demand for this commodity subsequently continues to increase by leaps and bounds, and cannot be met by imports, room will become available for a national industry with a higher level of labour productivity to replace the ruined backward industry (as in the case of the textile industry in Russia, Italy, Japan and Spain after 1860-70, and even partly in India and China after 1890- 1900), even if the labour productivity of this 'national' industry falls somewhat below that of the exporting country.

5. If the volume of this export remains too limited to be able to determine the amount of socially necessary labour contained in the given commodity within the importing country, then the value of the commodity in this market remains above that of the exporting country, and the commodities of the exporting country will continue to make a surplus-profit (this is partly the case with the pharmaceutical products exported by the imperialist countries to India, South-East Asia and Africa.)

4. (3)의 경우와 같은 상품 수출량이 수입 국가의 전시장을 지배할 만큼 충분하다면, 수입 국가에 있어 상품의 '국민경제 내에서의' 가치는 수입된 상품으로부터의 경쟁 압력 아래에서 때를 맞추어 수출 국가에서의 상품 가치에 맞추어질 것이다. 즉 잉여이윤은 사라질 것이다. 이러한 상품에 대한 수요가 실질적으로 또한 급속도로 계속 증가하여서 수입에 의해 충당될 수 없다면, 보다 높은 노동생산성을 이룩한 국민경제 내의 기업이 낙후된 기업을 대체해서 부족분을 메울 것이다(1860~70년 이후 러시아, 이탈리아, 일본, 스페인의 섬유공업이 그러한 경우이고 1890~1900년 이후 인도와 중국에서도 부분적으로 일어났다). 이러한 '국민경제' 기업의 노동생산성이 수출 국가의 노동생산성보다 약간 못 미친다해도 마찬가지이다.

5. (3)의 경우와 같이 수출되는 상품 양의 비중이 너무 제한적이어서 수입 국가 내에서 주어진 상품에 담겨진 사회적 필요노동량을 결정할 수 없다면, 수입 국가 시장에서의 상품 가치는 여전히 수출 국가에서의 상품 가치 이상이고 수출 국가 상품은 계속하여 잉여 이윤을 획득할 것이다(제국주의 국가들이 인도, 동남아시아, 아프리카로 수출한 의약품의 경우가 부분적으로 그렇다).

☐ volume n. 분량, 거래량, 책, 권(卷)
☐ in time 때를 맞추어
☐ by leaps and bounds 일사천리로, 급속히

☐ pharmaceutical a. 조제학의, 제약의 n.
pharmaceutics (= pharmacy) 조제학
☐ imperialist n. 제국주의자, 제정주의자

6. If a country possesses a virtual world monopoly of the production of a commodity, then its conditions of production form the preconditions for the world market price (and this naturally entails a monopoly surplus-profit over and about the ordinary average profit of the producing country). The same law is valid, *mutatis mutandis*, when the county does not have a monopoly on the production of the commodity, but does have monopoly on its export.

7. If no country possesses a monopoly of the production or export of a commodity, its world market value will be determined by the average international level of the commodity values needed to satisfy the entire international, monetarily effective demand. This average value may then exceed that of the most productive country just as much as it may remain far below that of the most backward country.

8. If a country with an average level of labour productivity below the world average is caused to produce certain goods exclusively for export, then the value of these exported goods is not determined by the actual specific quantities of labour expended in their production, but by a hypothetical average (i.e., by the quantities of labour which would have been expended in their production had it been carried out with the average international level of labour productivity). In this case the country in question suffers a loss of substance through its export — in other words, in exchange for the quantities of labour expended in the production of these goods, it receives back the equivalent of a smaller quantity of labour. Even in this case it can make an absolute profit from this export transaction if mineral resources and labour power which would not otherwise be utilized are employed for these exports. But it will nonetheless suffer relative impoverishment in comparison to the countries which import these export goods.

6. 한 국가가 일정한 상품의 생산에 있어서 실질적인 세계 독점을 가진다면, 그 국가의 생산 조건이 세계시장 가격에 대한 전제조건을 형성한다(그리고 이것은 자연적으로 생산 국가의 통상적인 평균 이윤을 초과하는 독점 잉여이윤을 수반한다). 필요한 변경을 가해도 똑같은 법칙은 유효하다. 즉, 그 국가가 상품 생산을 독점하지 못하나 상품 수출에 있어서 독점을 누릴 경우에도 해당된다.

7. 어떠한 국가가 상품의 생산이나 수출에서 독점을 갖지 않으면, 그 상품의 세계시장 가치는 범세계적인 화폐적 유효수요를 충족시키는 데 필요한 상품 가치 체계의 국제적 평균 수준에 의해 결정될 것이다. 이 평균 가치는 생산성이 가장 낮은 국가의 평균 가치보다도 훨씬 낮을 수 있듯이, 생산성이 가장 높은 국가의 가치보다도 훨씬 높을 수 있다.

8. 세계 평균을 밑도는 평균 노동생산성 수준을 가진 한 국가가 일정한 상품을 전부 수출용으로 생산하게 된다면, 이러한 수출 상품의 가치는 그 상품 생산에 지출된 실질적인 일정한 노동량에 의해 결정되지 않고 가정된 평균에 의해 결정된다(즉 그 상품이 국제적 평균 노동생산성 수준에서 생산된다면 그 생산에 지출된 노동량에 의해서 결정된다). 이와 같은 경우에 문제의 국가는 그 상품 수출을 통해서 손실을 입는다. 다시 말해서 그 상품 생산에 지출된 노동량을 교환하는 데에서 그 국가는 보다 적은 노동량에 해당되는 가치를 되돌려 받는다. 이러한 경우에도 다른 식으로는 활용되지 못할 광물자원과 노동력이 이러한 수출에 사용된다면 이 수출 거래로부터 절대적 이윤을 획득할 수 있다. 그러나 그 국가는 이러한 상품을 수입하는 국가와 비교하면 그럼에도 불구하고 상대적 빈곤을 면하지 못한다.

- [ ] entail vt. (결과를) 수반하다, 남기다
- [ ] mutatis mutandis ad. 필요한 변경을 가하여, 준용해서
- [ ] monetarily ad. 금전적으로, 금융상의
  a. monetary n. money syn. financial
- [ ] If 절의 주어는 a country부터 world average까지이며 동사는 is caused이다.

- [ ] expend(ed) in(on) vt. ~에 들다, 소비하다
  n. expense (= expenditure)
- [ ] substance n. 물질 (= material, stuff)
- [ ] transaction n. 거래, 취급
  vt. transact 거래하다
- [ ] impoverishment v. 가난, 곤궁

9. All the preceding principles to a greater or less extent presuppose extensive capitalist relations of production in the various nations trading with one another (see the quotation from Engels' letter to Conrad Schmidt at the beginning of this chapter). If, however, the relations of production in a country are only marginally capitalist, and if the exported commodities are produced in precapitalist or semi-capitalist conditions, then the tendency for commodities to be exported below their 'national' value may become significantly stronger — among other things because the 'wages' which enter into the commodity value may fall far below the value of the commodity of labour power, if the producers are only semi-proletarians who still possess their own menas of producing the necessities of life or if they are small peasants who carry on subsistence agriculture and whose consumption is limited to the physiological minimum for life.

10. Precisely because of the *differences* in the value of commodities and the productivity of labour between each country integrated into the capitalist world market, the law of value inexorably compels the backward countries with a low level of labour productivity to specialize on the world market in a manner disadvantageous to themselves. If they wish, despite this fact, to embark on the production of high-value industrial goods (in small series and with colossal costs) they are condemned to sell these at a loss on their internal market, because the difference in production costs compared with those of the industrialized nations is too large, and exceeds the normal margin of profit on the domestic market. Russia and China escaped this fate after their socialist revolution only by a protective monopoly of foreign trade.

9. 정도의 차이는 있지만 앞에서의 모든 원칙들은 서로 교역하는 여러 국가간에 광범위한 자본주의적 제 생산관계가 성립하고 있다고 전제한다(이번 장의 서두에서 엥겔스가 콘래드 슈미트에게 보낸 편지에서 인용한 것을 참조). 그러나 어떤 국가에서 생산관계가 단지 부분적으로만 자본주의적이고 수출된 상품이 전자본주의나 반자본주의적 조건에서 생산된다면, 상품이 '국민경제 내에서의' 가치를 밑도는 수준으로 수출되는 경향은 상당한 정도로 강화될 수도 있다. 왜냐하면 다른 무엇보다도 생산자가 여전히 생활의 기본적 욕구를 스스로 생산하는 수단을 보유하는 반프롤레타리아이거나 자급 농업에 종사하고 소비를 생존에 필요한 최소한도로 억제하는 소농이라면 상품 가치를 구성하는 요소인 '임금'이 노동력이라는 상품의 가치를 훨씬 하회할 수 있기 때문이다.

10. 분명히 말하는데 자본주의 세계시장으로 통합된 국가들 사이에서 상품의 가치와 노동생산성이 위와 같이 '격차'를 나타내기 때문에 낮은 노동생산성 수준에 머물고 있는 후진국가들은 가혹하게 세계시장에서 가치법칙이 그들에게 불리하게 작용하는 생산물에 특화할 수 밖에 없다. 이런 사실에도 불구하고 후진국가들이 가치가 높은 공업 제품을 생산하려면 고도로 산업화된 국가들과 비교해서 생산 비용의 격차가 매우 크고 또한 내수 시장에서의 평균이윤을 초과하기 때문에 산업화된 국가들의 내부 시장에서 그 제품을 손해보면서 판매하지 않을 수 없다. 러시아와 중국의 경우에는 사회주의 혁명 후에 보호적인 외국무역의 독점을 통해 비로소 위와 같은 상태로부터 벗어날 수 있었다.

☐ presuppose vt. 전제로 하다, 미리 가정하다 (= presume) cf) presumption 추정, 가정

☐ menas n. 자산 (= fortune)

☐ physiological a. 생리학상의
n. physiology

☐ because of 이하 구는 ~ world market 까지 포함하며, the law of value가 문장의 주어

☐ inexorably a. 무정하게

☐ colossal a. 거대한 (= magnificent)

☐ be condemned to ~하도록(운명) 지어지다, ~라고 선고하다

☐ at a loss 난처하여, 어쩔 줄 몰라
cf) perplexed

ENGLISH READING

SOCIAL SCIENCE

제3부 정치편

제1장

Ronald H. Chilcote
Theories of Comparative Politics

로널드 칠코트
비교정치학 이론

The study of comparative politics has evoked much confusion for student and scholar alike. A variety of terms is used loosely and interchangeably in the comparative study of politics. *Comparative government*, for example, usually refers to the study of countries or nation-states in Europe, and the focus of study is on the institutions and functions of those countries, with attention to their executives, legislatures, and judiciaries, as well as such supplementary organizations as political parties and pressure groups. *Comparative politics*, in contrast, studies a broader range of political activity, including governments and their institutions as well as other forms of organizations not directly related to national government; for example, tribes, communities, associations, unions.

로널드 칠코트는 1980년대에 출간한 『비교정치학 이론』을 통해 21세기의 새로운 정치학적 패러다임을 제시했다. 주류 정치학에 대한 기존의 비판적 자세를 견지하면서 페미니즘, 생태운동, 대중 집단의 등장 등 현대 정치학의 다양한 쟁점들을 폭넓게 검토하고 있다.

비교정치학 연구는 학생들과 학자들에게 똑같이 많은 혼란을 야기시켰다. 정치학의 비교 연구에 있어서 여러 가지 용어들이 막연하게, 그리고 상호교환적으로 사용되어 왔다. 예컨대 '비교정부론'은 보통 유럽의 여러 나라나 민족국가들에 대한 연구와 관계를 맺고 있으며, 정당이나 압력단체와 같은 보조적인 조직과 아울러 행정부, 입법부, 그리고 사법부에도 관심을 두면서, 그러한 국가의 각종 제도와 기능에 연구의 초점을 두고 있다. 이와는 대조적으로 '비교정치학'은 더욱 폭넓은 영역의 정치 활동을 연구하는데, 이는 종족, 공동체, 결사, 조합 등과 같이 거국적 정부와는 직접 연관되지 않는 다른 형태의 집단뿐만 아니라 정부 및 그 산하기관들을 포함한다.

☐ evoke vt. 불러내다, 불러일으키다
☐ interchangeably ad. 교환할 수 있게, 교체되어
☐ comparative a. 비교의, 비교적인, 상당한

☐ nation-state n. 단일민족으로 이루어진 국가
☐ executive n. 행정부
☐ legislature n. 입법부
☐ judiciary n. 사법부

Political science and comparative politics relate both to theory and to method. *Theory* refers to sets of systematically related generalizations, and *method* is a procedure or process that involves the techniques and tools utilized in inquiry and for examining, testing, and evaluating theory. *Methodology* consists of methods, procedures, working concepts, rules, and the like used for testing theory and guiding inquiry, and the search for solutions to problems of the real world. Methodology is a particular way of viewing, organizing, and giving shape to inquiry.

Confusion arises over these terms because the comparative study of government often refers to the study foreign governments, and comparative politics is utilized in the search for comparisons in the study of all forms of political activity — governmental as well as nongovernmental. Thus, the comparative politics specialist tends to view comparative politics as the study of everything political. Any lesser conception of comparative politics would obscure criteria for the selection and exclusion of what the field might study.

정치학과 비교정치학은 이론과 방법 양자에 있어 서로 관련을 맺고 있다. '이론'은 체계적으로 연관된 일련의 일반법칙들을 말하며, '방법'이란 그 이론을 시험, 검증하고 평가하기 위하여 연구에서 활용된 기술들과 도구들이 포함된 과정 및 절차이다. '방법론'은 방법, 절차, 실용적인 개념, 법칙, 이론 검증과 탐구 지침으로 사용된 그 밖의 것들과, 실제 세계의 문제들을 해결하기 위한 연구로 구성되어 있다. 즉 방법론은 연구를 판단, 조직하고 구체화하는 특정한 방식이다.

정부에 관한 비교 연구는 때때로 외국 정부들에 대한 연구와 관련되어 있기 때문에 이러한 용어들에 관하여 혼란이 일어난다. 그리고 비교정치학은 모든 형태의 정치적 활동 — 비(非)정부적인 것과 정부적인 — 에 관한 연구에서 비교점들을 찾기 위하여 이용된다. 그리하여, 비교정치학의 전문가는 비교정치학을 정치적인 모든 것에 대한 연구로서 간주하는 경향이 있다. 비교정치학에 대한 어떤 작은 개념도 그 학문의 분야가 무엇을 연구해야 하는가에 대한 선택과 배제를 위한 기준을 애매하게 할 것이다.

☐ refer (to) v. 관계하다, 의지하다
☐ methodology n. 방법론, 방법학
☐ working a. 실용적인, 기초적인
☐ and the like 그 밖의 같은 것, ~따위
☐ give shape to ~에 형태를 부여하다, 구체화하다

☐ confusion n. 혼란, 혼동, 당황
☐ in the search for (= in search of) ~을 찾아서
☐ obscure vt. 어둡게 하다, 모호하게 하다
☐ criteria n. (criterion의 복수) 표준, 기준

One might also explore the relationship of politics and comparative politics to other fields, as I do in Chapter 3. I note that both theory and method owe a great deal to the "classical" political philosophers Aristotle and Plato, Machiavelli and Montesquieu, and Hegel, Marx, and Mill. Comparative politics is also indebted to the early twentieth-century contributions of Woodrow Wilson, James Bryce, and Carl Friedrich, whose attention was directed toward the formal study of government and state. I also show that work in related fields has shaped comparative political inquiry, notably the work of A. R. Radcliffe-Brown and Bronislaw Malinowski in anthropology, Gaetano Mosca, Vilfredo Pareto, Max Weber, Emile Durkheim in sociology and political sociology, and John M. Keynes, Karl Marx, and V. I. Lenin in economics and political economy. Finally I suggest that attention should be directed toward political economy.

The movement toward the study of all political phenomena and the need to draw upon the theories and methods of other disciplines gave to comparative politics an all-encompassing orientation. The Second World War heightened interest among scholars in the study of foreign systems, especially systems in Europe and Asia. The decline of empires after the war and the turmoil of independence in the Third World influenced scholars to turn their attention from the established to the new nations. The consequences for comparative politics were substantial. According to Braibanti (1968), there was an acceleration of research on the new nations, prompted by research technology and the funding by and interests of foundations and government, which exacted from scholars the knowledge needed to guide programs in foreign aid.

　　여러분은 내가 3장에서 하였듯이 다른 분야들에 대한 정치학과 비교정치학의 관계를 탐구해 볼 수 있을 것이다. 이론과 방법 모두가 상당 부분이 아리스토텔레스, 플라톤, 마키아벨리, 몽테스키외, 헤겔, 마르크스, 그리고 밀과 같은 '고전적' 정치 철학가들의 사상에 영향 받았음을 일러둔다. 비교정치학은 또한 정부와 국가에 대한 형태적인 연구에 주의를 기울였던 20세기 초의 우드로 윌슨, 제임스 브라이스, 그리고 칼 프리드리히 같은 이들의 공헌에 힘입고 있다. 또한 나는 관련 분야의 업적이 비교정치학 연구를 형성시켰다는 점을 말해 둔다. 그중에서도 인류학에서 A. R. 래드클리프-브라운과 브로니슬라프 말리노프스키, 사회학과 정치사회학에서 가에타노 모스카, 빌프레도 파레토, 막스 베버, 에밀 뒤르켐, 그리고 경제학과 정치경제학에서 존 케인스, 칼 마르크스, 그리고 레닌의 업적을 들고 싶다. 마지막으로 정치경제학에 대하여 관심을 기울여야 한다는 점을 제안하고자 하는 바이다.

　　모든 정치적 현상들에 관한 연구로의 움직임과 다른 분야들의 이론과 방법에 의지해야 하는 필요성은 비교정치학에 모든 것을 망라하는 경향을 제공했다. 제2차 세계대전은 학자들 사이에 외국 체계, 특히 유럽과 아시아의 여러 체계 연구에 관해 관심이 높아졌다. 전후 제국들의 쇠퇴와 제3세계들이 독립해가는 혼란에 영향 받아 그들의 관심은 이미 확립된 나라들로부터 신생국가들로 향했다. 비교정치학에 끼친 그 영향은 매우 컸다. 브레이반티(1968)에 의하면, 신생국가들에 대한 연구가 연구 기술과 자금 제공, 재단과 정부의 관심에 의하여 가속화되었고 이는 학자들에게 해외 원조 계획을 지도하는 데에 필요한 지식을 강요하였다.

- [ ] indebted a. 빚이 있는, 은혜를 입고
- [ ] contribution n. 기부, 기여, 공헌, 투고
- [ ] notably ad. 그중에서도 특히, 명료하게
- [ ] anthropology n. 인류학
- [ ] draw upon ~을 신다, ~을 꾀어 들이다, ~에 가까워지다, ~에 의지하다
- [ ] discipline n. 훈련, 규율, 학과, (학문의) 분야

- [ ] encompass vt. 둘러싸다, 품다, 망라하다
- [ ] orientation n. 방침의 결정, 지도, 방위
- [ ] turmoil n. 소란, 혼란 (= turmult)
- [ ] substantial a. 실질적인, 많은, 풍부한, 견실한
- [ ] According to ~ which의 선행사는 an acceleration of research
- [ ] exact a. 정확한 vt. 강요하다

Additionally, a fragmentation of case materials was the result of problems related to method in the gathering of data, to research terminology that has not been standardized, and to the rapid proliferation of new nations in which research conditions are uncertain and the cumulation of knowledge is uneven. There was also an expansion of the sphere of politics so as to allow the examination of politics as a total system, on the one hand, and as an analysis of individual behavior, on the other. Finally, there was a tendency toward model building, including highly imperfect and transitory devices, and classificatory schemes easily divorced from reality and undermined by unreliable and tentative data.

Given these trends, still another problem faces the students of comparative politics, that of value-free investigation. For the study of political behavior, many political scientists emphasize attention to explicit assumptions and to systematic, quantitative, and cumulative investigation. Investigators assume the role of objective social scientists, separating themselves from the role of active citizens. Despite the pretensions of such political scientists, however, there is now a widespread understanding that values enter into all investigations of politics. Christian Bay (1965), for example, argued that work that pretends to be neutral is actually imbued with real value biases and indeed is both conservative and and antipolitical.

이외에도 자료를 모으는 방법, 표준화되지 않은 연구 용어, 그리고 연구 조건이 불확실하고 축적된 지식이 고르지 않은 신생국가들의 급속한 증가와 관련된 여러 가지 문제점 때문에 각 국가의 자료가 분산되었다. 또한 정치학의 고찰을 한편으로는 전체 체제로서, 다른 한편으로는 개인적 행동의 분석으로서 고려하기 위하여 정치학의 영역이 팽창되었다. 마지막으로 매우 불완전하고 일시적인 방안과 현실로부터 쉽게 유리된 분류상의 도식, 믿을 수 없고 임시적인 자료에 의한 손상 등을 포함하는, 모델 수립의 경향이 있었다.

이런 추세 하에 여전히 비교정치학의 연구자들에게는 몰가치적 연구라는 또 다른 문제가 남아 있다. 수많은 정치 학자들은 정치적 행동의 연구를 위해서 명백한 가설과 체계적이고 양적이며 누적적인 연구에 대한 관심을 강조한다. 연구자들은 활동적인 시민의 역할로부터 자신들을 분리시킨 채 객관적인 사회 과학자의 역할을 떠맡는다. 그러나 그러한 정치 학자들의 주장에도 불구하고 정치학의 모든 연구에 가치가 개입된다는 사실을 다들 이해하고 있다. 예컨대 크리스천 베이(1965)는 중립적인 체 꾸미는 작업이 실제로는 진정한 가치에 관한 편견에 물들어 있으며 진실로 보수적이고 반정치적이라고 주장했다.

□ terminology n. 전문 용어, 술어
□ proliferation n. 증식
□ cumulation n. 쌓아올림, 축적
□ transitory a. 덧없는, 오래가지 않는
□ classificatory a. 분류(상)의
□ undermine vt. ~의 밑을 파다, 몰래 손상시키다
□ tentative a. 시험적인, 임시의

□ trend n. 방향, 경향, 추세 (= tendency)
□ investigation n. 조사, 연구, 조사 보고
□ quantitative a. 분량상의, 양에 관한
□ pretension n. 주장, 요구, 가장, 허식
□ Christian Bay. ~ that 절이 argue의 목적어이며 that 절 안에서 work that pretends to be neutral이 주어이다.
□ imbue vt. ~에 감염시키다, 물들이다(with)

These concerns are supported in other assessments as well (McCoy and Playford 1967; Myrdal 1969). Searing (1970) delved deeply into the problem and concluded that value judgments enter six stages of research but do not necessarily bias consequence. In the first two stages, problem selection and concept formation, value decisions are significant but do not always bias research. The intrusion of value judgments into the stages of data selection, interpretation, and theory construction can result in bias. Searing admitted too that value choices represent a problem for the last stage, verification.

The above stages suggest a systematic method of procedure for social science investigation. That method may be construed as emulating the work of the natural scientists, who look for regularities in the abstractions that they select from the non-human world. Thus, social science might simply borrow the theories and rules of natural science to study the human world. But a stress on regularity will certainly obscure any recognition of irregularity. Values, beliefs, and personal interests might intrude upon the scientific enterprise, and in the end little understanding will be gained. Such has been the concern of many people interested in comparative politics.

All these problems relate to the search for theory and method in comparative politics. The reader may be interested in background reading and understanding in this search for theory and method, so I turn briefly to a summary of some of the major work that has influenced comparative politics.

　　이러한 염려는 다른 평가들(맥코이와 플레이포드 1967; 뮈르달 1969)에서도 확인되고 있다. 시어링(1970)은 그 문제를 깊이 탐구해서 연구의 여섯 단계에 가치 판단이 개입하지만 반드시 편파적인 결과를 이끌어 내지는 않는다고 결론지었다. 처음의 두 단계, 즉 문제 선택과 개념 형성의 단계에서 가치의 결정은 중요하기는 하지만, 항상 연구에 편견을 지우지는 않는다. 자료 선택과 해석, 그리고 이론을 구성하는 과정에 가치 판단이 개입되면 편견을 낳을 수 있다. 또한 시어링은 가치의 선택은 마지막 단계인 검증 단계에 문제를 나타낼 수 있다는 것 역시 인정했다.

　　위에 말한 단계들은 사회과학 연구 절차를 위한 체계적인 방법을 제안한다. 그 방법은 인간 이외의 세계로부터 이끌어 낸 추상에서 규칙성을 찾아내는 자연 과학자들의 업적에 필적하는 것으로 생각되어질 수 있다. 이렇게 사회과학은 인간 세상을 연구하기 위하여 자연과학의 이론들과 규칙들을 단순히 빌려 올 수 있다. 그러나 규칙성에 대한 강조는 확실히 불규칙성에 대한 어떠한 인정도 모호하게 할 것이다. 가치, 확신, 그리고 개인적 관심은 과학적인 활동을 방해할 것이고, 결국은 거의 이해되지 못할 것이다. 이것이 이제까지 비교정치학에 관심을 가진 많은 사람들의 염려하는 바이다.

　　이러한 모든 문제점들은 비교정치학의 이론과 방법을 위한 탐구와 관계가 있다. 독자는 이론과 방법을 탐구함에 있어 배경적인 독서와 이해에 관심이 있을 수도 있다. 그래서 간단히 비교정치학에 영향을 준 몇몇 주요 저작의 요약으로 말머리를 돌리겠다.

☐ concern n. 관계, 관심, 관심사
☐ assessment n. 사정, 평가, 부과
☐ delve vt., vi. 탐구하다, 자세히 조사하다
☐ bias n. 사선, 선입관, 편견 vi. 편견을 갖게 하다
☐ construe vt. ~의 뜻을 해석하다, 추론하다, 번역하다
☐ emulate vt. ~와 겨루다, ~에 필적하다

☐ regularity n. 규칙 바름, 정규, 일정 불변
☐ recognition n. 인지, 승인, 인정
☐ irregularity n. 불규칙성, 변칙
☐ enterprise n. 기획, 계획, 진취적인 정신
☐ in the end 결국은
☐ turn to ~에 의지하다, ~에 호소하다, ~에 손을 대다, 착수하다

제 2 장

John Locke
Two Treatises of Government

존 로크
통치에 관한 두 편의 논고

   The legislative power is that which has a right to direct how the force of
the commonwealth shall be employed for preserving the community and the
members of it. Because those laws which are constantly to be executed, and
whose force is always to continue, may be made in a little time, therefore
there is no need that the legislative should be always in being, not having
always business to do. And because it may be too great temptation to human
frailty, apt to grasp at power, for the same persons who have the power of
making laws to have also in their hands the power to execute them, whereby
they may exempt themselves from obedience to the laws they make, and suit
the law, both in its making and execution, to their own private advantage,
and thereby come to have a distinct interest from the rest of the community,
contrary to the end of society and government.

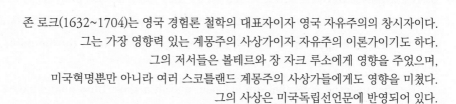

존 로크(1632~1704)는 영국 경험론 철학의 대표자이자 영국 자유주의의 창시자이다.
그는 가장 영향력 있는 계몽주의 사상가이자 자유주의 이론가이기도 하다.
그의 저서들은 볼테르와 장 자크 루소에게 영향을 주었으며,
미국혁명뿐만 아니라 여러 스코틀랜드 계몽주의 사상가들에게도 영향을 미쳤다.
그의 사상은 미국독립선언문에 반영되어 있다.

입법권이란, 공동사회와 그 성원을 보전해 가기 위하여 국가의 힘이 과연 어떠한 모양으로 행사되어야 할 것인지를 지시할 수 있는 권리를 가지는 권력이다. 끊임없이 집행되어져야 하는 법률은 그 효력도 존속되어 가야 하지만 만드는 데는 그렇게 오랜 시간이 걸리는 것이 아니므로, 입법부로서는 언제나 해야 할 일이 있는 것도 아니며, 따라서 언제나 존재해야 할 필요성도 없는 것이다. 그리고 법률을 만들 수 있는 권력을 그 수중에 장악하고 있는 사람은 또한 그 법률을 집행할 수 있는 권력까지도 장악하려는 것은 권력을 장악하고 싶어 하는 인간의 나약함에 커다란 유혹이다. 같은 사람이 입법과 집행의 두 권력을 모두 그 수중에 장악하게 되면, 그들은 자기네들이 만든 법률에 복종해야 할 의무로부터 벗어나려고 하며, 또한 법률을 만들 때에도 그것이 그들 자신의 개인적인 이익에 부합하도록 하며, 그렇게 함으로써 사회와 통치의 목적에 반하여 공동사회의 다른 사람들과는 전연 별개의 이해관계를 갖게 될 것이다.

- ☐ legislative n. 입법상의
- ☐ that which의 that은 power를 가리킴
- ☐ commonwealth n. 국가 (= body politic)
- ☐ Because 이하는 be to 용법으로 필요, 당위의 의미를 나타냄
- ☐ frailty n. 약점, 단점, 과실
- ☐ grasp at 잡으려 하다, 붙들다(=grip)

Therefore in well-ordered commonwealths, where the good of the whole is so considered as it ought, the legislative power is put into the hands of diverse persons who, duly assembled, have by themselves, or jointly with others, a power to make laws, which when they have done, being separated again, they are themselves subject to the laws they have made; which is a new and near tie upon them to take care that they make them for the public good.

But because the laws that are at once, and in a short time made, have a constant and lasting force, and need a perpetual execution, or an attendance thereunto, therefore it is necessary there should be a power always in being which should see to the execution of the laws that are made, and remain in force. And thus the legislative and executive power come often to be separated.

There is another power in every commonwealth which one may call natural, because it is that which answers to the power everyman naturally had before he entered into society. For though in a commonwealth the members of it are distinct persons, still, in reference to one another, and, as such, are governed by the laws of the society, yet, in reference to the rest of mankind, they make one body, which is, as every member of it before was, still in the state of Nature with the rest of mankind, so that the controversies that happen between any man of the society with those that are out of it are managed by the public, and an injury done to a member of their body engages the whole in the reparation of it. So that under this consideration the whole community is one body in the state of Nature in respect of all other states or persons out of its community.

그러므로 전체의 이익이 아주 당연한 것으로 여겨지는, 질서가 잘 잡힌 국가에서 입법권은 여러모로 다른 사람들의 수중에 위임한다. 이들은 정해진 시간에 회합하여, 오직 그들만으로 또는 다른 사람들과 공동으로 법률을 만들 수 있는 권력을 가지게 된다. 그리고 그들은 일단 법률을 만들고 나면 또 다시 해산하여 그들 자신도 자기네들이 만든 법률에 복종하게 된다. 그런데 이러한 사실은 그들에게 그들로 하여금 법률을 공공의 복지를 위하여 만들도록 유의케 하기 위한 하나의 새롭고도 절실한 속박이 된다.

그러나 당장 즉석에서 만들어지는 경우도 있으며, 또한 짧은 시간 안에 만들어지는 경우도 있는 법률은 끊임없이 영속적인 효력을 가지고 계속해서 집행되는 것이 필요하거나 그 집행을 위한 봉사가 필요하다. 따라서 작성되어져서 줄곧 효력을 지속시켜 가는 법률의 집행을 담당해야 할 권력이 항상 존재하는 것이 필요하게 된다. 그리고 이와 같이하여 입법권과 행정권은 종종 분리되는 것이다.

어떠한 국가에서도 자연 상태에 있어서의 권력(자연권)이라고 부를 수 있는 또 다른 하나의 권력이 있다. 그것은 각자가 사회에 가입하기 이전에 자연적으로 갖고 있었던 권력에 해당하는 것이기 때문이다. 그것은 다음과 같은 이유 때문이다. 즉 국가 안에 있어서 그 구성원은 — 상호간의 관계에 있어서는 — 여전히 개별적인 인간(인격)이며, 그리고 바로 그와 같은 존재로서 사회의 법률에 의해서 지배되고 있다. 그러나 그 국가의 구성원 이외의 사람들에 대해서는, 그들은 하나의 집단을 이루어 일체가 되며, 그 집단으로서는 그 구성원 각자가 종전에 그랬던 것과 마찬가지로, 여전히 다른 인류와 더불어 자연상태에 있는 것이기 때문이다. 그러므로 그 사회의 구성원이 어떤 사람과 그 사회 이외의 어떤 사람과의 사이에 분쟁이라도 일어난다면, 그것은 그 사회 전체에 의해서 처리된다. 그리고 그 집단의 일원에게 위해가 가해지게 되면, 그 집단 전체가 그 보복에 임하게 된다. 따라서 이와 같이 생각해 본다면, 공동사회 전체는, 그 공동사회 밖에 있는 다른 모든 국가와 사람들에 관해서는 자연 상태에 있어서의 일개 집단(인간)과 같은 것이다.

☐ diverse a. 가지각색의

☐ perpetual a. 영속하는 (= everlasting)

☐ execution n. 집행, 수행

☐ thereunto ad. 그것에 (= thereto)

☐ which should ~는 a power를 수식하는 관계대명사절

☐ see to 돌보다, 살피다

☐ which one may call natural은 another power를 수식하는 관계대명사절

☐ answer to ~에 부합하다, ~에 대답하다

☐ as every member of it before was 는 삽입절

☐ that happen ~ out of it은 the controversies를 수식

☐ reparation n. 배상

This, therefore, contains the power of war and peace, leagues and alliances, and all the transactions with all persons and communities without the commonwealth, and may be called "federative" if any one pleases. So the thing be understood, I am indifferent as to the name.

These two powers, executive and federative, though they be really distinct in themselves, yet one comprehending the execution of the municipal laws of the society within itself upon all that are parts of it, the other the management of the security and interest of the public without with all those that it may receive benefit or damage from, yet they are always almost united. And though this federative power in the well or ill management of it be of great moment to the commonwealth, yet it is much less capable to be directed by antecedent, standing, positive laws than the executive, and so must necessarily be left to the prudence and wisdom of those whose hands it is in, to be managed for the public good. For the laws that concern subjects one amongst another, being to direct their actions, may well enough precede them.

Though, as I said, the executive and federative power of every community be really distinct in themselves, yet they are hardly to be separated and placed at the same time in the hands of distinct persons. For both of them requiring the force of the society for their exercise, it is almost impracticable to place the force of the commonwealth in distinct and not subordinate hands, or that the executive and federative power should be placed in persons that might act separately, whereby the force of the public would be under different commands, which would be apt some time or other to cause disorder and ruin.

　따라서 이와 같은 권력은 전쟁과 평화의 권력, 연맹과 동맹을 맺을 수 있는 권력 및 그 국가 밖에 있는 모든 개인과 공동사회를 상대로 일체의 교섭을 행할 수 있는 권력을 포함하고 있다. 그리고 만일 원하는 이가 있다면 그것을 '연합권' 또는 '동맹권'이라고 불러도 좋을 것이다. 사실의 내용이 이와 같이 이해만 된다면, 나로서는 그 명칭 따위는 어떻게 되어도 무관하다고 생각한다.

　이러한 두 개의 권력, 곧 집행권과 연합권은 본질적으로는 정말 별개의 것이다. 즉 집행권은 그 사회의 국내법을 그 사회를 구성하는 모든 성원들에 대해서 ― 그 사회 자체의 내부에서 ― 집행하는 것이며, 연합권은 공공의 안전과 이익을 위하여, 그 사회의 이익과 또는 손해를 가져오게 할지도 모르는, 그 사회 밖에 있는 상대방과의 관계를 관장하는 것(대외적인 처리), 그러나 이 두 권력은 거의 언제나 서로 결합되고 있다. 그리고 이러한 연합권이 잘 운영되느냐, 운영되지 못하느냐 하는 것이 국가의 중대사이긴 하지만, 그러나 행정권에 비해 보면, 그것은 이미 정해진 항구적인 실정법(성문법)에 의한 규제를 받는 일이 없다. 따라서 연합권이 공공의 복지에 도움이 되도록 운영되기 위해서는 반드시 그러한 권력을 장악하고 있는 사람들의 사려분별과 예지(지혜)에 일임하지 않으면 안 된다. 왜냐하면 신민(臣民)들 상호간의 문제에 관한 법률은 그들의 행동을 지시하기 위한 것이므로, 그 행동에 앞서 규정되는 것은 당연하다.

　앞서 말한 바와 같이, 모든 공동사회의 행정권과 연합권은 본질적으로 전연 별개의 것이기는 하지만, 그러나 그 양자를 서로 분리시켜 별개의 사람의 수중에 동시에 위임하는 것은 거의 불가능하다. 왜냐하면 이 양자의 권력을 행사하기 위해서는 사회의 힘을 필요로 하기 때문에, 국가의 힘을 별개의 또한 서로 독립된 사람들의 수중에 위임하는 것 ― 즉 행정권과 연합권을 서로 개별적으로 행동할 수 있는 사람들의 수중에 위임하는 것 ― 은 거의 실행할 수 없는 까닭이다. 만일 그렇게 된다면, 공공의 힘은 별개의 명령 하에 놓이게 되어 조만간 무질서와 파멸을 야기하게 될 것이다.

- [ ] the power는 war and peace, leagues and alliances, all the transactions에 공통
- [ ] alliance n. 결연, 동맹
- [ ] transaction n. 거래, 계약
- [ ] federative a. 연합의, 연맹의
- [ ] So (if) the thing (would) be understood
- [ ] one은 executive power를, 그리고 the other는 federative power를 각각 가리킴
- [ ] comprehend v. 포함하다, 함축하다
- [ ] municipal a. (지방)자치의
- [ ] standing a. 영구적, 고정된, 불변의
- [ ] are hardly to be separated = almost cannot be separated
- [ ] impracticable a. 실천이 불가능한
- [ ] subordinate a. 아래의, 종속적인

제3장

Jean Jacques Rousseau
The Social Contract

장 자크 루소
사회계약설

   Man is born free; and everywhere he is in chains. One thinks himself the master of others, and still remains a greater slave than they. How did this change come about? I do not know. What can make it legitimate? That question I think I can answer.

   If I took into account only force, and the effects derived from it, I should say: "As long as a people is compelled to obey, and obeys, it does well; as soon as it can shake off the yoke, and shakes it off, it does still better for, regaining its liberty by the same right as took it away, either it is justified in resuming it, or there was no justification for those who took it away." But the social order is a sacred right which is the basis of all other rights. Nevertheless, this right does not come from nature, and must therefore be funded on conventions. Before coming to that, I have to prove what I have just asserted.

장 자크 루소(1712~1778)는 18세기 프랑스의 문필가이자 정치 사상가이다.
프랑스 혁명에서 그의 자유민권 사상은 혁명지도자들의 사상적 지주가 되었다.
19세기 프랑스 낭만주의 문학의 선구자 역할을 하였다.

　　인간은 자유인으로 태어난다. 그럼에도 불구하도 인간은 도처에서 사슬에 매여 있다. 각인은 타인의 지배자로 자처하나, 사실은 그 타인보다 더 노예적 상태에 있는 것이다. 이 변동은 어떻게 나타난 것일까? 나는 그것을 설명할 수가 없다. 무엇이 이를 합법화 시켰는가? 이 문제에는 해답을 줄 수 있다고 나는 생각한다.
　　만일 내가 폭력과 또 그 폭력에 따르는 결과만을 고려한다고 한다면 이렇게 말할 수 있을 것이다: "어떤 인민이 복종을 강요받는대로 복종을 하고 있는 한 그 인민은 현명하다. 그리고 그 인민이 그 속박으로부터 벗어날 수 있고 그 구속을 제거하면 그 인민은 더욱 현명하다. 왜냐하면, 인민으로부터 자유를 빼앗아간 것과 바로 같은 권리로써 그도 또한 그 자유를 도로 찾은 것인 이상, 자유를 회복하는 것이 정당하거나, 아니면 그것을 빼앗아 갔던 그네들에게 정당성이 없기 때문이다"고. 그러나 사회질서라는 것은 다른 모든 권리의 기초가 되는 신성한 권리이다. 그럼에도 불구하고 이 법은 결코 자연에서 발생하는 것이 아니고 계약에 의해서 성립이 되어야 한다. 그 문제에 들어서기 전에 나는 내가 지금 이야기한 바를 증명해야만 한다.

☐ legitimate vt., a. 합법적인, 정당한, 정통의
☐ take into account (= take account of) ~을 고려하다, 참작하다
☐ yoke n. 멍에, 속박 (= bondage)

☐ justify vt. 옳다고 하다, 정당화하다
☐ resume vt. 다시 잡다(차지하다), 재기하다
☐ sacred a. 신성한 (= holy)
☐ convention n. 관습, 집회(전당대회), 여기서는 약정, 협약의 의미

The most ancient of all societies, and the only one that is natural, is the family: and even so the children, remain attached to the father only so long as they need him for their preservation. As soon as this need ceases, the natural bond is dissolved. The children, released from the obedience they owed to the father, and the father, released from the care he owed his children, return equally to independence. If they remain united, they continue so no longer naturally, but "voluntarily"; and the family itself is then maintained only by conversation.

This common liberty results from the nature of man. His first law is to provide for his own preservation, his first cares are those which he owes to himself; and, as soon as he reaches years of discretion, he is the sole judge of the proper means of preserving himself, and consequently becomes his own master.

The family then may be called the first model of political societies: the ruler corresponds to the father, and the people to the children; and all, being born free and equal, alienate their liberty only for their own advantage. The whole difference is that, in the family, the love of the father for his children repays him for the care he takes of them, while, in the State, the pleasure of commanding take place of the love which the chief cannot have for the peoples under him.

I suppose men to have reached the point at which the obstacles in the way of their preservation in the state of nature show their power of resistance to be greater than the resources at the disposal of each individual for his maintenance in that state. That primitive condition can then subsist no longer; and the human race would perish unless it changed its manner of existence.

모든 사회 중에서 가장 오랜 역사를 가졌으며, 또 자연적이라는 유일한 사회는 가족이다. 그럼에도 불구하고 자식이 자기 자신의 생명 유지를 위해 부친을 필요로 하는 동안만 부친에게 결합되어 있다. 이 필요성이 없어지는 즉시로, 자연적 유대도 또한 해소되고 만다. 그리하여 아들은 아버지에게 복종하여야 할 의무로부터 해방되고, 아버지는 아들을 돌보아 주어야 할 의무로부터 해방되어 쌍방이 모두 다 독립하게 된다. 만약 부자가 계속하여 결합된 채 그 관계를 유지하게 된다면, 그것은 자연적인 것이 아니라 '의지적' 소치인 것이다. 그러므로 가정 자체는 계약에 의해서만 유지된다.

이 공통의 자유는 인간의 본성에서 유래한다. 인간의 기본적 법률은 자기 자신의 생존 유지요, 그의 주요 관심사도 자신에 관한 것이다. 따라서 그가 어른이 되어 사리를 식별할 수 있는 나이가 되자, 그는 곧 자기 자신을 생존케 해 나가는 데 적당한 방법을 아는 유일한 판단자가 됨으로써 결과적으로 제 자신의 주인이 되는 것이다.

그러므로 가족은 정치적 사회적 최초의 모형이라 말해도 좋을 것이다. 즉 지배자는 아버지요, 인민은 자식들에 해당하는 것이다. 모두가 다 자유롭게 태어났고 평등하므로 자신들의 이익을 위해서만 그들의 자유를 양보한다. 다만 다른 점이 있다면, 가족의 경우에 있어서 아버지가 자식들을 돌보아 주는 것은 그의 자식들에 대한 사랑으로 인한 것이지만, 국가의 경우에 있어서는 '지배하는 기쁨'이 군주가 자신이 다스리는 인민들에 대해 가질 수 없는 사랑을 대신한다는 사실이다.

나는 인간이 자연의 생태에 있어서 자신의 생명 유지를 해 나가는 데에 장애물들이 각 인간이 그 상태에서 제 자신을 계속 유지해 나가기 위하여 사용할 수 있는 방책보다 더 강한 저항력을 보여 주는 지점에 도달했다고 상상해 본다. 그렇게 되면 이 원시 상태는 그 이상 더 존속이 불가능하게 되므로 인류는 그의 생활 방법을 바꾸지 않는다면 멸망하고 말 것이다.

- [ ] **even so** 그럼에도 불구하고, 즉 가정이 가장 오랜 사회이고 자연적임에도 불구하고
- [ ] **those(cares) which he owes to himself** 자기 자신 때문에 빚지고 (짊어지고) 있는 관심사(근심), 즉 자신에 관한 관심사
- [ ] **discretion** n. 행동의 자유, 분별, the age(years) of ~ 분별 연령(대략 14세) a. discreet
- [ ] **correspond to** 상당하다, 부합하다, 해당하다
- [ ] **the people to the children**에서 people 뒤에 corresponds 생략
- [ ] **alienate** v. 소원하게 하다, 소외시키다 (= estrange), 여기서는 양보하다(to) (= concess)
- [ ] **take place of** 대신하다 = displace
- [ ] **at the disposal of** ~의 마음대로 처분할 수 있는, ~의 능력 안에 있는 (= in one's power)
- [ ] **primitive** a. 원시의, 초기의, 구식의, 원시인
- [ ] **subsist** v. 생존하다, 살아나가다 n. subsistence 생존, 생계 (= exist)

217

But, as men cannot engender new forces, but only unite and direct existing ones, they have no other means of preserving themselves than the formation, by aggregation, of a sum of forces great enough to overcome the resistance. These they have to bring into play by menas of a single motive power, and cause to act in concert.

This sum of forces can arise only where several persons come together: but, as the force and liberty of each man are the chief instruments of his self-preservation, how can he pledge them without harming his own interests, and neglecting the care he owes to himself? This difficulty, in its bearing on my present subject, may be stated in the following terms –

"The problem is to find a form of association which will defend and protect with the whole common force the person and goods of each associate, and in which each, while uniting himself with all, may still obey himself alone, and remain as free as before." This is the fundamental problem of which the *Social Contract* provides the solution.

The clauses of this contract are so determined by the nature of the act that the slightest modification would make them vain and ineffective; so that, although they have perhaps never been formally set forth, they are everywhere the same and everywhere tacitly admitted and recognised, until, on the violation of the social compact, each regains his original rights and resumes his natural liberty, while losing the conventional liberty in favour of which he renounced it.

하지만 인간은 새로운 힘을 만들어 낼 수는 없고 단지 현존하는 힘을 결합하고 관리할 수 있으므로, 인류가 자기 보존을 해 나가려면 단결하여 저항에 이겨 나갈 수 있는 데 필요한 모든 힘을 조직하는 수밖에 없다. 그들은 이것들을 하나의 동력에 작용시켜 협동 작용이 되도록 해야 한다.

이러한 힘의 총계는 몇몇 사람이 함께 모이는 것에 의해서만 생기는 것이다. 그러나 각 사람의 힘과 자유는 개인 보존을 위한 가장 근본적 수단이듯, 자신의 이익을 해치지 않고 또는 자신에 관한 관심을 소홀히 하지 않고 어찌 각자가 그 힘과 자유를 희생할 수가 있을 것인가. 이 난제(難題)를 나의 현 주제와 결부시켜 본다면 다음과 같은 말로 설명할 수 있다.

"전체 공동의 힘을 다하여 각 성원의 생명과 재산을 방어하고 보호해주는 일종의 협동체 안에서 각자는 전체와 연합하되 여전히 자신에게만 복종하여 전처럼 제 자유를 누릴 수 있는 일종의 협동체를 발견하는 것이 문제이다." 이것이 바로 '사회계약'이 해결해 주는 근본 문제인 것이다.

위와 같은 계약 조문은 그 법령의 성질상 극도로 제한적이기 때문에 단 일자일구(一字一句)의 수정이라 할지라도 계약 전체를 무효 내지 백지화하고 말 것이다. 그러기에 이러한 계약이 명문으로 제시된 일은 없었기는 하지만, 어디에서나 마찬가지의 성격을 지니며, 당해(當該) 사회 조약에 위반되어 일반 각 당사자가 시초의 권리와 자연적 자유를 되찾게 되는 동시에 자연적 자유 대신 가지게 된 계약적 자유를 잃게 될 때까지는 어디에서나 부지불식간에 받아들여지고 인정을 받게 되는 것이다.

- [ ] engender vt., vi. 생기게 하다, 발생케 하다 (= produce, generate)
- [ ] no other ~ than은 only와 같은 뜻이다. no other means ~ than the formation ~ 자신들을 보존하는 수단은 단지 ~의 구성밖에는 없다
- [ ] aggregation n. 집합, 집성, 집단 cf) in ~ 단결하여, 집단으로
- [ ] bring into play 작용하다, 어용하다, 활동시키다
- [ ] concert n. 합주, 음악회, 협조, 협약 cf) in ~ 제휴하여, 일제히
- [ ] pledge vt. 전당포에 넣다, 저당 잡히다, 서약하다
- [ ] bear on ~과 관계가 있다(시키다), ~으로 향하게 하다
- [ ] association n. 동무, 패, 조합원, 여기서는 협동체의 구성원의 뜻
- [ ] and in which each ~구문에서 which의 선행사는 association이며, each(각자)는 관계절의 주어
- [ ] clause n. 절(문장의), (조약, 법규의)조항
- [ ] so determined ~ that the slightest modification은 so - that ~ 구문으로 '그처럼 제한되어서 약간의 수정도 ~할 것이다'의 의미
- [ ] act n. 행위, 막(연극의), 결의, 법령, 여기서 the act는 '사회계약'을 말함
- [ ] modification n. 가감, (부분적) 변경, 수식
- [ ] set forth 보이다, 진술하다 (= state), 발표하다 (= announce)
- [ ] tacitly ad. 무언으로, 잠자코, 암묵으로 양해된
- [ ] violation 위배, 위반, 모독 (= transgression) n. violate
- [ ] renounce v. 포기(폐기, 거절)하다 n. renunciation

These clauses, properly understood, may be reduced to one — the total alienation of each associate, together with all his rights, to the whole community; for, in the first place, as each gives himself absolutely, the conditions are the same for all; and, this being so, no one has any interest in making them burdensome to others.

Moreover, the alienation being without reserve, the union is as perfect as it can be, and no associate has anything more to demand: for, if the individuals retained certain rights, as there would be no common superior to decide between them and the public, each, being on one point his own judge, would ask to be so on all; the state of nature would thus continue, and the association would necessarily become inoperative or tyrannical.

Finally, each man, in giving himself to all, gives himself to nobody; and as there is no associate over whom he does not acquire the same right as he yields others over himself, he gains an equivalent for everything he loses, and an increase of force for the preservation of what he has. If then we discard from the social compact what is not of its essence, we shall find that it reduces itself to the following terms —

"Each of us puts his person and all his power in common under the supreme direction of the general will, and, in our corporate capacity, we receive each member as an indivisible part of the whole."

이러한 계약 조항은 잘 생각해 보면 다음과 같이 하나로 정리될 수 있다. 즉 성원은 자기의 모든 권리와 함께 자기 자신을 전적으로 그 단체 전체에 양도한다. 왜냐하면, 첫째로 각인이 전적으로 자신을 양도해 버림으로써 만인은 동일한 조건하에 놓이게 되는 것이요, 그렇게 됨으로써 아무도 타인에게 조건이 과중해지는 것을 바라지 않기 때문이다.

뿐만 아니라, 자신의 양도가 조건이 없으므로 결합도 최대한으로 완전한 것이 되고, 각 성원은 더 요구할 것이 없어지게 된다. 왜냐하면, 개인이 만일 어떤 권리를 계속 지니고 있다면, 개인이나 공중 간에서 결정을 할 상위 공동체가 없는 관계로, 개인은 어떤 점에서 아직도 자기 자신의 재판관이므로 모든 점에 있어서도 그렇게 되기를 요구하게 될 것이기 때문이다. 그런 식으로 자연 상태가 존속될 것이며, 협동단체는 필연적으로 전혀 유명무실한 것이 되거나 전제적인 것이 될 것이다.

결론적으로 각인이 전체 성원에게 자신을 양도하는 가운데, 결국 그 누구에게도 자신을 양도하지 않게 된다. 그리고 모든 단체 성원은 그가 다른 성원에게 양보해 준 것과 마찬가지 권리를 각기 요구할 수 있으므로, 결국 각인은 자기가 희생한 것의 등가물과 자기가 소유하고 있는 것을 보존하는 데 더 큰 힘을 얻는다. 그러므로 만일 우리가 사회계약에서 비본질적인 부분을 제거해 버린다면 결국 다음과 같이 정리할 수 있을 것이다.

"우리들 각자는 자기 자신과 자신의 모든 힘을 일반 의지라는 지상명령하의 공동체에 둔다. 그리고 법인의 자격으로서 우리는 각 성원을 전체의 불가분한 일부분으로 대하게 된다."

- [ ] properly understood는 삽입된 분사구문으로, if they are가 생략되어 있다고 생각하면 좋다.
- [ ] burdensome a. 부담이 되는, 귀찮은, 성가신
- [ ] alienation n. 이간, 소원(疏遠), 여기서는 양도의 뜻
- [ ] reserve 피 n. 저축, 보존물, 예비
  cf) without ~ 숨김없이, 무조건으로
- [ ] retain v. 보유(보류)하다, 고용하다
  n. retention
- [ ] common n. 공유지, 공유권, 공동체
- [ ] superior to 여기서 to는 부정사를 이끄는 것으로 보통 superior to (전치사)의 '~보다'의 뜻이 아니다. 즉 ~할 상위 공동체(권)의 의미

- [ ] tyrannical a. 전제군주적인, 무도한
  (= despotically) n. tyranny
- [ ] as there is no associate over whom he(each man) ~ over himself 그 자신을 넘어서 (초월해서) 양보한 같은 권리를 어떤 구성원에게라도 요구하지 못할 사람은 없으므로
- [ ] equivalent a. 동등한, 등가의 (= equal)
- [ ] discard v. 버리다(= abandon), 해고하다 (= discharge) 이것의 목적어는 what is not ~
- [ ] corporate a. 법인조직의, 단체의
- [ ] indivisible a. 분할할 수 없는, 불가분의 (= undetachable, inseparable)

Harold D. Lasswell
Politics: Who Gets What, When, How

해롤드 라스웰
정치학: 누가 무엇을, 언제, 어떻게 획득하는가

The results of political analysis depend also on the characteristics of the elite which it is proposed to explore. This book has spoken of skill, class, personality, and attitude groups, and discussed the meaning of social change for the relative ascendancy of such formations. The most important political analysis of modern time (the Marxist) has concentrated attention upon the class results of social change. This has diverted attention from many equally relevant ways of viewing the results of social life, such as the fate of skill, personality, and attitude groups.

Emphasis on class, like emphasis on skill or personality, is a methodological contrivance of systematic thinkers, a selected frame of reference to be held constant during the course of a *particular* act of analysis. The act of using new frames of reference for purposes of political analysis will, as usual, modify the preferences of those who use them.

해롤드 라스웰(1902~1978)은 미국의 현대 정치학자로 현대 행태주의 정치학 발전에 이바지하였다. 그는 프로이드 철학에 영향을 받아 히틀러의 선동을 분석하여 제 2차 세계대전 당시 히틀러의 포악한 행위가 어떻게 독일 국민들의 지지를 얻어낼 수 있는지 설득의 기교들을 연구했다.

정치 분석의 결과도 역시 연구하고자 하는 엘리트의 특성에 의해서 좌우된다. 이 책에서는 기능, 계급, 인격, 태도 집단에 관하여 기술했고, 다음에는 그와 같은 판도 형성의 상대적 주도권을 위한 사회적 변화의 의의를 논했다. 현대 가장 중요한 (마르크스주의자의) 정치 분석은 사회적 변화가 계급에 미치는 영향에 주의를 집중하고 있다. 이는 기능, 인격 및 태도 집단의 운명과 같이 사회생활의 결과를 조명하는 똑같이 적절한 많은 방법들에서 주의를 돌린 것이다.

계급에 대한 강조는, 기능이나 인격에 대한 강조와 같이 체계적으로 고찰하는 사상가들의 방법론적 고안이며, 특정한 분석 행위 과정에서 일관성 있게 유지되는 선택된 준거틀인 것이다. 정치 분석의 목적을 위하여 새로운 준거틀을 사용하면, 보통 이를 사용하는 사람도 자신의 선택을 수정하게 될 것이다.

☐ relative a. 상대적인, 비교상의 cf) ~ to 관계 있는, 적절한

☐ ascendancy n. 우월, 우세, 주도권, 지배권 cf) have an ~ over ~보다 우세하다

☐ concentrate upon (on) ~에 집중하다, 주의를 기울이다, 관심을 기울이다

☐ divert v. 전환하다 (from ~ to)

☐ contrivance n. 고안, 발명, 재간, 장치 cf) device

Those accustomed to think in terms of community attitudes (like nationality, nationalism) have often obtained new insights by the use of class analysis, and often modified their practical preferences. Sometimes they have turned from patriotism to proletarianism. Thinkers accustomed to class analysis may be led to new insights and new scales of preference by becoming accustomed to other ways of construing social results. They may want to identify themselves with the skill struggle rather than the class struggle, or to seek fulfillment in the name of nation, race or personality. Any act of analysis chastens preferences by the very act of exposing them to new naturalistic insights.

In communities which share Western European civilization the few, called here the elite, are more influential than the many, the mass. Lord Bryce said that government was always government by the few, whether in the name of the one, the few, or the many.

The ascendancy of an elite depends in part upon the successful manipulation of its environment. Methods of management involve symbols, violence, goods, practices. Counter-elites depend upon the same means.

Some methods are especially adapted to elite attack and others to elite defense. An established elite is usually so well situated in control of the goods, violence, and practices of a community that a challenging elite is constrained to rely chiefly upon symbols. After all, symbols are cheap and elusive; they can be spread by word of mouth beyond the eye of vigilant authority; they can organize concerted action among the disaffected and promote the crisis in which other methods are serviceable. Any established order possesses a dominant myth (ideology); but a symbol monopoly is less easy to protect than a monopoly of goods and violence.

이를테면 (민족성이니 민족주의니 하는 것과 같은) 사회적 태도라는 관점에서 생각하는 데 익숙한 사람들도 계급 분석을 행하게 되면 새로운 통찰력을 얻게 되며, 따라서 자신들이 가진 실제적 선택을 수정하는 경우도 적지 않다. 실례로 사람들은 애국주의에서 무산계급주의로 종종 전환하기도 했다. 언제나 계급 분석에 익숙한 연구자들도 그 이외의 방법으로써 사회 문제를 해석하는데 익숙해짐으로써 새로운 통찰력과 새로운 가치 선택의 척도를 가지게 될 것이다. 그들은 자신들이 계급투쟁보다도 오히려 기능 투쟁을 하고 있다는 것을 보이길 원할 수도 있으며, 또는 국가, 민족, 인격의 이름으로 그 목적을 달성시키려고 할 수도 있다. 어떠한 분석 행위라도 그 행위를 새로운 자연주의적 통찰력에 비추어 보면 그 가치 선택의 차원은 높아지게 마련인 것이다.

서구 문명사회에서는 이 책에서 엘리트라고 불리는 소수자가 대중인 다수자보다 더 영향력이 있다. 브라이스 경에 의하면, 정부는 1인, 소수자, 다수자의 이름으로 행하여지든 언제나 소수자에 의한 정부라고 한다.

어떤 엘리트가 지배권을 갖느냐 갖지 못하느냐 하는 것은 어느 정도는 환경을 조작하는 데에 성공하느냐 하지 못하느냐에 달려 있다. 술책의 방법 속에는 상징, 폭력, 재화, 방책이 포함된다. 또한 신(新)엘리트도 이것과 같은 수단에 의존한다.

어떤 방법들은 특히 엘리트의 공격에 적합하고, 다른 것들은 엘리트의 방어에 적합하다. 기성 엘리트는 보통 사회의 재화, 폭력, 방책을 지배하는 데 유리한 입장에 있으므로, 체제에 도전하는 엘리트는 주로 상징에 의존하지 않을 수 없게 된다. 요컨대 상징은 별로 돈이 들지 않는 것이며, 포착하기도 어려운 것이며, 또한 그것은 경계가 심한 당국의 눈을 피하여 말로써 널리 보급시킬 수 있는 것이다. 또한 상징은 체제에 반감을 품고 있는 자들 사이에서 통일적 행동을 조직할 수 있고 한편, 다른 방법들이 유용한 위기를 조성시킬 수도 있는 것이다. 어떠한 기존 질서(기존 체제)든 모두 지배적 신화(이데올로기)를 가지고 있다. 그러나 상징을 계속 독점해 가는 일은 재화나 폭력을 계속 독점해 가는 일보다도 막기가 곤란하다.

- scales of preference 판단의 척도, 판단 규모
- construe vt, vi. 해석하다, 추론하다, 분석하다
- identify oneself with ~와 자신을 동일시하다
- fulfillment n. 이행, 수행, 완료, 달성
- chasten v. 단련하다, 세련하다, 누그러뜨리다
- In communities ~ the mass에서 the few가 주어, are가 동사
- in part 어느 정도, 일부분
- manipulation n. 교묘히 다루기, 조작, 속임
- An established elite is so ~ that ~의 구문으로 파악할 것
- be constrained to 부득이(하는 수 없이) ~하다 cf) constrain 강요하다
- elusive a. 교묘히 잘 빠지는, 알 수 없는
- vigilant a. 조심하는, 경쾌하고 있는, 주의 깊은
- concerted a. 합의한, 협력한, 일치된
- the disaffected 불평분자들, 불만 있는 사람들

The results of social change are politically significant as they affect the distribution of values among elites of various kinds. Elites have been described here in terms of skill, class, personality, attitude.

Some types of skill have seldom led to eminence. Manual workers, peasants, physical scientists, engineers (manipulators of things) have been far less conspicuous than have managers of men. In Western European civilization, skill in violence, organization, bargaining, and symbol manipulation has been important at all times. But the relative role has varied. Skill in violence was a major way to power in feudal Europe. Skill in organization provided the cement which integrated the national monarchies. Skill in bargaining arose with the age of industrial expansion. In recent crises of world development, skill in propaganda played a decisive role, and skill in bargaining went into partial eclipse.

The growth of new classes, like the growth of new skills, is interwined with the appearance of new means of production. New technology was a major precondition of the decline of aristocracy and the rise of the bourgeoisie. This was in part signalized by the seizure of power in France (and elsewhere) during crises of great intensity. A world revolution is a seizure of power which benefits a new social formation. This seizure is local, and proceeds in the name of a new set of ruling symbols. The French Revolution, it will be remembered, was carried out in the name of the "rights of man," and some of the practices were universal suffrage, parliamentarism, church disestablishment, and the encouragement of businessmen at the expense of feudal aristocrats.

사회적 변화의 결과는 여러 종류의 엘리트 사이의 가치의 분배에 영향을 미치는 것이므로 정치적으로 중요하다. 이 책에서 엘리트는 기능, 계급, 인격, 태도에 의해서 설명되었다.

기능의 유형 중에서는 거의 세상에 그 이름을 떨치지 못하는 것도 있다. 이를테면 육체 노동자, 농민, 자연 과학자, 기술자(물건을 조작하는 사람)들은 사람을 관리하는 사람들보다 훨씬 덜 두드러지는 존재이다. 서구 문명사회에서는 폭력, 조직, 거래, 상징 조작의 기능은 어느 시대에서나 중요했다. 그러나 그 상대적 역할은 변해 왔다. 봉건 시대의 유럽에서는 폭력의 기능은 권력을 장악하기 위한 주요 수단이었다. 조직의 기능은 민족적 군주국가를 통일시킨 접합제를 제공했으며 거래의 기능은 산업 팽창의 시대와 더불어 일어났다. 최근 세계 발전의 위기에 있어 선전의 기능이 결정적인 역할을 하게 되었고, 거래의 기능은 점차로 쇠약해 졌다.

새로운 계급의 성장은 새로운 기능의 성장과 마찬가지로 새로운 생산 수단의 출현과 연결되어 있다. 새로운 기술은 귀족계급의 쇠망과 시민계급 대두의 주요한 전제 조건이었다. 이와 같은 사실은 프랑스(및 기타의 나라)에서 위기가 절정에 도달되었을 때 권력의 장악이 달성되었다는 것으로써 어느 정도 표현되었다. 세계혁명이라는 것은 새로운 사회 형성을 유리하게 하는 권력을 장악하는 일이다. 이와 같은 권력의 장악은 먼저 국지적으로 일어나, 일련의 새로운 지배적 상징의 이름으로 진행되는 것이다. 프랑스 혁명은 '인간의 권리'의 이름으로 수행되었으며, 보통선거제, 의회주의, 종교와 국가의 분리(교회의 비국교화), 봉건 귀족을 희생시키고 실업가를 격려, 보호해 주는 일 등이 그 정책의 일부였다는 것이 기억될 것이다.

- [ ] eminence n. (지위, 신분의) 탁월, 고위, 명성
- [ ] conspicuous a. 눈에 띄는, 똑똑히 보이는, 두드러진 (= evident)
- [ ] cement n. 시멘트, 접합체, 기반
- [ ] propaganda 선전, 선전 활동 cf) ~ film 선전영화
- [ ] interwine vt., vi. 한데 꼬이게 하다, 뒤얽히게 하다
- [ ] seizure n. 붙잡기, 쥐기, 점령, 점유
- [ ] benefit n. 은혜 vt. ~의 이익이 되다 vi. 이익을 받다 cf) for the ~ of ~을 위하여

- [ ] The French Revolution은 was로 연결되고, it will be remembered가 전체 문장을 이끌고 있다. 즉, it의 내용이 The French Revolution was ~가 됨
- [ ] suffrage n. 투표, 선거권, 참정권 cf) popular (universal) ~ 보통 선거권, woman(female) ~ 여성 선거권(참정권)
- [ ] at the expense of ~의 비용으로, ~의 폐를 끼치고, ~을 희생하여 ex) He did it at the expense of his health. 그는 건강을 희생하여 그것을 성취했다.

We have accepted the proposition that the revolution of 1917 in Russia was another world revolution. Those who seized power spoke in the name of the proletariat, and instituted relative equality of money incomes, governmentalization of organized social life, monopolization of legality in the hands of a single dominant party. Where do we stand with reference to this latest revolutionary upheaval and the next one?

Our analysis has drawn attention to the way that world-revolutionary initiatives are at once partially restricted and partially universalized. Those who seized power in France and Russia were restricted by the play of the external balance of power. Hence the world was not united by those who spoke in the name of the new political symbols. One of the means of defense was partial incorporation of symbols and practices connected with this pattern.

Thus we interpret the present juncture of world affairs as a movement toward relative money equality, toward governmentalization of social life, and toward the monopoly of legality by single political parties.

우리는 1917년 러시아 혁명이 (프랑스 혁명의 뒤를 잇는) 제2의 세계 혁명이라는 주장을 시인했다. 이 혁명에서 권력을 장악한 자들은 프롤레타리아트의 이름으로 말했으며, 그리고 어느 정도 평등한 수입의 확보, 조직화된 사회생활의 정부 통제화, 단일 지배 정당 수중의 합법성 독점화(일당 독재제)를 실현시켰다. 우리는 이 최근에 일어난 혁명(즉 러시아 혁명)과 앞으로 일어날 다음 혁명과 관련하여 어떠한 단계에 위치하고 있는 것일까?

우리의 분석은 세계 혁명의 운동들이 한편으로는 억제되고 있는 동시에 한편으로는 보편화되고 있는 그 과정에 주의를 집중시켰다. 프랑스 혁명과 러시아 혁명에서 권력을 장악한 자들은 국제간의 세력 균형의 작용에 의해서 제약되었다. 따라서 세계는 새로운 정치적 상징의 이름으로 말하는 사람들에 의해서는 통일되지 않았던 것이다. 혁명 정권을 옹호하는 하나의 방법은 이러한 유형에 관련된 상징과 정책을 부분적으로 받아들이는 일이다.

이리하여 우리들은 현재의 세계정세 위기를 어느 정도 부의 평등, 사회생활의 정부 통제화, 단일 정당에 의한 합법성의 독점(일당 독재제)으로 나아가는 운동이라고 해석하는 것이다.

☐ institute v. 만들다, 실시하다, 설치하다, 제정하다

☐ governmentalization n. 정부 집권화

☐ monopolization n. 독점화

☐ legality n. 적법, 합법성

☐ upheaval n. 들어 올림, 대변동, 격변

☐ draw attention to 주의를 집중하다, ~에 주의하다 cf) pay ~ to, devote one's ~ to 열중(전념)하다

☐ initiative n. 발의, 창시, 솔선, 선제

☐ restrict v. 제한하다, 한정하다(to, within)

☐ incorporation n. 혼성, 합동, 합병

☐ juncture n. 접합, 연결, 경우, 위기

☐ governmentalization n. 정치, 행정권

☐ legality n. 적법, 합법, 정당함

제 5 장

Antonio Gramsci
Selections from the Prison Notebooks

안토니오 그람시
옥중수고

   The function of hegemony or political leadership exercised by parties can
be estimated from the evolution of the internal life of the parties themselves.
If the State represents the coercive and punitive force of juridical regulation
of a country, the parties — representing the spontaneous adhesion of an elite
to such a regulation, considered as a type of collective society to which
the entire mass must be educated — must show in their specific internal
life that they have assimilated as principles of moral conduct those rules
which in the State are legal obligations. In the parties necessity has already
become freedom, and thence is born the immense political value (i.e. value
for political leadership) of the internal discipline of a party, and hence the
value as a criterion of such discipline in estimating the growth potential of
the various parties. From this point of view the parties can be considered as
schools of State life.

안토니오 그람시(1891~1937)는 이탈리아의 현실 정치 운동가이자 마르크스주의 이론가로서 마르크스와 엥겔스를 현실 상황의 보편성과 특수성 내에서 파악한 주요 인물로서 평가되고 있다. 1926년 체포되어 11년 간의 감옥 생활을 했다. 「옥중수고」를 통해 그의 끊이지 않는 연구와 굽힐 줄 모르는 의지를 엿볼 수 있다.

당에 의해 수행되는 헤게모니의 기능 또는 정치적 지도력은 당 자체의 내적 활동의 전개 과정에 준하여 평가할 수 있다. 국가가 한 나라의 법규가 지니는 강제력과 처벌력을 대표하는 것이라면, 그 법규에 대한 엘리트의 자발적인 준수를 상징하며, 또한 대중 전체가 그렇게 지도 받아야 할 집단적 사회의 일 유형으로 간주되는 당은, 그 특수한 내적 활동 속에서 국가가 법적 의무로 삼고 있는 그 규율을 당이 도덕 행위의 원칙으로 상정하였다는 사실을 보여주어야 하는 것이다. 당 내에서는 이미 필연이 자유가 되어 버렸으며, 그렇기 때문에 당의 내적 규율이 지니는 엄청난 정치적 가치(즉 정치적 지도력을 위한 가치)가 태동되는 것이며, 이에 따라 그 가치는 각종 정당의 성장 잠재력을 평가하는 그러한 규율의 기준으로서도 나타나는 것이다. 이런 관점에서 보자면, 당은 곧 국가 활동의 교육기관으로 삼을 수 있다.

- hegemony n. 패권, 지도권, 헤게모니
- exercise vt. 행사하다, 사용하다
  (= make use of)
- coercive a. 형벌의, 징벌의
- juridical a. 재판상의, 사법상의, 법률상의
- adhesion n. 집착, 고착, 점착
- assimilate vt. 동화하다, 소화하다, 흡수하다

Elements of party life: character (resistance to the pressures of surpassed cultures), honour (fearless will in maintaining the new type of culture and life), dignity (awareness of operating for a higher end), etc. [1930-32]

If the relationship between intellectuals and people-nation, between the leaders and the led, the rulers and the ruled, is provided by an organic cohesion in which feeling-passion becomes understanding and thence knowledge (not mechanically but in a way that is alive), then and only then is the relationship one of representation. Only then can there take place an exchange of individual elements between the rulers and ruled, leaders and led, and can the shared life be realized which alone is a social force — with the creation of the "historical bloc."

De Man "studies" popular feelings: he does not feel with them to guide them, and lead them into a catharsis of modern civilization. His position is that of the scholarly student of folklore who is permanently afraid that modernity is going to destroy the object of his study. What one finds in his book is the pedantic reflection of what is, however, a real need: for popular feelings to be known and studied in the way in which they present themselves objectively and for them not to be considered something negligible and inert within the movement of history.

그리고 당 활동의 요소는 성품(선진 문화의 억압에 대한 저항)과 명예(새로운 유형의 문화와 활동을 유지하려는 강대한 의지), 그리고 위엄(보다 숭고한 목적을 지향하는 행위에 대한 인식)이다.

만일 지식인과 민중, 지도자와 피지도자, 그리고 통치자와 피치자간의 관계가 열정이 이해가 되고 산지식이 되는 (기계적이 아니라 생동감 있는 방식으로), 유기적 응집력에 의해 제공된다면 그때에 그리고 그때에야 비로소 그 관계는 대표성을 얻게 된다. 이때에 비로소 통치자와 피치자, 지도자와 피지도자간의 개인적 요소들의 상호교환이 일어날 수 있으며, 유일하게 사회적 힘이 될 수 있는 공유된 생활이 실현될 수 있고 '역사적 블록'이 창조되는 것이다.

드 만은 민중의 감각을 '연구'하고 있다. 그는 이들을 인도하고자 그들과 함께 느끼고 있는 것이 아니며, 그들을 현대 문명의 정화로 이끄는 것도 아니다. 그의 입장은 현대성이 자신의 연구 대상을 파멸시키고 말 것이라고 끊임없이 두려워하고 있는 학구적인 민속 연구가가 취하는 자세에 다름 아니다. 그의 저서에서 찾아볼 수 있는 것은 그러나 진실로 요구되는 것의 현학적인 반영에 불과하다. 진실로 요구되는 것은, 민중의 감각이 스스로를 객관적으로 드러내는 바로 그 방식으로 인식하고 연구하는 것이며, 또한 민중의 감각이 역사의 움직임 속에서 무시해도 좋은 미미한 무엇이라고 치부하지 않게끔 하는 것이다.

- [ ] surpass vt. 능가하다 (= exceed, excel)
- [ ] cohesion n. 응집력
- [ ] historical bloc 역사적 블록(그람시의 '역사적 블록' 개념은 간단히 정의하면 경제와 국가의 지도적 집단의 조직에 참여하는 사회 내 제 계급과 제 계급의 분파들 사이에 형성된 사회 블록을 말한다)
- [ ] catharsis n. 정화
- [ ] scholarly a. 학문적인, 학구적인
- [ ] folklore n. 민속, 민속학
- [ ] pedantic a. 현학적인, 아는 체하는
- [ ] negligible a. 무시해도 좋은, 하찮은
- [ ] inert a. 활발하지 못한, 생기 없는

Passage from Knowing to Understanding and to Feeling
and vice versa from Feeling to Understanding and to Knowing

The popular element "feels" but does not always know or understand; the intellectual element "knows" but does not always understand and in particular does not always feel. The two extremes are therefore pedantry and philistinism on the one hand and blind passion and sectarianism on the other. Not that the pedant cannot be impassioned; far from it. Impassioned pedantry is every bit as ridiculous and dangerous as the wildest sectarianism and demagogy. The intellectual's error consists in believing that one can know without understanding and even more without feeling and being impassioned (not only for knowledge in itself but also for the object of knowledge):

In other words that the intellectual can be an intellectual (and not a pure pedant) if distinct and separate from the people-nation, that is, without feeling the elementary passions of the people, understanding them and therefore explaining and justifying them in the particular historical situation and connecting them dialectically to the laws of history and to a superior conception of the world, scientifically and coherently elaborated — i.e. knowledge. One cannot make politics-history without this passion, without this sentimental connection between intellectuals and people-nation. In the absence of such a nexus the relations between the intellectual and the people-nation are, or are reduced to, relationships of a purely bureaucratic and formal order; the intellectuals become a caste, or a priesthood (so-called organic centralism).

앎에서 이해, 그리고 감각으로, 그 역으로 감각에서 이해, 그리고 앎으로의 노정

민중의 요소는 '느끼지만' 항상 알거나 이해하지 못하며, 지식인의 요소는 '알지만' 항상 이해하지 못하고 특히 항상 느끼지 못하는 데 있다. 그러므로 이 두 극단의 한쪽은 현학성과 속물주의이며, 다른 한 쪽은 맹목적 열정과 분파주의이다. 물론 현학자가 열정적이 될 수 없고, 열정과 거리가 먼 것은 결코 아니다. 하지만 열정적인 현학자는 어느 모로 보나 가장 극렬한 분파주의나 선동만큼이나 우스꽝스럽고 위험하다. 지식인의 오류는 이해가 없어도 더군다나 감각과 열정이 없어도(지식 그 자체를 위해서뿐만 아니라 지식의 대상을 위해서도) 알 수 있다고 믿는 데 있다.

환언하자면 민중·민족으로부터 구분되고 유리된다고 할지라도, 즉 민중의 원초적인 열정을 느껴 그들을 이해함으로써 특수한 역사적 상황에서 그들을 설명하고 정당화시키지 않더라도, 또 그들을 역사 법칙과 과학적이고 조리 있게 다듬어진 보다 탁월한 세계 인식 곧 지식에 연관시키지 않더라도 지식인은 (단지 현학자가 아니라) 지식인이 될 수 있다고 믿는 데 있는 것이다. 이러한 열정 없이는, 그리고 지식인과 민중·민족 간의 감정적인 유대 없이는 정치·역사는 성립될 수 없다. 그런 유대가 없으면, 지식인과 민중·민족 간의 관계는 순전히 관료적이고 형식적인 체제의 관계이거나 또 그렇게 위축되어 버린다. 그렇게 되면 지식인은 카스트나 성직자(소위 유기적 중앙집권제)가 되고 마는 것이다.

- ☐ extreme n. 극단, 궁극
- ☐ pedantry n. 현학
- ☐ philistinism n. 속물주의, 실리주의
- ☐ sectarianism n. 파벌, 분파주의, 종파심
- ☐ ridiculous a. 우스운, 엉뚱한, 어리석은
- ☐ demagogy n. 선동
- ☐ consist in ~에 있다 (= lie in)
- ☐ distinct a. 별개의, 다른 (= separate (from))
- ☐ dialectically ad. 변증법적으로
- ☐ coherently ad. 조리 있게, 일관성 있게
- ☐ elaborate vt. 정성들여 만들다 vi. 잘 다듬다
- ☐ nexus n. 연계, 유대, 관계
- ☐ bureaucratic a. 관료주의적
- ☐ caste n. 카스트, 특권계급, 배타적 계급
- ☐ centralism n. 중앙집권주의(제도), 집중화

Essential importance of the separation of powers for political and economic liberalism; the entire liberal ideology, with its strengths and its weaknesses, can be encapsulated in the principle of the separation of powers, and the source of liberalism's weakness then becomes apparent: it is the bureaucracy — i. e. the crystallization of the leading personnel — which exercises coercive power, and at a certain point it becomes a caste. Hence the popular demand for making all posts elective — a demand which is extreme liberalism, and at the same time its dissolution (principle of the permanent Constituent Assembly, etc.; in Republics, the election at fixed intervals of the Head of State gives the illusion of satisfying this elementary popular demand).

Unity of the State in the differentiation of powers: Parliament more closely linked to civil society; the judiciary power, between government and Parliament, represents the continuity of the written law (even against the government). Naturally all three powers are also organs of political hegemony, but in different degrees: 1. Legislature; 2. Judiciary; 3. Executive. It is to be noted how lapses in the administration of justice make an especially disastrous impression on the public: the hegemonic apparatus is more sensitive in this sector, to which arbitrary actions on the part of the police and political administration may also be referred. [1930-32]

정치적, 경제적 자유주의에 있어서 권력분립은 결정적으로 중요하다. 즉 전반적으로 자유주의 이데올로기는 그 장, 단점을 포함하여 권력분립의 원칙으로 요약될 수 있다. 따라서 자유주의가 지니고 있는 약점의 근거도 명백해진다. 이는 강제력을 행사하면서 어느 시점에서 카스트화하는 관료제 ― 즉 지배세력의 결정체 ― 인 것이다. 그러므로 대중은 모든 공직의 선거제 실시를 요구하는데, 이 요구는 극단적으로 보면 자유주의인 동시에 자유주의의 해체를 의미하는 것이다 (항구적인 국민의회의 원칙 등, 그러므로 공화국에서는 일정한 간격을 둔 국가원수의 선출이 원초적인 민중의 요구를 만족시켜 주는 듯한 환상을 준다).

권력 구분에 있어서 국가의 통일성은, 즉 시민사회와 보다 밀접히 연관된 의회, 그리고 정부와 의회간의 사법권은 (심지어 정부에 적대적이기까지 한) 성문법의 지속성을 상징한다. 자연히 이 세 가지 권력은 서로 다른 차원에서이긴 하지만 모두 정치적 헤게모니의 기관이다. 1. 입법. 2. 사법. 3. 행정. 사법권 집행에 있어서의 제 오류가 어떻게 대중에게 특히 비참한 인상을 주는지는 주목되어야 한다. 헤게모니적 기구는 이를 좀 더 민감하게 받아들여 경찰 및 정치 행정에서의 독단적 행동도 그 원인을 여기로 돌릴 수 있는 것이다.

- [ ] encapsulate vt. 집약, 요약하다
- [ ] crystallization n. 결정, 구체화
      v. crystallize
- [ ] personnel n. (집합적) 직원, 임원
- [ ] elective a. 선거에 의한
- [ ] dissolution n. 해체, 사명, 용해
- [ ] Constituent Assembly 국민회의
- [ ] differentiation n. 차별, 구분, 특수화
- [ ] parliament n. 의회, 국회
- [ ] judiciary a. 사법의 n. 사법(제도)
- [ ] legislature n. 입법부
- [ ] executive n. 행정부
- [ ] lapse n. 잘못, 실수, 오류
- [ ] be referred to (= be attributed to) ~에 원인을 돌리다

State and Parties

The separation of powers, together with all the discussion provoked by its realization and the legal dogmas which its appearance brought into being, is a product of the struggle between civil society and political society in a specific historical period. This period is characterized by a certain unstable equilibrium between the classes, which is a result of the fact that certain categories of intellectuals (in the direct service of the State, especially the civil and military bureaucracy) are still too closely tied to the old dominant classes. In other words, there takes place within the society what Croce calls the "perpetual conflict between Church and State," in which the Church is taken as representing the totality of civil society (whereas in fact it is only an element of diminishing importance within it), and the State as representing every attempt to crystallize permanently a particular stage of development, a particular situation.

In this sense, the Church itself may become State, and the conflict may occur between on the one hand secular (and secularising) civil society, and on the other State/Church (when the Church has become an integral part of the State, of political society monopolized by a specific privileged group, which absorbs the Church in order the better to preserve its monopoly with the support of that zone of "civil society" which the Church represents).

국가와 정당

권력분립은 그 실현 과정에서 야기된 각종 논쟁과 그 출현 과정에서 초래된 법률 이론들을 포함하여 특정한 역사적 시기에 일어난 시민 사회와 정치사회간의 투쟁이 낳은 산물이다. 이 시기는 제 계급 사이의 어떤 불안정한 균형으로 특정지어지며, 이는 (국가 관료, 특히 민간 혹은 군부 관료로 직접 근무하는) 어떤 지식인 부류가 여전히 구지배 계급과 너무 밀접히 연결되어 있다는 사실의 결과이다. 환언하자면 "교회와 국가 간의 항구적인 갈등"이라고 크로체가 일컫는 현상이 사회 내부에서 일어나게 되는데, 거기에서 교회는 시민사회 전체를 대표하는 것으로 간주되고 (실제로는 시민사회 내부에서 축소되고 있던 중요 지위의 한 요소일 뿐이지만), 국가는 하나의 특정 발전 단계와 특수한 상황을 항구적으로 구체화하려는 모든 시도를 대표하는 것으로 간주된다.

이런 의미에서 교회 자체가 국가가 될 수 있고, 그 갈등은 한편에서 세속적 (그리고 세속화하는) 시민사회와 다른 한편에서는 국가/교회의 사이에서 일어날 수 있다(이는 교회가 국가 혹은 특수한 특권 집단에 의해 독점된 정치사회의 중요한 부분이 될 때이며, 이때 정치사회는 교회가 대표하는 '시민사회' 부분의 지지를 얻어 그 독점권을 보다 잘 보존하기 위해 교회를 흡수한다).

- equilibrium n. 균형, 평형상태
- Croce (1866~1952) 이탈리아의 철학자, 비평가, 역사가
- secular a. 현세의, 세속의 v. secularize
- integral a. 주요한 (= essential)
- privileged a. 특권이 있는

239

제 6 장

Nicos Poulantzas
Political Power & Social Classes

니코스 플란차스
정치권력과 사회계급

In this section I shall deal with one of the most important characteristics of the capitalist type of state, one which has given rise to numerous controversies and misinterpretations. This is the question of the *unity proper to* institutionalized political power and its *relative autonomy*.

These notions of unity and autonomy do not of course as such appear to be sufficiently rigorous for use in the treatment of scientific problems. Though they are habitually employed in Marxist theory, they have often only had the function of preventing theorists from making a deeper analysis of these questions. In fact, no one should be allowed to use these notions unless their meaning is precisely specified: this is what I shall attempt to do throughout this chapter. In order to pin down these ideas, I shall start by making some preliminary working definitions, indicating the problems covered by them in Marxist theory.

니코스 플란차스(1936~1979)는 그리스인으로 1958년 파리에서 출판된
「Political Power & Social Classes」를 통해 마르크스주의의 대표적 정치 이론가로
인정받았다. 그는 처음에는 레닌주의자이었지만 결국에는
eurocommunism(서유럽 공산당의 자주·자유·민주 노선)의 지지자가 되었다.

이 부분에서 나는 수많은 논쟁과 오해를 불러일으켰던, 자본주의 국가 유형의 가장 중요한
특징 중의 하나를 다루려 한다. 이것은 제도화된 정치권력에 '특유한 통일성'과 그 '상대적 자율
성'의 문제이다.

물론 이 통일성과 자율성의 개념들은 그 자체로서는 과학적 문제들을 다루는 데 사용될 만
큼 충분히 정확한 것 같지는 않다. 이 개념들은 마르크스주의 이론에서 습관적으로 사용되어 오
긴 했지만, 흔히 이론가들이 이 문제에 대한 심층 분석을 하지 못하도록 하는 역할만 해왔을 뿐이
다. 사실상 이 개념들의 의미가 명확히 규정되지 않는 한 어느 누구도 이 개념들을 사용해서는 안
되며, 이 개념들의 의미 규정이 바로 내가 이 장 전체를 통해서 시도하려는 바이다. 이 개념들을
확정짓기 위해서 나는 먼저 예비적 기능을 수행할 몇 개의 정의를 내리고 마르크스주의 이론에서
이 정의들에 의해 포괄되고 있는 문제들을 지적하겠다.

☐ give rise to ~을 발생시키다, ~의 근원이다
☐ proper to ~ ~에 특유한, ~에 고유한
☐ as such 그 자체로는 (= in itself)

☐ rigorous a. 엄밀한, 정확한
☐ pin down 고정하다, 확정짓다
☐ preliminary a. 예비적인, 임시의

a. By the unity *proper* to institutionalized political power I mean that particular feature of the capitalist state which makes the institutions of state power (which have gained a relative autonomy from the economic) present a *specific* internal cohesion: this cohesion can be perceived in its effect. As an approximate statement at this stage, we can say that it is that which prevents the relations, (a) between the classes or fractions of a power bloc and (b) *a fortiori* between these latter and the allied or supporting classes and fractions, from being based on a "*parcellization*," *division* or *sharing* of the institutionalized power of the state. This feature appears to be peculiar to the capitalist state. The "preceding" types of state, whose relation to the economic is radically different from that of the capitalist state, did not present this specific coherence of an autonomized juridico-political superstructure. Their institutions consisted of a compartmentalized plurality of power centres of a politico-economic kind; and in them class relations were often based on a sharing of these centres.

a. 내가 의미하는 제도화된 정치권력에 '특유한 통일성'이란 (경제로부터 상대적 자율성을 획득한) 국가권력의 제도를 만드는 자본주의 국가의 특징이 '독특한' 내적 응집력을 보여주며, 이 응집력은 그것이 미치는 영향내에서 파악될 수 있다는 것이다. 이 단계에서 적절한 표현을 하자면 다음과 같이 말할 수 있다. 즉 이 응집력은 (a) 한 권력권 내의 계급들 혹은 분파들 간의 관계나 (b) 더 설득력 있게 말하자면, 이들 계급과 동맹적 혹은 자기 지탱적인 계급이나 분파들 간의 관계가 제도화된 국가권력의 '분할', '구획', 혹은 '분배'에 기초하지 못하게 한다는 것이다. 이런 특징은 자본주의 국가에 특유한 것으로 보인다. 경제와의 관계가 자본주의 국가의 그것과는 전적으로 다른 '이전의' 국가 유형들은 이런 자율적인 법적, 정치적 상부구조의 독특한 응집력을 보여주지 않았었다. 이 국가들의 제도는 정치·경제적 성격을 띤 분할된 다수의 권력 중심들로 구성되어 있었으며, 이들 제도 내에서 계급관계는 흔히 이 권력 중심들을 분배하는 데에 기초해 있었던 것이다.

□ state power 국가권력
□ power bloc 권력권
□ a fortiori ad. 더욱 설득력 있는 근거에 의하여
  (= by a more convincing argument)
□ parcellization n. 분할, 분배

□ juridico-political 법적·정치적
□ superstructure n. 상부구조(사회구성체에서 경제적 토대, 즉 하부구조에 대립적인 말로서 국가, 법, 이데올로기 등을 말한다)
□ compartmentalize vt. 구획하다

b. Nor by *relative autonomy* of this type of state do I mean a direct relation between its structures and the relations of production. I mean rather the state's relation to the field of the class struggle, in particular its relative autonomy vis-a-vis the classes and fractions of the power bloc, and by extension vis-a-vis its allies or supports. The expression is found in the Marxist classics: it covers the general functioning of the state in the case in which the political forces present are "prepared to balance each other." I use it here in a sense which is at once both wider and narrower than this, in order to denote a functioning which is *specific* to the capitalist state. By this usage, I hope clearly to mark the gap which separates this conception of the state from a simplistic and vulgarized conception which sees in the state the tool or instrument of the dominant class.

Our task therefore is to grasp the specific functioning of the capitalist type of state relative to preceding types of state, and to show that the conception of the state in general as a simple tool or instrument of the dominant class, erroneous even in its generality, is particularly useless for grasping the functioning of the capitalist state.

I shall also add (and this is an important point) that in what follows a *correlation* between these two characteristics of the capitalist type of state is observable. It presents a relative autonomy vis-a-vis the dominant classes and fractions, but it does this exactly to the extent that it possesses its own peculiar unity (unity of class power) as a specific level of the CMP and of a capitalist formation. At the same time it possesses this institutionalized unity in so far as it is relatively autonomous from these classes or fractions, i.e. because of the function which devolves upon it vis-a-vis these classes or fractions.

b. 내가 말하는 이 국가 유형의 '상대적 자율성'은 결코 그 구조와 생산 관계간의 직접적인 연관성을 의미하지는 않는다. 내가 의미하는 바는 계급투쟁에 대한 국가의 관계, 즉 자세히 말하자면 권력권의 계급이나 분파들에 대한, 확대해서 말하자면 권력권의 연합이나 지지자들에 대한 국가의 상대적 자율성이다. 마르크스주의 고전에서 발견되는 표현에 의하면, 그것은 현존하는 정치 세력들이 "서로 간에 균형을 유지하려는" 경우에 국가의 일반적 기능을 담당한다. 나는 여기서 자본주의 국가에 특유한 기능을 명시하기 위해서 그것보다 넓기도 하고 좁기도 한 의미로 이 말을 사용하고 있다. 이렇게 사용함으로써 나는 이 국가 개념을, 국가 내에서 단지 지배계급의 수단과 도구로 보는 극히 단순하고도 속화된 국가 개념과 구별시켜 주는 차이를 명확히 지적하고 싶다.

따라서 우리의 과제는 이전의 국가 유형과 관련된 자본주의 국가 유형의 독특한 기능을 파악하고, 지배계급의 단순한 도구나 수단으로서의 일반적 국가 개념이 ― 일반적 의미에 있어서도 잘못된 것이지만 ― 특히 자본주의 국가 유형의 기능을 파악하는 데에는 무용하다는 사실을 보여주는 것이다.

나는 또 한 가지 매우 중요한 사실, 즉 다음에서 언급하겠지만 자본주의 국가 유형이 지니는 두 가지 특징들 간의 상관관계는 매우 주목할 만하다는 사실을 덧붙이고자 한다. 자본주의 국가는 지배계급과 분파들에 대한 상대적 자율성을 보여주지만, 이것은 그 국가가 자본주의적 생산양식과 자본주의적 구성체의 독특한 수준에 맞춰 자신의 특유한 통일성(계급 권력의 통일성)을 소유하는 정도에 정확히 비례한다. 동시에 자본주의 국가 유형은 그것이 이들 계급이나 분파들로부터 상대적으로 자율적인 한, 다시 말하면 이들 계급이나 분파들에 이양된 기능 때문에 이 제도화된 통일성을 소유하는 것이다.

☐ relation of production 생산관계
☐ class struggle 계급투쟁
☐ vis-a-vis ad. ~ 관해 (= in relation to)
☐ support n. 지탱자, 담지자
☐ vulgarize vt. 통속화하다 (= make vulgar)
☐ dominant class 지배계급
☐ grasp vt., vi. 파악하다, 이해하다
   (= understand with the mind)

☐ erroneous a. 잘못된 (= incorrect)
☐ correlation n. 상호 관계, 상관성
   (= mutual relationship)
☐ observable a. 주목할 만한
☐ CMP: capitalist mode of production 자본주의 생산양식
☐ formation n. 구성체, 형성물
☐ devolve upon vi., vt. (권리, 의무) 맡기다, 양도하다

These remarks are even more important because the whole historicist school of Marxism, with its invariable duo "voluntarism/economism," has firmly established this relation between the unity of institutionalized political power and its function *vis-a-vis* the dominant classes and fraction, but it has interpreted this relation wrongly. This school untimately sees in the state the product of a subject, usually of the dominant-class/subject, whose mere tool of domination, manipulable at will, it is. The unity of this state is hence related to a presupposed unity of the "will" of the dominant class with regard to which the state presents no autonomy. The state, unified by this class's single will for domination is merely its inert tool.

This immediately entails the following conclusion: as soon as one admits a relative autonomy of the state from the dominant class this is immediately interpreted as a rupture of the unity of institutionalized political power, as a fragmentation and division of this power of which the working class could conquer an autonomous "part." Another conclusion, based on a flagrant theoretical inconsistency, is that the capitalist state is at once the simple "clerk" of the dominant class and also a conglomeration of lots which are waiting only to become the prey of the working class.

To conclude these introductory remarks: I have already indicated the relation which exists between the capitalist state and the ensemble of the levels of *structures* of the CMP by pointing out the capitalist state's particular function of being the factor of unity in a capitalist formation, composed of specific and relatively autonomous levels.

이 말들은 더더욱 중요하다. 왜냐하면 마르크스주의적 역사주의 학파 전체가, 주의주의(主義主義)/경제주의를 변함없이 동시에 고수하면서, 제도화된 정치권력의 통일성과 지배계급 혹은 분파들에 대한 그 기능간에 이러한 관계를 확립했기 때문이다. 그러나 마르크스주의적 역사주의 학파 전체는 이 관계를 잘못 해석해 왔다. 이 학파는 궁극적으로 국가 내에서 하나의 주체에 의해, 보통 지배계급/주체에 의해 만들어진 산물을 본다. 즉 국가는 그 주체가 마음대로 조종할 수 있는 단순한 지배의 도구인 것이다. 그러므로 이 국가의 통일성은, 그 국가가 아무런 자율성도 행사하지 못하는 지배계급의 '의지'의 통일을 전제로 한다. 이 계급의 단독 지배 의지에 의해 통일된 국가는 이 같은 의지의 무력한 도구에 지나지 않는다.

이 말은 즉시 다음과 같은 결론을 낳게 한다. 지배계급과 분리된 국가의 상대적 자율성을 인정한다면, 이는 곧 제도화된 정치권력이 지니는 통일성의 파괴, 즉 노동계급이 자율적인 '부분'을 획득할 수 있게 해 주는 이 권력의 파열과 분열로 해석된다는 것이다. 극도의 이론적 모순에 근거한 또 다른 결론은 자본주의 국가가 지배계급의 단순한 '사무원'인 동시에, 단지 노동계급에 의해서 희생이 되기만을 기다리는 운명들의 집합체라는 사실이다.

이 머리말의 결론을 내려 보자. 나는 이미 독특하면서 상대적으로 자율적인 수준들로 구성되어 있고, 자본주의적 구성체에서 통일성의 요인이 되고 있는 자본주의 국가의 특수한 기능을 지적함으로써 자본주의 국가와 자본주의 생산양식의 '구조'가 지니는 수준들의 총체 간에 존재하는 관계를 지적했다.

- [ ] historicist n. 역사주의자
- [ ] voluntarism n. 주의주의, 자의론, 주의설
- [ ] whose mere ~ it is에서 it은 the state
- [ ] inert a. 활기가 없는
- [ ] entail vt. (필연적 결과로서) 수반하다
- [ ] rupture n. 파열 (= breaking apart, bursting)
- [ ] fragmentation n. 분열, 파괴
- [ ] flagrant a. 극악한, 심한, 극도의
- [ ] conglomeration n. 괴상집적(塊狀集積), 집괴
- [ ] introductory remarks 머리말 (= preliminary remarks)
- [ ] ensemble n. 전체, 전체적 효과

I shall approach the problem here not by directly examining the state's relations to the other instances but rather its relations to the *field of the class struggle, in particular, the field of the political class struggle*. It must never be forgotten that this latter relation reflects the relation between the instances, for it is its effect, and that the state's relation to the political class struggle concentrates within it the relation of the structural levels to the field of class practices. In other words, the unity of power characteristic of the state, related to its role in the class struggle, is the reflection of its role of unity *vis-a-vis* the instances. In short, this unity and autonomy of the capitalist type of state is related to the *specificity* of its structures (relatively autonomous *vis-a-vis* the economic) in their relation to the political class struggle, which is relatively autonomous *vis-a-vis* the economic class struggle.

Marx and Engels studied and analysed these characteristics of the capitalist state in their political works. But two preliminary remarks should be made concerning these works:

a. On these problems at least, these texts are not always explicit. Moreover, as was the case with the power bloc, Marx and Engels often analyse historical realities by explicitly referring to notions insufficient for their explanation. These texts contain valuable guidelines, so long as the necessary scientific concepts contained in them are deciphered, concepts which are either absent, or, as is more commonly the case, are present in the practical state;

b. The ambiguities of these texts must be recalled: despite appearances, they are not simply historical analyses of concrete phenomena in a determinate formation, but (in a duplication complex and hard to decipher) they also contain a theoretical reflection on the political forms of the CMP.

나는 여기서 국가의 다른 심급(審級)들에 대한 관계를 직접적으로 검토하지 않고, 오히려 국가가 계급투쟁 영역, 특히 정치적 계급투쟁 영역에 대해 갖는 관계를 검토함으로써 이 문제에 접근하려고 한다. 이 관계는 심급들 간의 관계를 반영한다는 사실(왜냐하면 이 관계는 심급들 간의 관계의 영향이므로)과, 국가의 정치적 계급투쟁에 대한 관계는 그 안에 구조적 수준들의 계급 실천 영역에 대한 관계를 집약하고 있다는 사실을 결코 잊어서는 안 된다. 다른 말로 하자면 계급투쟁에 있어서의 역할에 관련된 국가의 특징인 권력의 통일성은 심급들에 대한 그 통일성의 역할에 대한 반영이며, 정치적 지배계급 혹은 분파들에 대한 상대적 자율성은 자본주의 구성체의 심급들이 지니는 상대적 자율성의 반영이다. 간단히 말해서 자본주의 국가 유형의 이 통일성과 자율성은 경제적 계급투쟁에 대해 상대적으로 자율적인 정치적 계급투쟁과의 관계에서 (경제에 대해 상대적으로 자율적인) 그 구조의 '특수성'에 관련된다.

마르크스와 엥겔스는 그들의 정치 저작에서 자본주의 국가의 이러한 특징들을 연구, 분석하였다. 그러나 이 저작들에 관해서 두 가지 예비적인 지적이 선행되어야 한다.

a. 적어도 이 문제들에 대해서만큼은 이 원전들이 반드시 명료하지는 않다. 더군다나 권력권의 경우에서와 같이 마르크스와 엥겔스는 종종 명확하게 자신들의 설명에 대해 불충분한 개념들로 역사적 현실을 분석하고 있다. 이들 원문에는, 현실의 상태에서는 찾아볼 수 없기도 한 — 물론 일반적인 경우에는 쉽게 찾아볼 수 있는 것이지만 — 필수적인 과학적 개념들을 해석할 수 있을 때에만 가치를 발휘하는 지침들이 내포되어 있다.
b. 이 원문들의 모호성도 되새겨 보아야 한다. 겉보기와는 달리 이 원문들은 결정적인 구성체 내의 구체적 현상에 대한 단순한 역사적 분석뿐 아니라, (복잡하고 해독하기 어려운 이중적 의미 속에) 자본주의적 생산양식의 정치 형태에 대한 이론적 고찰도 포함하고 있다.

제3부

제6장

- [ ] instance n. 심급(審級), 층위(層位)
- [ ] for it is its effect에서 it은 this latter relation, 즉 states relation to the field of the political class struggle 이며, its에서 it은 the relation between the instances
- [ ] class practice 계급 실천
- [ ] related to its role에서 it은 the state
- [ ] explicit a. 명백한, 명료한 (= clearly expressed)
- [ ] decipher vt. 해독하다, 판독하다
- [ ] ambiguity n. 애매함, 모호성
- [ ] duplication n. 이중, 중복, 복제, 복사

249

If we refer for example to Marx's texts on the 1848-52 period in France, we find that Lenin already saw them as representing, in a concentrated form, the transformations undergone by the capitalist state. By this, Lenin meant that these texts are an attempt at the *theoretical construction of the concept* of the capitalist state. Reading the texts from this angle, we can decipher in the concrete historical forms of the French social formation studied by Marx and in the various "steps" of transformation of the political forms, the constitutive characteristics of the concept of the capitalist state. In this reading we are not aiming to construct a type of state by making a generalization from historical data, i.e. from the concrete political forms described by Marx. We are aiming rather to relate ourselves to the concept of the capitalist state, which is quite a different enterprise. It is by means of this concept that we can understand the historical transformations analysed by Marx in a "concentrated" form.

In doing this we must never forget the fragmentary and schematic character of these analyses which provide us only with *theoretical indications*. In short, if *Capital* provides us implicitly with the conceptual characteristics of the capitalist state as analysed above, the political works provide us with those of the unity and relative autonomy of this type of state.

일례로 1848년부터 1852년 사이의 프랑스에 대한 마르크스의 연구서들을 살펴본다면, 레닌은 그 저서가 자본주의 국가에 의해 경험한 이행을 압축적으로 제시한 것임을 일찌감치 이해하였다는 사실을 알 수 있다. 이것으로 레닌이 의미하는 바는 이 원전들이 자본주의 국가 '개념에 대한 이론적 구성'의 시도라는 것이다. 이런 시각에서 원전들을 읽어 보면, 마르크스가 연구한 프랑스 사회구성체의 구체적인 역사적 형태들과 정치적 형태들의 다양한 이행 '단계들' 속에서 자본주의 국가 개념을 구성하는 특징들을 해독해 낼 수 있다. 우리는 이런 해독을 통해서 역사적 사실들, 즉 마르크스가 묘사한 구체적인 정치형태들로부터 일반론을 만들어냄으로써 하나의 국가 유형을 구성하고자 하는 것은 아니다. 우리는 오히려 자본주의 국가 개념에 스스로 관련을 맺으려 하는 것이며, 이것은 아주 상이한 작업이다. 마르크스가 '집약된' 형식으로 분석한 역사적 이행들을 이해할 수 있는 것은 바로, 이 개념에 의해서이다.

이 일을 함에 있어서 '이론적 지시'만을 제공해 주는 이 분석들의 단편적이고 도식적인 성격을 결코 잊어서는 안 된다. 간단히 말해서 만일 [자본론]이 위에서 분석된 대로 자본주의 국가의 개념적 특징들을 함축적으로 제공해 준다면, 정치 저작들은 이런 국가 유형의 통일성과 상대적 자율성이 지니는 특징들을 제공해 주는 것이다.

- [ ] in a concentrated form 집약된 형식으로
- [ ] constitutive a. 구성적인, 구성분인
  (= constructive, formative)
- [ ] which의 선행사는 to relate-state
- [ ] fragmentary a. 단편적인
- [ ] schematic a. 도시적인
- [ ] implicitly a. 함축적인, 암시적인

Berrington Moore
Social Origins of Dictatorship & Democracy

베링턴 무어
독재와 민주주의의 사회적 기원

There was a time in the still recent past when many intelligent thinkers believed there was only one main highway to the world of modern industrial society, a highway leading to capitalism and political democracy. The experience of the last fifty years has exploded this notion, although strong traces of a unilinear conception remain, not only in Marxist theory, but also in some Western writings on economic development. Western democracy is only one outcome, and one that arose out of specific historical circumstances. The revolutions and civil wars discussed in the three preceding chapters were an important part of the process leading to liberal democracy. As we have just seen, there were sharp divergences within the same general line of development that led to capitalist democracy in England, France, and the United States. But there are differences far greater than those which exist within the democratic family.

베링턴 무어(1913~2005)는 마르쿠제와 밀의 영향을 받은
미국의 진보적 사회·정치학자로서 윌리엄스 대학과 예일 대학을 수료하였으며
제2차 세계대전 당시에는 전략문제연구소의 정치분석관으로 근무한 바 있다.
이후 시카고 대학에서는 사회사를, 하버드 대학에서는 동유럽 문제와
러시아의 정치사회사를 비교론적 시각에서 연구·분석했다.

극히 최근까지만 해도 많은 지식인들은 근대 산업사회의 세계로 발전하는 데는 오직 하나의
길만이 있다고 믿었다. 즉 자본주의와 정치적 민주주의로 나아가는 데는 하나의 고속도로만이 있
다고 생각했던 것이다. 지난 50년간의 경험은 마침내 이 인식을 무너뜨리기 시작했다. 물론 아직
도 마르크스주의 이론뿐만 아니라 경제 발전론을 전개하는 일부 서구 학자들의 저작에는 단선적
인 발전 개념의 흔적이 강하게 남아 있다. 서구 민주주의라는 것은 단지 특수한 역사적 상황에서
나타난 하나의 귀결에 불과하다. 앞의 세 장에 걸쳐서 논의한 혁명이나 내란은 자유민주주의 사
회로 나아가는 중요한 과정이었다. 앞에서 살펴본 것처럼, 같은 자본주의적 민주주의로 나아가는
일반적 발전 과정이더라도 영국과 프랑스와 미국 사이에는 현격한 차이가 있음을 찾아볼 수 있
다. 그러나 민주주의로 발전한 국가들 사이의 차이점보다 훨씬 더 큰 차이점이 발견되는 경우가
있다.

☐ unilinear에서 uni는 '하나'를 뜻하는 접두사
이므로 '획일적인', '단선의'를 뜻한다.

☐ preceding 앞선, 이전의 (= previous)

☐ divergence n. 분기(分岐), 일탈, 차이
v. diverge opp. convergence 집중성,
수렴

German history reveals one type of development culminating in fascism, Russian history a third. The possibility of an eventual convergence among all three forms is not one to be dismissed offhand; certainly there are some ways in which all industrial societies resemble one another and differ from agrarian societies. Nevertheless, if we take the seventh decade of the twentieth century as our point of observation, while continuing to realize that like all historical vantage points it is arbitrarily imposed, the partial truth emerges that nondemocratic and even antidemocratic modernization works.

For reasons that will become clearer in subsequent chapters, this claim may be less true of forms of modernization culminating in fascism than in communism. That remains to be seen and is not the issue here.

What is beyond all doubt is that by very different means both Germany and Russia managed to become powerful industrial states. Under Prussian leadership Germany was able to carry out in the nineteenth century an industrial revolution from above. What impulse there was toward a bourgeois revolution — and what was revolutionary was not bourgeois — petered out in 1848. Even the defeat of 1918 left essential features of the preindustrial social system intact. The eventual if not inevitable result was fascism. In Russia the impulse toward modernization prior to 1914 was very much less effective. There, as everyone knows, a revolution whose main destructive force came from the peasants destroyed the old ruling classes, still mainly agrarian as late as 1917, to make way for the communist version of an industrial revolution from above.

독일의 역사는 파시즘으로 귀결되었던 또 다른 발전 형태를 보였으며 러시아의 역사는 제3의 형태를 보여주었다. 이들 3가지 형태가 궁극적으로 서로 수렴할 수 있을지는 그렇게 쉽사리 처리될 수 있는 문제가 아니다. 확실히 모든 산업사회는 어떤 면에서 서로 닮은 점이 있고 농업사회와는 크게 다른 것이 사실이다. 그럼에도 불구하고 모든 역사적인 시점과 마찬가지로 70년대도 자의적으로 정해졌다는 것을 계속 의식하면서 20세기의 70년대를 우리의 관점으로 살펴보면, 비민주주의적인, 심지어 반민주주의적인 근대화가 이루어지는 경우가 있다는 부분적 진실이 드러난다.

다음의 여러 장에서 그 이유가 더 분명하게 될 이유로, 이 주장은 공산주의로 귀결된 근대화 형태보다는 파시즘으로 귀결된 그것에 적용될 가능성이 더 적을 것 같다. 이는 검토되어야겠지만 여기서 다룰 문제는 아니다.

한 가지 분명한 사실은 독일과 러시아가 방법이 크게 다르긴 했지만 강력한 공업국으로 발전하는 데 성공했다는 점이다. 프러시아의 주도하에 독일은 19세기에 위로부터의 산업혁명을 수행할 수 있었다. 부르주아혁명을 위한 추진력은 1848년에 소멸되었고, 혁명 세력은 부르주아가 아니었다. 심지어 1918년의 패전도 산업화 이전 사회의 본질적 특징을 청산시키지 못했다. 불가피한 결과라고는 말할 수 없어도 궁극적인 결과는 파시즘의 등장이었다. 러시아의 경우 1914년 이전의 근대화의 추진력은 매우 비효율적이었다. 누구나 알다시피 농민들에서 나온 주된 폭발적인 세력이, 1917년까지도 농업적 성격이 강하던 구지배 계급을 파괴하고 위로부터의 산업혁명이라는 공산주의화의 길로 나아갔다.

- [ ] culminate v. 절정에 달하다, 드디어 ~이 되다(in), 완결시키다 n. culmination
- [ ] fascism n. 파시즘, 독재적 국가사회주의(이탈리아의 Mussolini 정권 등)
- [ ] Russian history a third (type) history 다음에 reveals가 생략
- [ ] to be dismissed offhand 즉석에서 해결될 (가능성)
- [ ] offhand a. 그 자리에서, 즉석에서, 격식을 안 차리는
- [ ] agrarian a. 토지의, 경지의 n. 토지분배(국유)론자
- [ ] vantage n. 우세, 유리, 이익
- [ ] it is arbitrarily에서 it은 the seventh decade를 가리킨다.
- [ ] arbitrarily ad. 독단적으로, 제멋대로, 임의로
- [ ] emerge v. (물속, 어둠에서) 나오다, 나타나다, 드러나다 n. emergence
- [ ] subsequent a. 차후의, 그 후의, 이어서 일어나는 n. subsequence
- [ ] peter (out) v. (광택, 물줄기가) 가늘어지다, 다하다, 사라져 없어지다
- [ ] left essential features ~ intact에서 intact는 left의 목적보어, '본질적 특질을 그대로 남겨 놓다'
- [ ] intact a. 손을 대지 않은, 완전한
- [ ] make way for the communist version 공산주의화의 길을 열어주다(~로 나아가다)

All these familiar facts serve to press home the point that such words as democracy, fascism, and communism (and also dictatorship, totalitarianism, feudalism, bureaucracy) arose in the context of European history. Can they be applied to Asian political institutions without being wrenched beyond all recognition? At this moment it is not necessary to take a position on the general question of whether or not it is possible to transfer historical terms from one context and country to another beyond remarking that, without some degree of transferability, historical discussion breaks down into a meaningless description of unrelated episodes. On a strictly philosophical plane these questions are sterile and insoluble, leading only to tiresome word games as a substitute for the effort to see what really happened. Objective criteria, it seems to me, do exist for distinguishing between superficial and meaningful historical resemblances, and it may be helpful to say just a few words about them.

　　이러한 모든 낯익은 사실들은 민주주의, 파시즘, 공산주의 (또한 독재, 전체주의, 봉건제, 관료제) 같은 말들이 유럽의 역사라는 상황 속에서 만들어졌다는 것을 차근차근 말하고 있다. 이러한 말들이 왜곡 없이 아시아의 정치제도에 그대로 적용될 수 있을까? 여기서 어느 정도의 통용성이 없다면 역사적 논의는 서로 아무런 연관 없는 에피소드들의 무의미한 서술이 된다는 언급 이상으로 하나의 상황이나 나라에서 나온 역사적 용어를 다른 곳에 통용하는 것이 가능한가 어떤가 하는 일반적 문제를 제기하는 것을 불필요하다. 엄격히 철학적인 차원에서 이러한 문제들은 무익하고 또 해결될 수 없는 것으로서, 실제로 일어나 사실들을 규명하기 보다는 단지 지루한 말장난이 될 것이다. 내가 보기에는 피상적인 유사성과 역사적으로 의미 있는 유사성을 판별하는 객관적 기준이 존재한다. 이 문제에 대해서 몇 마디만 더하는 것이 도움이 될 것이다.

☐ beyond all recognition 옛 모습을 찾아볼 수 없을 정도로

☐ to take a position on the general question ~ beyond remarking ~라고 말하는 것 이상으로 일반적 문제에 대해 주장하는 것(은 불필요하다)

☐ transferability n. 이동성, 양도성

☐ on (a strictly philosophical) plane (순수한 철학적) 차원에서

☐ sterile a. 불임의, 불모의 (= barren) opp. fertile

Superficial and accidental resemblances are those unconnected with other significant facts or that lead to a misapprehension of the real situation. For example, a writer who stressed similarities in the political styles of General de Gaulle and Louis XIV — let us say their punctilious enforcement of the etiquette of deference — would be setting out misleading trivialities if he were doing this as more than a joke. The different social bases of their power, the differences between seventeenth and twentieth-century French society, are far more significant than these superficial resemblances. On the other hand, if we find that in both Germany and Japan prior to 1945 there was a whole series of causally related institutional practices whose structure and origins are similar, we are justified in calling this complex unit by the name fascism in both cases. The same is true of democracy and communism.

The nature of the connections has to be established by empirical investigation. It is quite likely that in themselves the essential features that go to make up communism, fascism, or parliamentary democracy will fall short of providing an adequate explanation of the principal political characteristics of China, Japan, and India. Specific chains of historical causation that do not fit into any recognizable family of sequences may have to bear a substantial share of the explanatory burden. This has been the case in the study of Western societies; there is no reason to expect it to be otherwise as we turn to Asia.

피상적이고 우연적인 유사성은 다른 어떤 의미 있는 사실과 연관성이 없는 것으로서 실제의 상황을 잘못 인식하게 한다. 예를 들면, 드골 장군과 루이 14세의 정치 스타일이 서로 유사하다는 점을 강조한 어느 학자는 — 말하자면 존경의 예법에 대한 지나칠 정도의 강요와 같은 점에서 — 농담으로서가 아니라면 사실을 오도하는 사소한 것을 제기하는 것밖에 되지 않을 것이다. 그 두 사람의 권력의 사회적인 기반의 차이라든가 17세기의 프랑스 사회와 20세기의 프랑스 사회의 차이는 이러한 피상적인 유사성보다 훨씬 더 의미 있는 사실이다. 한편 1945년 이전의 독일과 일본에서 그 구조나 기원이 비슷하고 인과적으로 관련된 모든 일련의 제도적 실체를 발견할 때 이 복합적 실체를 두 경우에 파시즘이라는 이름으로 부르는 것은 타당하다. 민주주의나 공산주의의 경우도 마찬가지이다.

연관성은 경험적인 연구에 의해서만 뒷받침될 수 있다. 물론 공산주의나 파시즘이나 의회 민주주의를 구성하게 되는 본질적인 특징은 중국이나 일본, 인도의 기본적인 정치적 특징을 적절히 설명하는 데 걸맞지 않는 경우도 있을 것이다. 확연하게 인식할 수 있는 어떤 사건의 경과를 설명하는 데 적절하지 못한 특정의 역사적 인과 논리도, 설명에 있어서 중요한 몫을 담당해야 할 것이다. 이것은 바로 서구 사회의 연구에서도 있어 온 문제들이었다. 아시아 사회를 연구할 때라고 그것이 달라질 리는 없다.

- [ ] or that lead to에서 that은 관계대명사로 선행사는 those이다.
- [ ] misapprehension n. 오해 v. misapprehend opp. apprehension
- [ ] a writer who ~의 동사는 would be
- [ ] punctilious a. 꼼꼼한, 형식을 따지는 n. punctilio
- [ ] deference n. 존경, 복종, 경의 v. defer
- [ ] set out 말하다, 제기하다
- [ ] triviality n. 하찮음, 평범, 하찮은 것 a. trivial
- [ ] causation n. 원인, 인과 관계 a. causal
- [ ] any recognizable family of sequences 일군(一群)의 인식 가능한(사건의) 경과(연속)
- [ ] substantial a. 실질적인, 내용이 있는, 중요한 n. substance
- [ ] expect it to be otherwise as we turn to Asia. 아시아로 넘어갔을 때 (아시아를 고찰 할 때) 이것이 다르리라고 기대하다

Guillermo A. O'Donnell
Modernization and Bureaucratic Authoritarianism

길레르모 오도넬
근대화와 관료적 권위주의

In a highly simplified representation of the situation under bureaucratic-authoritarianism in contemporary South America, the main elements are:

(1) Incumbents of technocratic roles measure governmental performance from the perspective of a biased set of indicators.

(2) These indicators are: growth in GNP; growth in the "efficient" sectors of the economy, where most of these incumbents are located; low level of social unrest(strikes, demonstrations, riots); low rate of inflation; favorable external balance-of-payments and movements of international capital.

(3) Whatever other indicators may show, the performance of the government under a bureaucratic-authoritarian system will be considered "satisfactory" by incumbents of technocratic roles, if the biased set of indicators shows significant improvement in comparison to the performance of the previous political system, and if the indicators show a tendency toward further improvement.

길레르모 오도넬은 아르헨티나 태생으로 관료적 권위주의 이론의 대표자이며,
부에노스아이레스에 있는 CEDES 연구소의 창립자이자 초대 소장을 역임했다.
그는 남미를 중심으로 급격한 사회변동이 진행되는 과정을 연구하면서
관료적 권위주의 국가를 종속이론의 시각으로만 고찰하지 않고,
통합이나 배제와 같은 정치사회학적 시각으로 접근을 시도했다.

현대 남미에서 발견되는 관료적 권위주의의 상황을 매우 단순화시켜 서술해 보자면 주요 요인들은 다음과 같다.

(1) 기술 관료적 역할 담당자들은 정부 업적을 편견이 섞인 일련의 지수들의 시각에서 평가한다.

(2) 이러한 지수들은 GNP의 성장률, 대부분의 기술 관료들이 일하고 있는 '효율적인' 경제 부문의 성장률, (파업, 데모, 폭동 등에 관한) 낮은 수준의 사회적 불안정, 낮은 인플레률, 유리한 국제수지 균형과 국가자본의 동향 등이다.

(3) 그러한 지수들이 이전의 정치체제의 업적에 비하여 상당히 향상되거나 더 이상의 개선 경향을 보인다면, 다른 지수들이 어떠하든 간에 기술 관료적 역할 담당자들은 관료적 권위주의 체제 아래에서 정부 업적을 '만족스러운 것'으로 여길 것이다.

☐ **authoritarianism** n. 권위주의
☐ **incumbent** a. 의지하는, 현직의 n. 현직자, 교회를 가진 목사

☐ **technocratic** a. 테크노크라시(전문 기술자에게 경제와 정부, 사회 조직의 운용을 맡기려는 논리)
☐ **efficient** a. 유효한 (= effective), 유능한 적임의 (= competent)

If improvements are not observable, the performance will be considered "unsatisfactory," and the incumbents of technocratic roles will promote the ousting of the government.

(4) Governments of bureaucratic-authoritarian systems cannot count on the support of sectors of the population other than those densely penetrated by incumbents of technocratic roles. Hence, to survive in office governments must perform "satisfactorily" according to the indicators that these incumbents monitor.

(5) Achievement of "satisfactory" performance requires, at a minimum, negative redistribution of income, neglect of popular consumption demands, and elimination of inefficient producers from the economy. These policies encounter strong resistance from the deprived sectors; the government must be able to meet this resistance with coercive force (At this point the analysis branches in two directions, depending on whether the government has been "successful" or "unsuccessful" in applying the "required" coercion).

(6) If the government has been "successful" in applying coercion, it will receive support from the incumbents of technocratic roles, but its policies will deeply alienate the deprived sectors — i.e., the popular sector, as well as some segments of the middle class and some domestic entrepreneurs who had originally supported the inauguration of the political system. Thus "success" in the use of coercion and "satisfactory" performance according to the biased set of indicators trades off support from incumbents of technocratic roles with further isolation from many of the remaining social sector.

만약 그러한 향상이 일어나지 않는다면, 결과는 '불만족스럽게' 여겨질 것이며, 기술 관료적 역할 담당자들은 그러한 정부의 축출을 조장할 것이다.

(4) 관료적 권위주의 체제의 정부들은 그러한 역할 담당자들과 긴밀하게 연관된 집단들 이외에는 대중 측의 지지를 기대할 수 없다. 그러므로 정부가 계속 잔존하기 위해서는 이 기술 관료들이 모니터하는 지침들에 따라서 '만족스럽게' 일을 수행하여야만 한다.

(5) '만족스럽게' 일을 수행하기 위해서는 적어도 경제 부문에서 수입의 불균등한 재분배와 대중 소비 수요의 경시 및 비효율적인 생산자들을 제거하는 등이 요구된다. 이러한 정책들은 이로 인해 박탈당한 부문들의 강력한 저항에 부딪치게 되는데, 정부는 억압적인 힘으로 이 저항에 대항할 수 있어야 한다. (바로 이 점에서 정부가 '필수적'인 억압에서 '성공'하는가, 혹은 이에 '실패'하든가에 따라서 분석은 두 방향으로 나뉜다)

(6) 정부가 억압을 적용하는데 있어 '성공'했다면 기술 관료적 역할 담당자들의 지지를 얻을 것이다. 그러나 이러한 정책들은 여타의 박탈된 부문들을 깊이 소외시킬 것인데, 즉 민중 부문과 일부 중간계급, 그리고 본래 그 정치체제의 출범을 지지했었던 일부 국내 기업가들이 여기에 포함된다. 그리하여 억압의 사용에 있어 '성공'과 일련의 왜곡된 지수들에 따른 '만족스런' 성취는 다른 많은 사회 부문들을 배제시키면서 기술 관료적 역할 담당자들의 지지를 얻게 된다.

☐ observable a. 주목할 만한, 눈에 띄는, 지켜야 할

☐ oust vt. 내쫓다, 축출하다, 빼앗다(of)

☐ to survive in office 정권을 계속 유지하려면 cf) be in office (정당이) 정권을 잡고 있다

☐ coercive a. 강제적인, 위압적인

☐ entrepreneur n. 기업가
= enterpriser

☐ Thus "success" ~에서 success의 동사는 trades off이며, with ~는 '~하면서'로 해석한다.

(7) Since the government thus becomes more dependent on the narrow coalition based on the incumbents of technocratic roles, the only policy options are more of the same. Severely imbalanced growth and further isolation of the government result. Some members of the ruling coalition who may become aware of the huge social costs of imbalanced growth and political isolation may attempt to change policies, but this requires effective support "outside" the ruling coalition, which cannot be obtained because coercion has destroyed most or all of the autonomous bases of political power. Besides, "outside" support is not readily given to personnel who have previously ostensively participated in coercive policies. Hence, the chances of dissidence within the coalition are minimal.

(8) The continuation of "satisfactory" performance according to the biased set of indicators increases social costs. While the indicators are salient for the ruling coalition, the social costs are salient for the "deprived" sectors. Thus, the very different "maps" of social reality of the two groups are reinforced, leading to further repression and easy rationalization of the repression by the rulers. This process stops only if and when the increasingly skewed distribution of resources prevents further improvements even in the biased set of indicators, but by then the bureaucratic authoritarian system has drastically changed the social context existing at the time it was inaugurated. Consequently a new problematic space is created (one in which the accumulated social costs probably will weigh heavily), and an entirely new "political game" is initiated.

(7) 그리하여 정부는 기술 관료적 역할 담당자들에게 기반을 둔 협소한 연합 세력에 더욱 의존하게 되기 때문에, 이는 정책 대안에 관해서도 마찬가지이다. 이리하여 극도의 불균형적인 성장이 초래되고, 정부는 더욱 더 고립된다. 지배적 연합 세력의 일부 구성원들은 이러한 불균형적 성장과 정치적 고립이 초래하는 막대한 사회적 대가를 인식하고 정책들을 변경시키려 할지도 모른다. 그러나 이러한 시도는 '외부로부터'의 막강한 지지가 있을 때 일어날 수 있는데, 이러한 지지는 정치 권력의 자율적 기반이 대부분 또는 전부가 이미 억압에 의해 제거되었기 때문에 얻어질 수 없는 것이다. 게다가 '외부'의 지지는 이전에 억압적 정책들을 완강하게 추진했던 사람들에게 주어지기 힘든 것이다. 그러므로 그 연합 세력 내에서 불화가 일어날 가능성은 별로 없다.

(8) 일련의 왜곡된 지침들에 따른 '만족스러운' 성취의 지속은 사회적 비용을 증대시킨다. 지배적 연합 세력에게는 그 지침들이 중요한 반면에 '박탈 당한' 부분들에게는 사회적 손실이 중요하게 나타난다. 그리하여 사회 현실에 대한 두 집단들의 다른 설명 체계들이 강화되고, 이것은 더욱 더 지배 집단의 억압과 그 억압의 손쉬운 합리화를 초래하게 된다. 이런 과정이 종결되는 것은 점점 불균등해진 자원 분배로 인해 일련의 왜곡된 지수들에 있어 더 이상 향상이 일어나지 않을 때이다. 그러나 이쯤 되면 관료적 권위주의 체제는 그것이 출범했을 당시에 존재하던 사회적 맥락을 급격하게 변경시켜 버린 셈이 된다. 결과적으로 새로운 문제가 있는 여지가 발생하는데, 그동안 누적되었던 사회적 손실은 여기에서 아마도 매우 심각한 것으로 여겨질 것이다. 이로 인해 완전히 새로운 '정치 게임'이 시작된다.

- coalition n. 연합, 합동, 연립
  cf) the cabinet 연립내각
- imbalanced a. 균형을 잃은, 불안정한
  (= unbalanced)
- Some members ~ who ~ isolation
  은 some members를 받는 절, 동사는
  may attempt이고, but 다음의 this는 '정
  책을 변경시키려는 시도'이며, which의 선행사
  는 effective support이다.
- autonomous a. 자율적인 (= autonomic)

- personnel n. (총칭) 인원, 직원
- ostensively ad. 명백히
- dissidence n. (의견, 성격 따위의) 차이, 불일치
- salient a. 눈에 띄는, 유난한
- repression n. 억압, 제지 (= restraint)
- skew a. 비틀어진, 왜곡된, 비대칭의
- inaugurate vt. 취임시키다, 시작하다
  n. -tion 개업, 개회

265

(9) If *on the contrary*, the government has been *"unsuccessful"* in applying coercion, very different consequences follow. The government must try to attain the goals listed in (5), but the popular sector and domestic entrepreneurs can effectively resist.

(10) More specifically, the popular sector retains its capacity to strike, demonstrate, and riot. This is a very effective weapon against a political system that has emerged as a "law and order" reaction to mass praetorianism.

(11) Hence the government must negotiate and grant concessions to placate the more threatening political actors. But this adversely affects its performance according to the indicators monitored by the incumbents of technocratic roles, on whose support the government depends. In order to "survive," the government must continue to try to implement the policies that will produce "satisfactory" performance. This generates renewed resistance and threats from the deprived sectors, now more extensive because of the previous demonstration that the government is unable to apply the "required" coercion. In other words, mass praetorianism and political instability have fully reemerged under the bureaucratic-authoritarian system.

(12) As a consequence, the ruling coalition becomes profoundly split. One subcoalition will argue that its preferences have not received proper consideration (the government has been too vacillating and "soft"), and that what is required is serious implementation of the policies listed in (5). But this continuista subcoalition is weaker than the original coalition, at a time when much more coercion is needed to achieve the same goals (if only to a minor degree).

(9) '이와 반대로' 정부가 만일 억압을 적용하는 데 '실패'한다면 매우 다른 결과들이 나타난다. 그 정부는 (5)에 나열된 목표들을 이루도록 노력해야 하겠지만, 민중 부문과 국내 기업가들은 이에 대하여 효율적으로 저항할 수도 있다.

(10) 상술하면 민중 부문은 파업, 데모 및 폭동을 일으킬 수 있는 능력을 갖고 있다는 것이다. 이것은 대중 동원 주의에 반대하여 '법과 질서'를 표방하고 나타났던 정치체제에 대항하는 매우 효과적인 무기가 된다.

(11) 그러므로 정부는 더욱 위협적인 정치 관여자들을 회유하기 위하여 이들과 협상하고 이들의 이권을 인정해 주어야 한다. 그러나 이것은 바로 그 정부가 의존하고 있는 기술 관료적 역할 담당자들이 측정해 가는 지수들에 따르면 그 업적에 불리하게 작용한다. 정부는 '생존'하기 위하여 '만족스러운' 업적을 내는 정책들을 계속 수행해야 하지만, 이것은 박탈당한 부문들의 새로운 저항과 위협들을 발생시킨다. 그런데 이것은 정부가 '필수적'인 억압들을 적용할 수 없었음이 이전에 증명되었기 때문에 더욱 더 확대된다. 다시 말하자면, 대중 동원 주의와 정치적 불안정이 관료적 권위주의 체제하에서 전면적으로 재현되어 버린 셈이다.

(12) 이런 결과로 지배 연합은 심각히 분열된다. 이 연합의 한 분파는 그들의 선택이 정당한 고려를 받지 못했다고 주장할 것이며 (정부가 너무 우유부단하고 '연약'했다는 것이다), 현재 해야될 일이 (5)에 나열된 정책들을 신중히 수행해 가는 것이라고 주장할 것이다. 그러나 주류를 이루는 이 분파는 동일한 목표들의 성취(비록 저급한 단계에 머물지라도)를 위해 훨씬 더 많은 억압이 요구되고 있는 때에 원래의 연합세력보다 더 약화되어 있는 상태에 있다.

☐ praetorian n., a. 집정관(의), 최고 행정관(의), 근위병(의)

☐ concession n. 양보, 양여, (정부가 주는) 특허

☐ placate vt. 달래다, 위로하다 (= soothe), 회유하다 sym. pacify

☐ implement n. 도구, 수단 (= means) vt. 수행하다, 계획대로 실천하다, 여기서는 동사로 쓰였다.

☐ vacillating a. 갈팡질팡하는, 우유부단한

☐ continuista a. 주류의, 지배적인

(13) Another subcoalition will conclude that the bureaucratic-authoritarian attempt has irremediably failed. On the assumption that open participation in a failed political system damages their interests, the members of this subcoalition will choose to extricate themselves rapidly, handing over to other sectors the responsibility for dealing with the problematic space. Insofar as their attempt to disengage "reopens the game" to other political actors, it can obtain more "outside" support than the continuista option.

(14) But outside support for the extricating subcoalition is limited because its motives are suspect and because the bureaucratic-authoritarian policies have produced intense disaffection among the sectors whose support is now sought.

More important, since successful extrication requires collaboration and restraint from political actors (the popular sector and party personnel) whom the bureaucratic-authoritarian political system had attempted to exclude, the bargaining position of the subcoalition is quite weak. Hence the still uncommitted members of the bureaucratic-authoritarian coalition are not convinced that they will benefit more from the extricating than from the continuista option.

(13) 다른 한 분파는 관료적 권위주의의 시도가 돌이킬 수 없게 실패하였다고 결론지을 것이다. 이처럼 실패한 정치체제에 그들이 공공연히 참여한다면, 이것은 그들의 이해관계를 손상시키리라는 가정하에 그들은 목전의 문제가 있는 여지를 다룰 임무를 다른 부문들에 양도하면서 그 자신들을 신속하게 빠져나오려고 할 것이다. 이탈하려는 그들의 시도가 다른 정치 관여자들에게 '게임을 재개시킨다'는 의미에서 그러한 시도는 지배적 분파보다 더 많은 '외부'의 지지를 얻을 수 있다.

(14) 그러나 이탈하려는 분파에 대한 '외부'의 지지는 그 분파의 행동 동기가 의심스럽고, 또 관료적 권위주의 정책들이 이제는 그들의 지지가 요구되는 부문들 사이에 강렬한 불만을 일으켰기 때문에 제한되어 있다.

더욱 중요한 것은 이탈이 성공적으로 일어나려면 관료적 권위주의 정치체제가 그동안 배제하려고 했던 정치 관계자들(즉, 민중 부문과 당원들)의 협조와 자제가 요구되는데 이를 위한 이 분파의 협상 위치는 아주 허약하다는 점이다. 따라서 관료적 권위주의의 연합 세력 안에서 아직 태도를 정하지 못하고 있는 구성원들은 그들이 지배적 세력들과 제휴하는 것보다 차라리 이로부터 이탈함으로써 과연 더 많은 이익을 얻게 될 것인가에 확신을 얻지 못하게 된다.

☐ irremediably ad. 돌이킬 수 없게
　cf) irremediable a. 불치의, 돌이킬 수 없는
☐ insofar as (that) ~하는 한에 있어서
☐ extricate vt. 구출하다, 해방하다(from)
　cf) ~ oneself from ~을 벗어나다

☐ collaboration n. 협력, 합작
☐ bargaining n. 거래, 교섭, 계약
　cf) collective ~ (노사의) 단체교섭

(15) Thus, "unsatisfactory" performance leaves the social context and the "problematic space" existing prior to the inauguration of the bureaucratic-authoritarian system basically unchanged, but it polarizes the original coalition into advocates of more coercion and advocates of rapid extrication. If the continuistas prevail, the sequence of (6) to (8) will be attempted again, but at this later stage the social costs will be much higher and the chances of generating "satisfactory" performance much slimmer. Otherwise the outcome will be a return to a system of political democracy that (again) will have to operate under an unfavorable legacy of mass praetorianism. The circumstances under which it could avoid mass praetorianism and achieve greater problem solving capacities (thereby diminishing the likelihood of a new authoritarian breakdown) are beyond what can be determined from an examination of the bureaucratic-authoritarian "game."

(15) 그리하여 '만족스럽지 못한' 성취는 관료적 권위주의 체제가 출범하기 이전에 이미 존재했던 '문제가 있는 여지'와 사회 상황을 그대로 유지시켜 놓은 결과가 되지만, 원래의 연합 세력은 이로 인해 더 많은 억압을 주장하는 사람들과 신속히 이탈하려는 사람들로 양극화된다. 여기에서 만약 강경 노선의 연합 세력이 지배적이라면 (6)부터 (8)까지의 과정이 다시 시도될 것이다. 그러나 이것이 뒤에 다시 시도될 때 사회적 비용은 더욱 증가하는 반면, '만족스러운' 성취에의 가능성은 더욱더 희박해질 것이다. 그렇지 않다면 결과는 대중 동원 주의라는 달갑지 않은 유산하에서 (다시) 운영되어져야만 할 정치적 민주주의로의 복귀가 될 것이다. 이 체제가 대중 동원 주의를 피하면서 보다 큰 문제 해결의 능력을 얻을 수 있는가 하는 상황은 (그리하여 새로운 권위주의 몰락의 가능성을 줄일 수 있는가 하는 것은) 관료적 권위주의의 '게임'을 살펴본다고 해서 결정될 수 있는 것은 아니다.

☐ Thus, "unsatisfactory" performance ~ leaves가 동사, the social context ~ system이 목적어, unchanged가 목적보어, it는 "unsatisfactory" performance를 받는다.

☐ polarize vt. 편광시키다, (당파 따위를) 양극화하다

☐ advocate n. 옹호자, 고취자, 주창자 vt. 옹호하다, 주장하다

John F. Manley
Neo Pluralism: A Class Analysis of Pluralism I, II

존 맨리
신다원주의: 다원주의의 계급 분석 1,2

One area of agreement between pluralism II and class analysis is the dismal performance of the American political economy in the past few decades. Both theories support major "structural" changes. But on close inspection, they mean very different things by structural reform. In fact, pluralism's call for structural reform is so conditional and narrowly defined that the two theories remain fundamentally divided over this question.

"Structural reform" is, of course, an idea closely associated with social democratic critiques of capitalism. The basic idea is that transformational changes can be made in capitalism to reduce or eliminate such serious capitalist "perversities" as inequality. The endorsement of structural reform apparently brings pluralism and class analysis, capitalism and socialism, closer together.

존 맨리는 스탠퍼드 대학 정치학 교수이다. 이 글은 현대 다원주의에 관한 비평으로,
다원주의를 마르크스 계급 분석과 비교·분석하였다. 그는 다원주의가
미국의 정치 경제적 불평등의 현실을 설명하지 못하고 있다고 비판하고 있다.

다원주의 II와 계급 분석 이론 간에 서로 일치되는 한 분야는 지난 수십 년간 미국의 정치,
경제의 어두운 성과이다. 이 두 가지 이론은 전반적인 '구조적' 개혁을 지지하고 있다. 그러나 자
세히 살펴보면, 각 이론이 의미하는 바의 구조적 개혁이 서로 다르다는 점을 알게 된다. 사실상
다원주의의 구조적 개혁에 대한 요구는 매우 조건부이며 극히 한정되어 있기 때문에, 위의 두 이
론은 이 문제에 관해 근본적으로 의견이 분열되어 있다.

'구조적 개혁'은 물론 사회민주주의의 자본주의 비판과 밀접히 연관되어 있는 이념이다. 그
기본 이념 변형 개혁은 불평등과 같은 심각한 자본주의적 '괴팍함'을 자본주의 내에서 줄이거나
제거할 수 있다는 데 있다. 그러므로 외관상 구조적 개혁에 대한 이 같은 시인은 다원주의와 계급
분석 이론, 그리고 자본주의와 사회주의를 서로 보다 밀접하게 한다.

☐ pluralism n. 다원주의, 다원론, 겸임, 겸직
☐ dismal a. 음침한, 어두운, 우울한
☐ conditional a. 조건부의, 제약적인

☐ perversity n. 완고함, 심술궂음
☐ endorsement n. 배서, 보증, 시인

But clearly pluralism and class analysis mean very different things by the term "structural reform." Marxist class theory and even social democratic theories use the term to apply to changes in capitalism and the class structure embedded in capitalist social relations. In sharp contrast, recent pluralist theory does not address the question of class structure in contemplating structural reform. Indeed, pluralism contends that structural reforms may emanate from the market system that structural analysis means to transform. In assessing pluralism's call for structural reform, therefore, it is crucial to note the singular interpretation given the term. When pluralists propose structural reforms they are not talking about egalitarian changes in the class structure of American capitalist society. They are not talking about "phasing out" the capitalist class through redistributive taxes, controls on inheritance, or a levelling of work hierarchies and rewards.

Major structural reform for Dahl and Lindblom means changes in the existing decision-making institutions of society; moreover such changes are to be brought about slowly through incrementalism.

Pluralism II updates pluralist theory in light of such incapacities and perversities as Vietnam, Watergate, and persistent economic and political inequality. Despite an opening to the left, however, pluralism II remains a theory that is logically mere compatible with, and in support of, a capitalist political economy than a socialist one.

Class analysis and pluralism are profoundly split over equality (Dahl, 1979b; Geen, 1979). Pluralism now pay attention to the problem of economic and political inequality, but it falls short of endorsing full substantive equality as a social goal. As Bell has noted, the claim for equality of result is a socialist ethic, as equality of opportunity is the liberal ethic (Bell, 1972, p. 48).

그러나 다원주의와 계급 분석 이론은 '구조적 개혁'이라는 용어에 대해 의미하는 바가 서로 명백히 다르다. 마르크스주의 계급 이론과 심지어 사회민주주의 이론 등에서는 자본주의와 자본주의사회 관계 내에 깊이 새겨진 계급 구조에 있어서의 제 변화들을 가리킬 때에 이 용어를 사용한다. 이와는 매우 대조적으로 최근의 다원주의는 구조적 개혁을 고려할 때 계급 구조의 문제를 거론하지 않는다. 사실 다원주의에서는 구조적 개혁이란 구조적 분석이 변혁시키고자 하는 시장 제도에서 나올 수도 있다고 주장한다. 그러므로 다원주의가 주장하는 바의 구조적 개혁을 평가함에 있어서 그 용어에 주어진 유일한 해석에 주시하는 일이 중요하다. 다원주의자들이 구조적 개혁을 제안할 때 그들은 미국 자본주의사회의 계급 구조 내에서의 평등주의적 변화에 대하여 이야기하고 있지는 않다. 그들은 재분배를 위한 세금, 상속 재산에 대한 통제, 또는 노동의 위계와 보상을 공평하게 하는 등의 작용을 통해 자본주의 계급을 '점차적으로 제거시키는 것'을 이야기하고 있는 것은 아니다.

달과 린드블롬에게 있어서 중요한 구조적 개혁은 사회 내의 현존하는 정책 결정 기구들의 개혁을 의미한다. 더욱이 그러한 개혁은 점진주의에 의해 서서히 이루어져야 한다.

다원주의 Ⅱ는 베트남과 워터게이트 사건, 그리고 끊임없는 경제적, 정치적 불평등과 같은 무능력과 고질병에 비추어 볼 때, 다원주의를 새롭게 구성한 것이다. 그러나 다원주의 Ⅱ는 좌파와 연결되어 있음에도 불구하고, 사회주의 정치경제학보다는 자본주의 정치경제학과 논리적으로 보다 잘 연결되며, 또한 이를 옹호하는 이론이다.

계급 분석 이론과 다원주의는 평등 문제에 있어 심각히 대립하고 있다(달, 1979 b: 그린, 1979). 다원주의는 현재 경제, 정치적 불평등의 문제에 관심을 기울이기는 하지만, 사회적 목표로서 완전히 확고한 평등을 인정하는 데에는 미치지 못한다. 벨이 지적하였던 것처럼, 기회의 평등은 자유주의자의 윤리이며, 결과의 평등에 대한 요구는 사회주의자의 윤리이다(벨, 1972, p. 48).

- embed vt. 끼워 넣다, (마음, 기억 따위에) 깊이 새겨 두다
- contend vi. 다투다, 경쟁하다 vt. 주장하다 n. contention
- emanate vt., vi. (냄새, 빛, 소리, 열 따위가) 나다, 반사하다, 퍼지다
- assess vt. 평가하다, 과세하다 (= estimate)

- egalitarian a. 평등주의의
- phase out 제거하다, 단계적으로 철회하다
- inheritance a. 상속, 계승, 유산
- persistent a. 고집하는, 영속하는 끊임없는
- in support of ~을 옹호하여
- substantive a. 견고한, 독립의

Pluralism lacks a clear theory of value, but its historic attachment to equality of opportunity seems to ensure the acceptance of more social inequality than is tolerable in class theory.

Pluralism I and II, then, despite the call (at least by Lindblom) for redistribution, seem more compatible with equality of opportunity than equality of results.

In the structural view, inequality under capitalism is not a by-product of the system that is amenable to polyarchal corrections. It is a structural imperative. It is one of the things that makes capitalism capitalism and distinguishes it from socialism. From the class perspective, inequality is likely to be significantly reduced or eliminated under capitalism. The fundamental reason this is so is the essential, structural relationship between capital and labor in a capitalist society: they are, by definition, unequal.

Perhaps Marx, who drew attention to this relationship with acid humor, should be allowed to speak here. He describes the root inequality, after the establishment of capitalism, this way:

> He, who before, was the money-owner, now strides in front as capitalist; the possessor of labour-power follows as his labourer. The one with an air of importance, smirking, intent on business; the other, timid and holding back.

It might be judged excessive to contend that pluralism is in danger of imploding from internal contradictions, but in light of the difficulties raised above, it might not be excessive to suggest that pluralist theory is in need of some clarification.

다원주의는 가치에 대한 명확한 이론이 부족하지만 기회의 평등에 대한 역사적 집착이 계급 이론에서 인정되는 것보다 더 사회적 불평등을 수용하는 것 같이 보인다.

그렇다면 다원주의 Ⅰ과 Ⅱ는 재분배에 대한 요구에도 (적어도 린드블롬에 의한) 불구하고, 결과의 평등보다는 기회의 평등과 더 잘 조화될 수 있는 것처럼 보인다.

구조적인 견해에서 볼 때, 자본주의하에서의 불평등은 다두정치의 변경에 따른 체제의 부산물이 아니다. 그것은 구조적인 필연성이다. 그것은 자본주의를 자본주의로 만들고, 또 이를 사회주의와 구분하는 하나의 요소이다. 계급의 관점에서 볼 때 불평등은 자본주의하에서 상당히 축소되거나 제거될 것으로 보인다. 그 근본적인 이유는 자본주의 사회에서 자본과 노동 간의 기본적이고도 구조적인 관계는 이미 그 정의상 불평등하기 때문이다.

아마도 여기에서 익살스런 유머로 이 관계에 주의를 집중시켰던 마르크스의 말에 귀를 기울여 볼 필요가 있을 것이다. 그는 자본주의가 확립된 이후의 근본적인 불평등을 다음과 같이 묘사하고 있다.

이전에는 금전 소유자였던 사람이 이제는 자본가로서 선두에서 활보하고 있다. 노동력을 가지고 있는 사람은 그의 노동자로서 뒤를 따르고 있다. 자본가는 거드름을 부리며 능글맞은 웃음을 띤 채 사업에 열중하지만, 노동자는 겁에 질린 채 망설이고 있다.

다원주의가 내적 모순들 때문에 내부에서 붕괴할 위험에 처해 있다고 주장하는 것은 지나치다고 여겨질지도 모른다. 그러나 위에서 지적한 난점들을 고려해 볼 때, 다원주의 이론은 어느 정도 명료성을 가할 필요가 있다고 주장하는 것은 과도하지 않다.

제3부
제9장

- ☐ compatible a. 양립하는, 조화되는, 적합한 (with)
- ☐ by-product n. 부산물
- ☐ amenable a. 순종하는, 쾌히 받아들이는, ~에 따르는
- ☐ polyarchy n. 다두(多頭) 정치 opp. oligarchy 과두정치, 소수 독재정치
- ☐ stride vt., vi. 활보하다
- ☐ with an air of importance 거드름 부리며
- ☐ smirk vi. 능글맞게 웃다
- ☐ intent a. 집중된, 전념하고 있는
- ☐ hold back 억제하다, 보류하다, 망설이다
- ☐ implode vi., vt. 내파하다, 안쪽으로 파열하다

A class or structural analysis of American political economy seems more consistent with the fact of gross inequality in wealth, income, and power under capitalism. Capitalism makes a fetish of commodities, not equality. Indeed, it presumes unequal natural talents and abilities and rewards, and justifies them under the theory of equal opportunity. Pluralist theories would be more consistent if they dropped the untenable adherence to substantive equality and faced up to the reality of inequality in the system of which the theory of pluralism is an integral part.

미국의 정치, 경제에 관한 계급 분석이나 구조적 분석은 자본주의하에서의 부, 수입, 권력에 있어서의 심한 불평등과 더욱 일관된 것으로 보인다. 자본주의는 평등이 아닌, 즉 상품만을 맹목적으로 숭배한다. 진실로 자본주의는 재능과 능력, 그리고 이에 따른 보상이 개인마다 다르다고 가정하고, 이를 기회균등 이론으로 합리화시킨다. 만약 실질적인 평등에 대한 어리석은 집착을 떨쳐버리고, 다원주의가 그 자신이 절대 필요한 역할을 하고 있는 체제 내에서 불평등한 현실에 정면으로 맞선다면 좀 더 일관된 이론이 될 것이다.

☐ gross a. 거친, 조야한, 큰 엄청난
☐ fetish n. 미신, 물신(物神) cf) make a fetish of ~을 맹목적으로 숭배하다
☐ untenable a. 지킬(유지할) 수 없는
☐ face up to ~에 정면으로 맞서다

Memo